U0571592

老年人活动策划与组织

主　编　高秀春　孟可鑫
副主编　宫尚群　王国豪
参　编　曹雅娟　李伯伟　李德禹
　　　　吴黎明　程　芳　韩好为

北京理工大学出版社
BEIJING INSTITUTE OF TECHNOLOGY PRESS

内 容 简 介

本书贯彻以项目为引领、以案例为依托、以任务为驱动的编写理念,全方位培养相关专业人员开展老年人活动策划与组织的职业技能。结合老年人生理状况、心理发展特征、社会环境等多方面因素,通过实际工作领域中常见的活动类型,用项目化设计的方式构建全书。本书共设置六大项目模块,分别是策划组织老年人学习类活动、健身类活动、竞赛类活动、观赏类活动、节日庆典类活动、旅游休闲类活动;六大模块共包含十八项任务,每个任务下分设三个子任务,由工作任务、知识准备、案例拓展、课堂练习、工作步骤、工作评价与反馈等内容组成。

本书既可作为智慧健康养老服务与管理行业的学习用书,也可作为各基层、团体、社会组织开展老年活动策划与组织的指导手册,助力培养热爱老年人服务事业、关注老年人生活需求、善于策划与组织老年人活动的专门技能人才。

版权专有 侵权必究

图书在版编目(CIP)数据

老年人活动策划与组织 / 高秀春,孟可鑫主编.
北京:北京理工大学出版社,2024.4.
ISBN 978-7-5763-4212-3

Ⅰ. C936

中国国家版本馆 CIP 数据核字第 2024XH5700 号

责任编辑:张荣君   **文案编辑:**芈 岚
责任校对:刘亚男   **责任印制:**施胜娟

出版发行 / 北京理工大学出版社有限责任公司
社　　址 / 北京市丰台区四合庄路 6 号
邮　　编 / 100070
电　　话 / (010) 68914026 (教材售后服务热线)
　　　　　　 (010) 63726648 (课件资源服务热线)
网　　址 / http://www.bitpress.com.cn

版 印 次 / 2024 年 4 月第 1 版第 1 次印刷
印　　刷 / 定州市新华印刷有限公司
开　　本 / 787 mm×1092 mm　1/16
印　　张 / 17
字　　数 / 349 千字
定　　价 / 89.00 元

图书出现印装质量问题,请拨打售后服务热线,负责调换

前言
PREFACE

　　本书以习近平新时代中国特色社会主义思想为指导，贯彻落实党的二十大精神，从"增进民生福祉，提高人民生活品质"的角度阐述了养老事业和养老产业的发展方向，即"实施积极应对人口老龄化国家战略，发展养老事业和养老产业，优化孤寡老人服务，推动实现全体老年人享有基本养老服务"。本书将健康老龄化、积极老龄化、成功老龄化、和谐老龄化等先进的国际理念应用于服务老年群体生活的各个方面，结合老年人生活中的实际困难与需求，力求探索性地帮助相关学科领域及机构组织的专业人才，为其更好地服务老年群体提供参考依据和价值引领。

　　目前，针对老年人活动策划领域的相关资料与书籍较少，活动设计较为单一。随着全社会对老年人活动策划与组织的重视程度逐步加深，为助力老年服务人才在实践领域更好地发挥作用，并结合社会需求的实际情况，编写者团队意识到对相关人才培养方案做出进一步优化调整的重要性。编写者团队汇集了丰富的行业经验和工作实践成果，在积极借鉴先进的活动策划理念、观点和方法的基础上完成本书的编写。

　　本书综合考虑老年人生理状况、心理发展特征、社会环境等多方面因素，旨在保障老年人拥有良好的身体素质、优质的生活质量、丰富的生活体验及乐观的生活态度，满足老年人在精神层面的更高需求，帮助老年人实现其晚年角色价值与生活目标。《老年人活动策划与组织》作为一本适应性极高的专业用书，以项目板块为基础，以案例分析为依托，全方位培养相关人员开展老年活动策划与组织的职业技能。

在结构的编排设计上，本书采取项目—任务—子任务的递进形式，将子任务以工作任务—知识准备—案例拓展—课堂练习的流程进行梳理，在使读者在丰富理论知识的同时具备较强的实操能力。通过实际工作领域中常见的活动类型，即学习类活动、健身类活动、竞赛类活动、观赏类活动、节日庆典类活动、旅游休闲类活动六种老年人活动形式，全方位地学习老年人活动策划与组织，满足有效指导养老服务人才开展实际活动的需要。因此，本书既可作为国内开设智慧健康老年服务与管理专业的相关院校学生的学习用书，也可作为各基层、团体、社会组织开展老年活动策划与组织的指导手册，助力培养热爱老年人服务事业、关注老年人生活需求、善于策划与组织老年人活动的专门技能人才。

在此，衷心希望本书的出版，能够为推动养老服务业实现专业化、职业化、可持续化发展贡献绵薄之力。本书在编写中难免有错误和疏漏之处，恳请各位专业人士和广大读者批评指正，提出宝贵意见和建议，使本书不断得到修正和完善。

编　者

目 录
CONTENTS

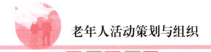

项目一
策划组织老年人学习类活动

 案例导学

养老院"学无止境，乐享人生"读书沙龙策划方案

学习不仅仅是为了掌握基础知识，更是为了达到实现自我、开阔视野、提升价值的目标要求。为传承尊老爱幼的传统美德和丰富老年人的业余生活，开展20××年×××养老院"学无止境，乐享人生"主题学习活动，帮助老年人提升文化素养，掌握创新技术，感受时代发展。具体活动方案如下。

一、活动主题

学无止境，乐享人生。

二、活动时间

20××年1月20日10：00—11：30。

三、活动地点

养老院活动中心。

四、活动对象

养老院老年人。

五、活动道具

扩音器、照相机、摄像机、签名簿、茶水、点心。

六、主办单位

×××养老院。

七、前期准备

1. 活动宣传，以海报、条幅为主要宣传方式。

2. 准备充足的阅读书刊（如杂志、报刊、书籍）、签字笔、笔记本。

八、活动流程

1. 播放悠扬的音乐，养老院工作人员引导老年人进入活动现场，妥善安排就座。

2. 主持人致开场辞，介绍活动开展的背景与意义。

3. 根据老年人的兴趣爱好，组织者邀请老年人自选主题图书，可大声朗读。

4. 主持人邀请老年人分享自己对所阅读书籍的感想，积极营造"学无止境"的良好氛围。

5. 现场互动环节，老年人互相交换书籍，谈谈推荐心得。

6. 活动结束，院领导总结发言，工作人员为到场的每一位老年人发放精美礼品。

7. 活动合影留念。

8. 征集美文，请老年人根据阅读的书目内容撰写读后感。

九、工作人员安排

主持人、记录人、后勤人员、工作人员、摄影人员、医护人员。

十、活动注意事项

1. 活动中工作人员应多关注老年人的情绪变化和心理特征。

2. 关注老年人的身体变化，如遇突发状况，及时采取应急措施。

十一、活动后期

1. 活动工作总结及成果展示。

2. 活动资料整理及归档。

问题思考：

1. 根据上述案例，思考老年人学习类策划活动的意义是什么。

2. 试讨论学习类活动策划书由哪几个部分构成。

3. 在学习类范畴中，你认为老年人可以参与哪些活动？

🔍 学习目标

1. 知识目标：了解老年人学习类活动的意义及注意事项，掌握策划老年人学习类活动策划的操作流程和方法。

2. 技能目标：培养学生具备初步的策划与组织老年人学习类活动的能力。

3. 素质目标：具有设计、制作、评价的实践能力与合作、探索、创造的工匠精神。

任务一　策划组织老年人传统茶艺类活动

情景导入

感受茶道魅力　弘扬茶艺文化

"水能洗铅华，茶可净心尘。"饮茶不仅是一种生活习惯，更是一种源远流长的文化传统。

近年来，随着社会经济水平的提高，茶艺和茶文化逐步融入人们的生活，并对社会的物质和精神文化产生了重要影响。为了弘扬中国茶文化、丰富生活内容、提高生活品质，茶艺师对茶文化、茶道、茶的分类、茶的礼仪、茶与健康、如何泡茶和鉴茶等方面内容向参加活动的老年人进行了理论讲解。同时，对不同茶品的茶叶冲泡方法还进行了现场实际操作演示。

"看似简单的茶还有这么多学问，不仅茶的种类和功效不同，冲泡功夫也十分讲究，原来喝茶也可以这般优雅。"刘女士说。

（资料来源：黄岩新闻网）

问题思考：

1. 你熟悉的茶叶种类有哪些？
2. 在茶艺活动中，可通过哪些形式可以提升老年人的学习兴趣？

任务要求

查阅相关资料，掌握传统茶艺类活动策划的相关知识，分析传统茶艺类活动的操作步骤，写出一份传统茶艺类活动策划书，并进行实训演练。

子任务一　认识老年人传统茶艺类活动

工作任务

利用相关知识介绍，认识老年人传统茶艺类活动的定义、特点、类型及意义。在本子任务中参考茶艺活动的分类方式，对老年人茶艺类活动的具体环节进行操作练习，与同组同学、老师进行经验分享。

知识准备

我国的饮茶历史十分悠久，起源于神农氏，兴盛于唐宋时期。老子在《道德经》中说道："道生一，一生二，二生三，三生万物。"茶道是一种以茶为媒介的生活礼仪，日本的田中仙翁先生在《茶道的美学》一书中将茶道定义为"以身体动作作为媒介而演出的艺术"。它包含了艺术因素、社交因素、礼仪因素和修行因素四个方面。通过沏茶、赏茶、饮茶可增进友谊、修身养性、学习礼法，而茶艺活动作为茶道的具体表现形式，通过富有趣味性、社交性、礼仪性、艺术性的方式，将茶文化的灵魂予以精彩呈现。

1. 茶艺活动的定义

茶艺活动包括茶叶品评技法、对艺术操作手段的鉴赏以及品茗美好环境的领略等在内的整个品茶过程，体现形式和精神的相互统一，是饮茶活动发展过程中形成的文化现象。茶艺活动是"茶"与"艺"的有机结合，通过人们日常饮茶的习惯，运用茶道规则进行艺术加工，向饮茶人和宾客展现茶的冲、泡、饮的技巧等手段，把日常的饮茶形式引向艺术化，提升了品饮的境界，赋予茶以更强的灵性和美感。

2. 老年人茶艺类活动的特点

针对老年人的特征，老年人茶艺类活动具有老年人积极参与、活动气氛轻松、现场互动活跃的特点。

（1）老年人积极参与。

老年人根据个人的兴趣爱好，积极响应茶艺活动的流程安排，通过茶艺活动的展示彰显自身的亮点。在参与活动的过程中，认真学习茶艺要领，大胆表现自己的情感，积极思考、主动参与。活动现场可增设知识提问环节，调动老年人参与的积极性，鼓励其运用个人喜欢的方式进行展示，帮助老年人始终保持积极的心态参与整个活动。

（2）活动气氛轻松。

老年人茶艺类活动的地点大多选在环境优雅的茶艺活动室进行，在茶香与熏香共融的环境中，感受视听盛宴的精彩呈现，为活动的有序开展营造了一种轻松、自然、和谐、愉快的氛围。在这样的气氛中进行学习交流，使老年人更容易达到轻松愉悦、身心舒适、净化心灵的理想状态，从而取得良好的活动效果。

（3）现场互动活跃。

茶艺活动是在观、演、品、鉴的互动流程中完成的，老年人除了可以学习茶艺展示的技能与方法，还能在活动中通过互动展示提升彼此之间的情感交流。在品味浓浓茶汤之余，让老年人体会热情的招待。鼓励其在品鉴过程中鼓励老年人畅所欲言，并协调安排有才艺的老年人共同展演，增加老年人彼此之间的信赖感与亲切度，使活动达到高潮。

3. 茶艺活动的分类

茶艺按照表现形式可分为表演型、待客型、养生型三大类。

（1）表演型茶艺。

表演型茶艺是指一个或多个茶艺展演者为老年人演示泡茶技巧（如图 1-1 所示），其主要功能是宣传普及茶文化，推广茶知识，吸引老年人学习茶艺知识。这种茶艺类型适用于组织老年人大型聚会及节庆活动，能起到宣传茶文化及传统文化的良好效果。表演型茶艺重在展现视觉观赏价值，同时也注重听觉享受。其要求源于生活并高于生活，可借助舞台表现艺术的一切手段来提升茶艺的感染力。

图 1-1　表演型茶艺展示

（2）待客型茶艺。

待客型茶艺是指由一名主泡茶艺师与客人（1~5人）围桌而坐，一同赏茶鉴水、闻香品茗（如图 1-2 所示）。在场的每一个人都是茶艺的参与者，而非旁观者，都能直接参与茶艺的创作与体验，都能充分领略到茶的色香味韵，也可以自由交流情感、切磋茶艺，以及探讨茶道精神和人生奥义。这类茶艺要求茶艺师边泡茶、边讲解，客人可以自由发问、随意表达，因此要求茶艺师要

图 1-2　待客型茶艺展示

具备比较丰富的茶艺知识和较好的与客人沟通的能力。

（3）养生型茶艺。

养生型茶艺包括传统养生茶艺和现代养生茶艺（如图 1-3 所示）。传统养生茶艺是指在深刻理解中国茶道精神的基础上，结合中国传统的养生功法，如调身、调心、调息、调食、调睡眠、打坐、入静或气功导引等，使人们在修习这种茶艺时以茶养身、以道养心，修身

图 1-3　养生型茶艺展示

养性、延年益寿。现代养生型茶艺是指利用现代中医学的最新研究成果，根据不同花、果、香料、草药的性味特点，调制出适合自己身体状况和口味的养生茶。养生型茶艺提倡自泡、自斟、自饮、自得其乐，深受越来越多老年人的欢迎和喜爱。

4. 老年人茶艺类活动的意义

（1）促进积极情绪，培养良好情操。

老年人是最容易出现精神空虚的社会群体，为老年人服务，最重要的是帮助他们摆脱孤独寂寞，让他们重新融入社会，建立健康快乐的心态。这就要求我们必须进一步丰富老年人的精神文化生活，提升其思想境界，增强其精神能量。茶艺类活动是满足老年人精神层面的养老需求、提高老年人生活质量的重要途径。通过茶艺活动可以反映老年人多姿多彩的晚年生活，展示老年人"老有所学、老有所乐、老有所为"的精神风貌。

（2）提高人格魅力，促进和谐关系。

开展高雅的茶艺活动，在一定程度上弘扬了中华民族敬老、爱老的传统美德，展现了老年人幸福快乐的生活氛围和积极向上的精神面貌。同时，茶艺类活动通过搭建平台，满足了老年人实现自我价值、提升人格魅力的需求，还可以使他们更好地学习新知识、接受新事物、融入主流社会，为构建老年人和谐的人际关系发挥积极作用。

（3）发展时代脉络，提升文化传承。

中国历史、文化源远流长、底蕴丰厚，中华传统文化包含"讲仁义、倡忠孝、敬孝悌、重民本、守诚信、崇正义、尚和合、求大同"等思想。无论呈现是哪种类型的茶艺活动，在其展示的过程中，都有极大一部分内容与继承中华传统文化有一定的关联。因此，茶艺类活动可以丰富相关文化内容，促进中华传统文化的传承。通过老年人茶艺活动的举办，可以提升老年参与者对中国茶文化的认识，提高老年人的文化道德修养，营造和谐文明的氛围，从思想深处激发老年人爱国爱民的情怀。带给老年人以美的享受的同时，也是在弘扬中国传统文化。

案例拓展

"轻煮岁月，茶话人生"老年人围炉煮茶活动方案

一、活动目的

茶就像是生活的媒介，将秉性相像、志趣相投的老年人齐聚一堂。"围炉煮茶"这种颇具氛围感和仪式感的场景，正满足了老年人分享生活、感受温暖的需求。

二、活动主题

轻煮岁月，茶话人生。

三、活动时间

根据活动计划表，定时定点活动。

四、活动地点

茶艺室的户外空间。

五、活动对象

自然到访的老年人、预约报名的老年人。

六、活动准备

1. 宣传、报名：采用展板、海报、微信公众号等形式进行活动宣传与报名。

2. 邀请茶艺师、插花师、活动主持人等。

3. 场地布置，安排活动内容、礼仪、道具等工作。

4. 材料准备：茶具、茶点、水果、零食、花艺。

七、活动流程

1. 围炉煮茶——吟咏好时光。

在主持人的引领下，老年人根据现场氛围布置围坐在一起，通过设定选题与自由发挥两个环节对接诗词，吟咏中国传统文化，表达对幸福生活的向往与感叹。

2. 美食美景——万物皆可围炉。

利用户外炭火煮茶、煮酒、烤制食物，让老年人选择感兴趣的食物并由工作人员进行制作，在制作过程中宣传饮食文化知识，使老年人加深对食物基本知识的理解。

现场展示教学包括以下几个内容。

（1）罐罐烤奶。

准备材料：云南普洱茶 10 g、红糖 20 g、炼乳 25 g、纯净水 100 g、牛奶 400 g、奶油 10 g、红枣适量、枸杞适量、玫瑰花瓣适量。

步骤一：罐内加入云南普洱茶、纯净水、红糖，小火煮至糖融化。

步骤二：加入牛奶、奶油、炼乳，煮至微微冒热气。

步骤三：加入红枣、枸杞，小火煮 3 分钟左右。

步骤四：将煮好的罐罐奶过滤到出品杯子里，再加入适量的玫瑰花瓣即可。

（2）热煮红酒。

准备材料：红酒、橙子 1 个、丁香 6 粒、苹果 1 个、柠檬 1 个、肉桂 1 根、八角 1 个、香叶 2 片、蜂蜜 100 g。

步骤一：水果洗净、切片置入锅中。

步骤二：倒入 1/4 的红酒，用勺子将水果压出汁水与红酒融合。

步骤三：加入丁香、肉桂、八角等调料。

步骤四：小火煮开后倒入容器即可饮用。

（3）印象手作——文创大舞台。

使用花材：香槟玫瑰、白色桔梗、栀子叶、多头玫瑰、康乃馨、非洲菊。

步骤一：花泥泡好水后放入花篮中。

步骤二：先用栀子叶进行铺面打底，注意侧面伸出的长度约为花篮厚度的一半。

步骤三：将香槟玫瑰进行三点（前二后一）定位，注意花头高度和方向不要一致。

步骤四：用白色桔梗和康乃馨进行空间填充。

步骤五：局部加入亮黄色的非洲菊、多头玫瑰，使整体插花更显活泼、灵动。

步骤六：观察花篮并进行调整，使花篮更加协调。

课堂练习

请大家认真阅读下面的活动通知后，谈一谈自己的感想。

关于组织开展"静品光阴，茶韵悠然"茶艺沙龙活动的通知

各养老社区：

为传承中华优秀传统文化，普及茶文化知识，提高茶艺技能，正确识茶、科学饮茶，陶冶生活情趣，现计划举办老年人茶艺沙龙活动。

一、活动时间及地点

10月14日（星期三）14：00—16：00；老年人活动中心茶艺室。

10月15日（星期四）14：00—16：00；老年人活动中心茶艺室。

二、活动内容

1. 参加人员：老年社区60~70岁身体健康的老年人。因场地有限，各单位限报5人，参加人员可在10月14日、10月15日两天任选一期参加。

2. 活动内容：茶艺技艺及科学饮茶（盖碗泡茶）。

请各单位填写活动报名表（见附件）后，于10月12日（星期一）16：00前通过办公系统发送至工会邮箱，联系电话：××××-×××××××。

工会委员会
20××年10月10日

子任务二　策划老年人传统茶艺学习活动

工作任务

根据所学茶艺知识，分析传统茶艺类活动的基本思路与操作流程，策划一场老年人传统茶艺学习活动，生成活动策划书。

知识准备

1. 传统茶艺学习活动的基本思路与要求

（1）明确活动主题表达。

传统茶艺类活动的主题可以是相对宏观的主旨概念，也可以是用来指导具体活动的主

题内容。在确定活动的主题时，要考虑老年人的生活需求、养老机构的工作要求综合考虑，并有计划地策划、组织一系列相关活动，使每一次活动的主题鲜明、方向明确、设计合理，更加有效地满足不同类型老年人的学习需求。

（2）丰富活动的内容与形式。

围绕活动主题内涵的表达，制定具体的活动内容。在保证活动效果的前提下，除了使老年人丰富学习内容、增加知识储备，在活动形式上也要追求多样性与趣味性，以提高老年人参与的积极性。将开展饮茶文化学习主题讲座活动作为一个环节呈现，除此之外，进行茶文化研讨、艺术沙龙、历史观摩、茶艺展示等不同内容和形式的活动的呈现，丰富活动形式，强化学习效果。

（3）制订课程学习计划。

兴趣学习虽然是老年人自行选择的内容，但不是每一位老人都有持之以恒的精神能够坚持完成的。因此，在规划茶艺学习活动时，应为老年人制订科学、合理的学习计划，帮助老年人对学习类活动实现兴趣的常态化发展。在活动内容的设置上，应体现活动的连续性、主题性、系列性特征，帮助老年人对学习内容时刻怀有热情，从而提升老年人的学习效果。

（4）学习过程实施激励策略。

让老年人在参与的过程中体会了解知识获得的满足感，从而增强学习动机。在学习的过程中要及时地反馈学习成果，利用学习成果来激励老年人的学习动机；及时告诉老年人其进步程度、潜力发挥效果，不断鼓励、肯定老年人的学习情况，并采取一定的奖励机制，这样老年人的学习劲头就会更足，学习效果也会更加明显。

2. 老年人进行茶艺学习活动的注意事项

（1）注意学习内容的合理化与人性化。

"增长知识、陶冶情操、丰富生活、促进健康"是老年人传统茶艺学习活动的宗旨。茶艺学习活动的内容选择需要建立在充分调研的基础上，根据老年人的兴趣爱好和实际需求进行相应知识内容的展示与强化，这样才能更好地保障所开展的茶艺学习活动内容符合老年人的需要。

（2）注意把握学习活动的节奏感。

在策划组织活动前，工作人员要充分掌握老年人的基本情况，有目的、有针对性地开展学习活动。在学习过程中，遵循学习节奏灵活多变的原则，针对老年人实际状况调整指导方式。由于生理结构的变化，老年人的记忆力减弱，因此在开展茶艺操作活动时应注意把握学习节奏，并以老年人的学习满意度反馈作为衡量学习活动成效的重要标准。

（3）注意观察老年人的活动状态。

在活动开展过程中，工作人员应全程关注老年人的学习状态和行为变化，如精神面貌、情绪情感、语言表达等方面。在活动中不断研究、改革传授知识的方式方法，根据老年人的情绪变化，及时调整学习内容的难易程度及趣味特征，让老年人时刻保持参与活动的积极性，以便达到良好的活动效果。

案例拓展

"传承传统文化，浇灌心灵茶汤"老年人茶艺活动方案

一、活动目的

传承中华民族的传统文化，陶冶老年人情操，丰富其业余文化生活，进一步提升老年人对茶文化的兴趣，调动其参与性和积极性，领略茶艺活动的魅力。

二、活动主题

传承传统文化，浇灌心灵茶汤。

三、活动时间

根据活动计划表，定时定点活动。

四、活动地点

×××养老院活动室。

五、活动对象

10～20名60岁左右有活动能力的老年人。

六、活动准备

1. 宣传、报名：采用展板、海报、微信公众号等形式进行活动宣传与报名。

2. 联系专业茶艺师、活动主持人。

3. 场地布置，安排活动内容、礼仪、道具等工作。

4. 材料准备：茶具、茶点。

七、活动流程

1. 工作人员指引老年人有序进入活动现场，主持人介绍本次活动特邀茶艺师。

2. 子活动流程。

环节一：思辨茶叶。

茶艺师讲解中国传统茶文化的发展，介绍六种茶叶（绿茶、白茶、红茶、黄茶、黑茶、乌龙茶）的相关知识，阐释不同种类茶叶的形态、功效、禁忌等。

环节二：巧识茶具。

茶艺师介绍三类常用茶具（紫砂、陶瓷、玻璃）的特点、优势及注意事项。

环节三：茶艺表演。

茶艺师进行茶艺表演，展示步骤如下：

清水净手—端正仪容—展示茶具—烹煮泉水—热壶烫杯—观音入宫—悬壶高冲—春风拂面—瓯里酝香—三龙护鼎—行云流水—观音出海—点水流香—敬奉香茗—鉴赏汤色—品

饮茶汤。

环节四：以茶会友。

指导老年人进行茶艺练习，交流品茶心得。

3. 主持人对活动进行总结、致谢。

八、经费预算

序号	内容	数量	金额/元
1	传单	100 份	50
2	海报	3 张	90
3	气球	2 袋	40
4	礼品	30	300
5	茶点	若干	200
6	水果	若干	100
合计			780

九、注意事项

1. 活动材料准备充足。

2. 了解老年人的身体状况。

3. 活动过程中保证老年人的安全，谨防意外事故发生。

4. 工作人员维持活动现场秩序。

5. 提前做好参与人员数量统计工作，确保每位老年人在活动结束后都能领取到一份小礼品，防止老年人因礼品未发放到位而产生不良情绪。

课堂练习

根据报道内容，参考老年人传统茶艺学习活动的基本思路与操作流程，尝试开展一次老年人茶艺体验的调研活动，根据调研的结果来确定一场"老年人茶艺体验活动"的主题内容。

老年人茶艺体验活动报道

自古以来，插花、挂画、点茶、焚香并称四艺，为文人雅士所喜爱。2024 年 5 月 21 日，老年社区邀请高级茶艺师带领参与活动的 20 位老年人一起品味中国茶文化。活动在轻松愉悦的氛围中开始，茶艺师从品茶前的站坐礼仪等方面观察老年人的专注程度，通过指导使老年人成为"优雅茶人"。在老人们识茶、赏茶、闻茶过程中，茶艺师向他们介绍了茶叶的种类、茶具、冲泡等知识，还亲自示范了泡茶步骤。老人们在茶艺师的指导下冲泡了一杯"多姿多彩"的调饮茶，一起分享品尝，场面十分温馨。整个活动现场飘散着浓浓的茶香，所有参与者在赏茶、沏茶、持杯、奉茶的过程中陶冶了情操，学习了"廉、美、和、敬"的精神，体会到了茶艺深厚的文化底蕴，感受到了中华传统文化的博大精深。

子任务三　老年人红茶茶艺学习活动评估

工作任务

查找相关活动案例，根据活动基本思路与流程，策划并组织一场老年人冲泡红茶的体验活动。要求学生在实际操作中，完成活动体验的全过程，并评估红茶茶艺学习活动开展的效果。

知识准备

茶圣陆羽曾在茶学专著《茶经》中称："茶者，南方之嘉木也。"书中提到，茶叶的泡制过程，包括选茗、取水、备具、佐料、烹茶、奉茶、品茶等步骤都很有讲究。在众多茶品中，红茶以醇厚独特的口感、沁人心脾的芳香、浓郁艳丽的色泽，让人念念不忘。陆羽认为品饮红茶就是一种享受。那么，红茶有哪些好处呢？

1. 红茶的好处

红茶是以适宜制作本品的茶树新芽叶为原料，经萎凋、揉捻、烘焙等典型工艺精制而成。红茶内含多种维生素，叶片及汤呈红色，具有提神消疲、生津清热、利尿等功效。

2. 老年人红茶茶艺学习活动的评估

评估总结作为活动执行与管理的重要环节，能够有针对性地掌握活动开展的情况，总结经验、弥补不足，以提高活动组织策划的实效性。

饮红茶功效

评估时将活动过程划分为活动开展前、活动进行中、活动结束后三个阶段，通过针对不同阶段的评估工作，了解活动直接参与对象（老年人）、活动工作人员、活动指导者等人的参与体验，掌握清晰全面的效果评估内容。老年年人红茶茶艺学习活动的评估如表1-1所示。

表1-1　老年人红茶茶艺学习活动的评估

活动阶段	活动对象	评估内容
活动开展前	参与活动的老年人、活动工作人员、专家、活动指导者	活动内容是否符合老年人的身心需求。 活动内容是否符合特定群体的老年人。 活动所需的资源是否合理。 活动选择的天气、时间、地点是否得当。 活动通知的内容是否周详。 活动所需的基础设施是否完善
活动进行中		老年人是否准时到场。 活动是否准时进行。 场所是否存在外界干扰。 活动现场氛围是否达到预期效果。 老年人是否能够紧跟学习进度。 活动指导者能否根据老年人实际情况把握学习进度。 工作人员能否保证高效处理突发事件。 工作人员是否全程关注老年人的身心状态。 活动所需设备是否正常运行。 活动是否按照预定时间和步骤完成
活动结束后		活动材料是否完整。 是否对老年人进行满意度回访调查。 是否对活动进行总结与改进

3. 老年人红茶茶艺学习活动实况

（1）及时安排工作人员通知并带领参与活动的老年人提前进入会场，以便活动准时开始。

（2）活动中宣传"重在参与"的理念。

（3）活动主办方将当天活动的所有过程、照片、视频发布在社区共享宣传平台，供参与者回味留念。

案例拓展

以茶之名，共赴茶事——老年人红茶创意活动方案

一、活动目的

传承中华民族的传统文化，陶冶老年人情操，丰富其业余文化生活；进一步提升老年人对红茶文化的兴趣，充分调动老年人红茶创意活动的参与性、积极性，领略中国传统茶文化的独特魅力，增长知识、提升素养。

二、活动主题

以茶之名，共赴茶事。

三、活动时间

20××年×月×日。

四、活动地点

×××养老院活动室。

五、活动对象

10 名 60 岁左右的健康老年人。

六、活动流程

1. 了解红茶文化的发展及现状。

2. 茶与养生知识大讲堂。

3. 茶艺现场展示（冲泡红茶）。

4. 现场品茗（互动环节）。

5. 学习待客型茶艺礼仪。

七、工作人员安排

联系人员：×××。

现场布置人员：×××。

拍照（摄像）人员：×××。

道具管理人员：×××。

后勤人员：×××。

八、经费预算

序号	内容	数量	金额/元
1	海报	3 张	90
2	红茶	1 盒	300
3	纪念礼品	10	300
4	茶点	若干	200
5	水果	若干	100
6	其他	若干	300
合计			1 290

九、注意事项

1. 活动材料准备充足。

2. 了解老年人的身体状况。

3. 活动过程中保证老年人的安全，谨防意外事故发生。

4. 工作人员维持活动现场秩序。

5. 提前做好参与人员数量统计工作，确保每位老年人在活动结束后都能领取到一份小礼品，防止老年人因礼品未发放到位而产生不良情绪。

红茶的冲泡步骤

课堂练习

请大家认真学习下面的茶艺表演步骤，思考你还知道哪些题材与形式的茶艺表演，并尝试撰写你所熟悉的茶艺表演流程，与同组同学和老师进行分享。

祁门红茶的茶艺表演

祁门红茶产于安徽省祁门一带，茶叶外形紧细苗秀、色泽乌润，冲泡后茶汤红浓，香气清新芬芳、馥郁持久，有明显的甜香，有时带有玫瑰花香。祁门红茶的这种特有的香味，被国内外不少消费者称为"祁门香"。祁门红茶茶艺具体展示步骤如下。

1. 备具：将壶、公道杯、品茗杯、闻香杯放在茶盘上，茶道、茶样罐放在茶盘左侧，烧水壶放在茶盘右侧。

2. 赏茶：打开茶样罐，让来客欣赏茶叶的色和形。

3. 烫杯热罐：先将开水倒入水壶中，然后将水倒入公道杯，接着倒入品茗杯中。

4. 投茶：按 1∶50 的比例把茶叶放入壶中。

5. 洗茶：右手提壶加水，用左手拿盖刮去泡沫，将盖盖好，再将茶水倒入闻香杯中。

6. 第一泡：将开水加入壶中，泡一分钟，趁机洗杯，将水倒掉。右手拿壶将茶水倒入公道杯中，再从公道杯斟入闻香杯，只斟七分满。

7. 鲤鱼跳龙门：用右手将品茗杯反过来盖在闻香杯上，右手大拇指放在品茗杯杯底上，食指放在闻香杯杯底，翻转一圈。

8. 游山玩水：左手扶住品茗杯杯底，右手将闻香杯从品茗杯中提起，并沿杯口转一圈。

9. 喜闻幽香：将闻香杯放在左手掌，杯口朝下，旋转 90 度，杯口对着自己，用大拇指捂着杯口，放在鼻子下方，细闻幽香。

10. 品啜甘茗：三口喝完杯中茶，仔细品尝，探知茶中甘味。

工作步骤

第一步：搜集茶文化的相关资料。通过网络搜集茶艺表演的相关资料，充分掌握温杯、投茶、泡茶、闻香、品茗等茶艺操作流程，分析比较不同类型茶叶的特征和冲泡方式。

第二步：分析传统茶艺类学习活动的基本思路。通过主题表达、内容形式、学习计划、实施策略等方面，分析掌握老年人茶艺学习活动策划的设计思路。

第三步：熟悉活动策划的操作流程。明确活动需求、主题和内容，按照策划基本思路进行活动的安排与组织。

第四步：分组完成活动策划书。通过小组讨论、设计，生成活动策划书，教师参与指导。

第五步：各小组展示、互评。每组组长进行活动策划的展演。

工作评价与反馈

任务	存在的问题	改进措施

收获与感悟：

指导教师评语：

教师签名：

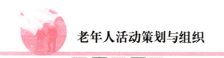

任务二　策划组织老年人手工制作类活动

▶ 情景导入

七旬老人变废为宝，巧手制作手工艺术品

用旧报纸糊的 1.4 米高的掐丝珐琅景泰蓝、在鸡蛋壳上制作的戏曲脸谱、用水库淤泥捏小人……走进安徽合肥朱慧卿老人的家，就会被眼前的棉花画、麦秆画、布艺画、金丝编画、蛋壳画、易拉罐画、绳编以及布艺人物等形态各异、惟妙惟肖的工艺品所吸引。朱慧卿和老伴李光茂均为中科院合肥物质科学研究院的退休职工，他们长期奉行低碳环保、绿色生活的理念，将业余时间都用在"如何将废旧物品重现光辉"上。多年来，"生活"就是她的老师，"兴趣"就是她创作的动力。

"这些作品基本上不用花钱的，很环保，都是就地取材、变废为宝的。"朱慧卿随手拿起一个《龙凤呈祥》花瓶介绍道。这是用葫芦做的，葫芦是自己种的。客厅里的《松鹤》图是用易拉罐和雪碧瓶子做的，而《老鼠迎亲》图则是用请柬纸和喜糖盒做的，图中"老鼠"有的在吹吹打打，有的在抬轿骑马，样子十分可爱。

（资料来源：中国新闻网）

问题思考：

作为一名高职院校大学生，应如何培养艺术创造能力？

▶ 任务要求

运用衍纸、创意泥两种手工材料，根据设计要求进行手工艺术品制作，探索制作工艺与技艺手法，形成鲜活灵动的设计实物。通过分析手工制作类活动的操作步骤，写出一份手工制作类学习活动策划书。

子任务一　认识老年人手工制作类活动

工作任务

认识老年人手工制作类活动，根据手工制作活动定义，分析手工制作类学习活动的目的与要求，并通过学习相关知识，策划一场老年人手工制作学习活动，生成活动策划书。

知识准备

手工制作类活动以其过程的娱乐性、成果的丰富性而深受老年朋友的喜爱。衍纸、创意泥土、丝袜花、树叶贴画、撕纸贴画等多种形式的手工制作，为老年人的业余生活提供了乐趣与收获。

1. 手工制作活动的定义

老年人手工制作活动是指老年人运用一系列物质材料，通过剪、撕、贴、捏、刮、压、印等表现手法，制作成平面或立体的艺术表现形式。它主要有泥工、纸工、自制玩具三种类型。对老年人来说，帮助其选择适合的材料，进行正确的指导是促进老年人提高手工制作能力的重要环节。

2. 手工制作类活动的目的

（1）训练敏锐的观察能力。

手工作品的造型一般有简单、典型、夸张等特点，在实际的生活中，可以让老年人仔细认真地观察客观事物，抓住其典型特征，并且在手工作品中把符合构思意图的理想形象准确、精炼地表现出来。

（2）培养丰富的想象能力。

丰子恺先生曾指出，想象是绘画极其重要的一事，有形的东西，可用想象使它变形；无形的东西，也可以用想象使它有形。手工制作活动为老年人的想象与创造提供了现实化、形象化，具体可见、可闻的形式。老年人在制作手工艺术品时，为了完成某个图形，必须开动脑筋、设计步骤、积极思考、反复实践，这个过程就是在发挥想象力，是在培养老年人的思维能力。

（3）加强手与脑的协调能力。

人的手指能够运动自如，主要取决于大脑对手指的支配作用。反之，如果经常运动手指，就会对大脑有一定的刺激作用。经常运用手指从事灵巧、精细动作的人，其罹患脑萎缩和失智症的风险会大大降低。

（4）创造性的启迪。

手工制作对老年人来说是一种创造性的游戏，它能训练老年人的感官，开发老年人的智力。有些手工作品看起来比较简单，事实上却需要高度的创作灵感。在制作的过程中，每尝试一次，都是一次新方法的探究，老年人不仅会从各种造型中得到乐趣，还会意识到自己是有能力的、有创造性的，从而也能增强实现自我能力和价值的信心。

3. 手工制作类活动的要求

手工制作类活动讲究老年人的创造力与想象力，要通过艺术构思和材料使用，表现作品鲜活的生命力和艺术美。

在材料的选择上，应注重环保、节约、可循环利用，手工制作类活动的用材多以艺术用品为主，利用纸张类、创意黏土类、布艺类、绒球类、颜料类等多种手工材料进行创意制作，实现老年人手工制作活动的目标意义。如纸类材料，可以让老年人掌握剪、折、撕、粘贴等各种技能；颜料类材料，可以让老年人感知不同色彩带来的视觉效果。不同的材料选择，可以组织不同的手工制作活动，帮助老年人利用材料获得手眼协调、审美、创造等多种能力的发展。因此，在活动策划时应鼓励老年人运用不同的材料来表达设计意图，增强老年人的活动兴趣。

在工具的选择上，应选取较轻便、可操控的器具，常用工具有胶水、剪刀、刻度尺、针线包、订书机等。运用不同的材料和工具能帮助老年人实现表达意图，例如运用胶水的黏合性可以将纸张、黏土等平面材料塑造成立体作品，体现艺术作品形式的多样化。

案例拓展

"邂逅花艺，趣味劳动"老年人手工制作主题活动方案

一、活动目的

丰富老年人的业余生活，裨益身心、陶冶情操，通过手工活动使老年人感受花艺学习的乐趣，为有学习兴趣的老年人提供创造平台，展现个人风采，寻找劳动使我光荣的乐趣。

二、活动时间

劳动节前夕。

三、活动地点

×××社区中心活动室。

四、活动对象

15 名 60~70 岁有活动能力的老年人。

五、活动准备

1. 宣传阶段：通过海报、条幅、微信、广播等方式在社区进行活动宣传，并招募活动志愿者。

2. 联系专业园艺师进行现场教授。

3. 场地布置。

4. 材料准备：铁丝花茎、花盆、多肉植物、栽种工具、胶水、彩纸等。

六、小组成员分工

主持人：负责主持现场活动、营造气氛。

影像工作人员：负责现场拍照、摄影、活动实况报道。

志愿服务人员：负责现场活动秩序，协助老年人各活动环节的工作。

医护维保人员：负责突发事件的应急处理。

七、活动流程

1. 播放轻松悠扬的音乐，工作人员指引老年人有序进入活动现场。

2. 花艺扮演游戏。

老年人保持安全距离围坐在一起，与园艺师共同完成"种子—花朵—大树"游戏。

种子：老人摆出爱心手势。

花朵：老人手掌相对，托起脸庞。

大树：老人张开双臂，举过头顶。

园艺师喊出名称，老年人完成对应动作，速度由慢到快、依次递进。

3. 园艺师介绍本次活动的安排，并注意介绍植物常识。

4. 老年人在工作人员的帮助与指导下，选择花艺材料和工具，根据园艺师的讲解进行手工植物制作。

5. 完成制作后，进行作品展示与互评。

6. 主持人对活动进行总结、致谢。

7. 现场合影留念。

8. 为老年人发放纪念奖品。

9. 组织老年人有序离场。

八、活动预算

名称	单价/元	数量	总价/元
宣传海报	30	1	30
活动条幅	20	1	20
茶点	10	15	150
手工制作用品	20	15	300
纪念品	20	15	300
合计		800	

九、注意事项

1. 活动材料准备充足。

2. 了解老年人的身体状况，关注老年人的情绪变化。

3. 工作人员维持活动现场秩序。

老年人手工制作
活动-百合花

课堂练习

1. 根据"邂逅花艺，趣味劳动"老年人手工制作主题活动策划书的相关内容，尝试进行海报设计。

2. 结合任务一传统茶艺类活动的相关知识，策划并组织一场老年人"插花品茗"的节庆主题活动。

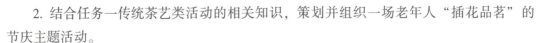

子任务二　创意泥土手工制作

工作任务

分析创意泥土艺术的几种表现形式，描述其基本造型；利用常用表达手法在纸面上呈现设计思路，提出若干种设计方案；学习配色方式，经过整理，完善设计构思，生成艺术作品。

知识准备

创意泥，也称手工纸黏土、超轻土，由胶、纸纤维、树脂、水、颜料等组成，无毒无味，健康环保；创意泥可以运用现有的基色调配出五彩斑斓的颜色，让老年人亲眼看到颜色的神奇变化，提高对色彩的认知及感悟；创意泥质地柔软细腻，延展性、可塑性俱佳，易于操作，没有手工水平的限制，轻松就能学会基本的揉、捏、搓、压等手法，对老年人来说，容易独立完成作品，从而产生较强的成就感。

创意泥色彩调配相关知识在手工制作过程中至关重要，如美术色彩中的三原色、三间色、对比等。色彩中的三原色指的是红黄蓝，利用红黄蓝三种颜色可以混合调制出其他不同的颜色，其中由两种原色调出来的叫作间色，例如，红+黄＝橙，红+蓝＝紫，黄+蓝＝绿。对比色指两种可以明显区分的色彩，常见的有红与绿、黄与蓝、橙与紫，对比色是构成明显色彩效果的重要手段，也是赋予色彩表现力的重要方法。

常见的创意泥基本操作方法有以下八种。

（1）球形法：将创意泥放在手心，双手掌心相对，顺着同一方向轻轻揉动，形成光滑的球形（如图1-5所示）。

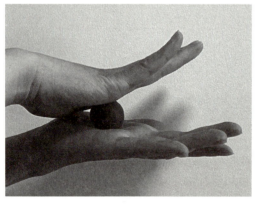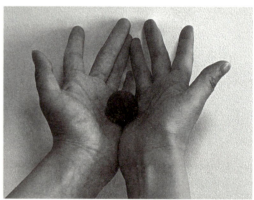

图1-5　球形法操作示意

（2）空心法：将创意泥揉成球，把球套在手的拇指或食指上轻轻转动，内部转成一个圆洞，并顺边缘捏出形状，然后将手指拿出来即成空心（如图1-6所示）。

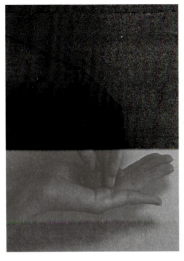

图 1-6 空心法操作示意

（3）水滴法：将创意泥揉成球，一只手心拖住球体，用另一只手的手指或手掌将球形揉搓成水滴形。

（4）长条法：将创意泥揉成球，再将球放在手心或平滑的桌面上用手指或手掌轻轻揉动成长条形。

（5）柱形法：将创意泥揉成球，用双手来回推搓形成柱形（如图 1-7 所示）。

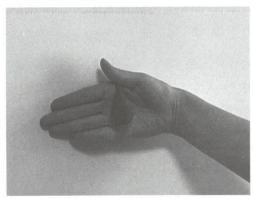
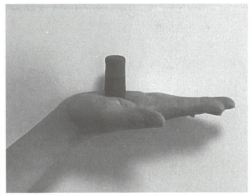

图 1-7 水滴法、柱形法操作示意

（6）压片法：将创意泥揉成想要的形状，用拇指、食指配合压成片状。

（7）垒叠法：将创意泥揉成想要的形状，由内向外或由下向上，一层层粘贴在一起。

（8）挑拨法：用牙签在创意泥上挑出小刺，多用于呈现毛茸茸的效果（如图 1-8 所示）。

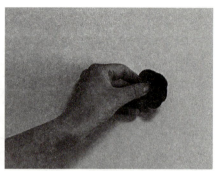
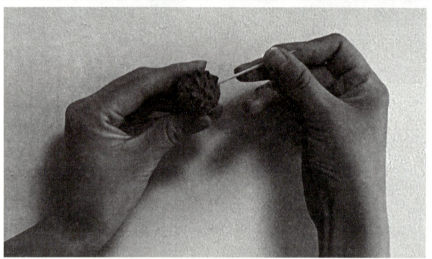

图1-8　压片法、垒叠法、挑拨法操作示意

在策划组织艺术泥制作活动时，出示创意泥范例，通过让老年人欣赏生活中的创意泥艺术作品，形成视觉冲击，引导老年人的创作联想。应尽量确定一个主题内容，使老年人能够在规定时间内顺利完成，例如设置情景游戏环节，介绍创意泥的基本操作方法。因活动涉及多项操作步骤，在指导的过程中应尽量放慢速度，确保每位老人都能够跟上制作进度，并能够利用多种元素对技法进行重复指导，使老年人掌握方法，从而达到预期活动效果。

案例拓展

"可爱的狮子王"——老年人超轻黏土创意活动策划方案

一、活动目的

培养老年人动手能力，激发老年人兴趣爱好与参与意识。通过黏土材料引导老年人运用多种技能手法制作不同的造型，培养老年人脑、眼、手方面的协调能力；通过欣赏陶冶情操，培养老年人健康的审美情趣与良好品德。

二、活动主题

可爱的狮子王。

三、活动时间

20××年×月×日。

四、活动地点

×××养老院活动室。

五、活动对象

60 岁左右有活动能力的老年人。

六、活动准备

宣传招募：在机构及周边社区进行活动宣传，记录参与活动人员的相关信息。

人员配备：手工指导老师 1 名。

材料准备：超轻粘土、剪刀、牙签、展示模型。

七、活动流程

1. 工作人员指引老年人有序进入活动现场，主持人介绍本次活动指导老师。

2. 指导老师带领老年人参与基础知识体验。

了解黏土的特性，学习基本色彩的配色原理，教授搓、揉、按、压、捏等技法。

3. 指导老师带领老年人制作可爱的狮子王。

带领老年人观察狮子图片，讨论狮子的外貌特征，指导老年人运用技法制作狮子王的各个部位，组装，展示分享。

4. 主持人对活动进行总结、致谢。

八、经费预算

序号	内容	数量	金额/元
1	超轻黏土	若干	300
2	辅助工具	若干	100
3	礼品	若干	300
4	茶点	若干	200
5	水果	若干	100
合计			1 000

九、注意事项

1. 了解老年人的身体状况。

2. 活动材料准备充足。

3. 制作过程中工作人员要耐心，全程参与指导、配合工作，避免老年人因制作困难产生不良情绪。

4. 活动过程中保证老年人的安全，谨防意外事故发生。

5. 工作人员维持活动现场秩序。

课堂练习

1. 请大家认真阅读下面的活动内容，分析开展本次活动的意义，并尝试设计组织活动的流程。

作为北京冬奥会"顶流"的冰墩墩，已经在线上线下形成了"一墩难求"的紧张局面。2022年2月15日的元宵佳节，福利院的老人们在社工的带领下，围坐在一起用创意泥土捏揉北京冬奥吉祥物冰墩墩，共同感受浓浓的元宵节氛围。在社工的帮助下，老人们拿起创意泥土揉搓、切块、定型，甚至在冰墩墩的原型上加上自己的一些润色。谈笑间，老人们也各自完成了作品，并在社交平台上晒出自己与冰墩墩的合影，获得网友的好评。

此次手工活动，既锻炼了老年人的动手能力，也让老人们充分感受到福利院大家庭的温暖和传统文化的魅力。活动也为老人们搭建了彼此互动和交流的平台，让他们老有所乐、老有所为，提升他们的幸福感、获得感和安全感。

2. 除创意泥土外，你还了解哪些手工制作类活动？尝试分析以下三种适合老年人参与的手工制作类活动需要注意的事项。

（1）丝袜花。

丝袜花色彩艳丽、造型别致、端庄典雅、保存时间长久，因其成本低廉、品种繁多，对老年手工爱好者来说，是馈赠朋友、装饰空间的个性礼品。丝袜花的主要材料包括丝袜、彩色铁丝、花杆、花蕊、QQ线、纸胶带、花苞、叶子、白胶、剪刀等。在制作方法上，主要有钢丝工艺、造型工艺、组装工艺三个部分。

（2）树叶贴画。

树叶在生活中处处可见，千姿百态的树叶俯拾可得，圆形的，条形的，针形的……在这如诗似画的季节里，用美丽的树叶创作贴画，把美丽的季节留住。树叶贴画活动是指使用不同形状的树叶进行拼画、组合，以表现出作品主题的主要形象特征，可以培养老年人的想象力与创造力。了解树叶贴画的制作过程，学习用正确的方法粘贴树叶，能够增进老年人之间的情感交流，体验手工制作的乐趣。

（3）撕纸贴画。

撕纸贴画是将各种不同颜色的纸撕成造型所需的形状，粘贴在底板卡纸上。材料准备有卡纸、彩纸、胶水、废旧杂志、报纸等。通过手撕画的制作，培养老年人的动手能力，加强手脑协调性，提升创作灵感，充分调动老年人参与手工制作活动的积极性。

衍纸作品	折布艺术——丹凤朝阳	折布艺术——鸡冠花	折布艺术——马蹄莲

子任务三　老年人手工制作类活动主题策划

工作任务

根据所学手工制作活动的类型，确立手工制作类活动主题，掌握活动策划中主题的核心地位，利用手工制作类主题活动，设计专题学习活动。

知识准备

在老年人手工制作活动程序的组织安排中，把握活动主题、背景、目的、时间、地点、人物、流程、预算等方面是活动策划必不可少的一部分，对手工制作类活动的策划与实施起到至关重要的作用。其中，活动主题是活动策划的基础，建立起活动的中心与核心理念，是整个活动策划方案制订的关键环节。

1. 活动主题的拟定

在策划老年人手工制作类活动时，可根据不同的主题内容进行设计组织。通常情况下可以从时间角度出发，策划人员根据不同的时间安排，进行设计构思，从季节变化、节庆时间、节假时间、特殊庆典时间等方面（如表 1-2 所示），紧扣活动主题，使老年人能够紧跟时代发展，获得生活上的节奏感。

表 1-2　老年人时间性活动策划的主题

时间性	时间性活动	老年人参与的活动
季节（春、夏、秋、冬）	春天：描绘春光	春之园艺、风筝涂色
	夏天：夏日送爽	巧制冷饮、清凉绘扇
	秋天：品味秋韵	秋叶贴画、细语卡片
	冬天：情暖冬日	手作杯垫、阳春白雪
节庆日	中秋节：浓情中秋	手工月饼、绘制团扇
	端午节	巧包粽子、缝制香囊
	元宵节	制作灯笼、巧包汤圆
节假日	—	点钻成画、畅游写生
与具体节日相关的衍生物	上海国际服装文化节	时装制作
	青岛石老人音乐节	手绘画报
	莫干山赏花节	插花品香

2. 活动主题的具体实践

以"冬天"为例，围绕冬日特色，满足老年人的精神文化生活，为他们增添更多的活力与欢乐，使他们在寒冬里依然能感受到春天的气息。组织老年人在冬天开展"关爱老人，情暖冬日"活动，通过手工制作活动的形式，不仅可以丰富老年人的业余生活，同时活动通过勤动手、多动脑，还可预防老年痴呆症等，使老年人在活动的过程中实现老有所学、老有所为、老有所乐。

"关爱老人，情暖冬日"系列活动之一：自制餐桌布艺碗垫

老年人亲手制作的碗垫，犹如寒冷冬天的一股暖流，让碗垫使用起来更加富有深义。

在制作手工碗垫之前，先根据材料确定主题风格，例如，碎花布可以制作田园风格的碗垫，扎染布可以制作抽象风格的碗垫，不同颜色碎布可以制作拼贴风格的碗垫。本次自制碗垫活动选取波点风格的布料，为老年人进行活动制作展示（如图1-9所示）。

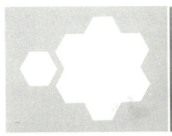

图1-9　DIY波点风格碗垫

"关爱老人，情暖冬日"系列活动之二：不会融化的雪孩子——袜子雪人

相信很多人都听过《雪孩子》的故事：冬天到了，窗外冰天雪地，小白兔家中却因生了火而变得非常温暖。兔妈妈准备外出寻找食物，担心小白兔自己在家无聊，于是想出堆个雪孩子陪它玩的好办法。雪孩子堆好后，母子俩又精心将它装扮了一番，小白兔有了漂亮的玩伴，不再喊着要跟妈妈一块去找萝卜。小白兔和雪孩子玩耍了一会儿，担心雪孩子冷，便邀请它进屋烤火，雪孩子忙摆手，小白兔恍然大悟：原来雪是不怕冷的。后来，火烧着了小白兔的房子，雪孩子为救小白兔，奋不顾身地冲进了房子里，雪融化了……

童话故事中的雪孩子融化了，但在这飘雪的日子里，通过手工制作"不会融化的雪孩

子"帮助老年人留住美好的记忆，重温儿时的欢乐与喜悦。

"关爱老人，情暖冬日"系列活动之三：雪绒花

"雪绒花，雪绒花，清晨迎着我开放，小而白，洁而亮，向我快乐地摇晃，白雪般的花儿愿你芬芳，永远开花生长……"伴随美国电影《音乐之声》一首柔情动听的音乐插曲，带领老年人一起进入雪绒花的世界。

案例拓展

"环保时装秀"老年人手工制作主题活动方案

一、活动目的

将身边的废弃物品进行循环再利用，改造成为靓丽时尚的时装产品，在锻炼老年人手脑协调能力的同时，树立其环保意识；同时，彰显老年人丰富充实的文化生活，为其展现手工制作才艺搭建平台。

二、活动时间

××××年××月××日14：00—16：00（环境保护日前夕）。

三、活动地点

老年活动中心。

四、活动对象

60~70岁有活动能力的老人。

五、活动准备

宣传招募：在机构及周边社区进行活动宣传，记录参与活动人员的相关信息。

人员配备：手工指导老师1名。

材料准备：剪刀、胶水、订书机、针线、展示模型、回收再利用的环保材料（如报纸、过期杂志、碎布、彩纸、毛线、包装袋等）。

六、活动流程

1. 工作人员安排老年人准时到达活动场馆，两人一组自行结对就座。

2. 由手工指导老师为老年人展示制作效果图，老年人进行设计主题的构思与草图的绘制。

3. 每组老年人根据草图进行服装制作，工作人员协助老年人操作。

4. 展示老年人亲手制作的艺术作品，并通过互投方式进行投票，票数最高的组别可以优先选择合影留念并领取纪念礼品。

5. 主持人对活动进行总结、致谢。

七、注意事项

1. 材料准备充足。

2. 关注老年人身体情况。

3. 工作人员维持现场秩序，做好突发事件的应急预案。

4. 时刻帮助老年人解决制作过程中遇到的困难。

课堂练习

1. 从时间角度出发，尝试策划并组织一场具体节日背景下的老年人手工制作类活动。

2. 根据故事《雪孩子》，由小组进行角色扮演，并策划组织"老年人情暖冬日主题活动之袜子雪人的制作"活动，要求活动策划流程完整、组织有序、活动性强，成果展示形式为作品展览。

工作步骤

第一步：欣赏优秀手工艺术作品。通过网络搜集手工艺术发展历史的相关资料，充分掌握手工艺作品的艺术价值；根据对国内外优秀手工艺术作品的赏析，确定作品的艺术风格，形成较为清晰的手工艺术创作文化脉络。

第二步：学习使用基本工具。展示操作工具的使用方法，通过尝试练习基础造型，熟悉较为简单的艺术效果呈现手法，以讲学并用的方式，利用手工基本工具制作简单的形态造型，强化手法特征。

第三步：进行手工艺术作品的设计构思。根据艺术风格分类与个人喜好，选择可操作性强、形式简单、造型效果突出的形态进行作品的设计，确定作品尺寸、色彩搭配、主题设定和呈现形式，将设计构思衍生为设计草图。

第四步：制作手工艺术作品。根据设计草图进行实物创作，通过构图布局、手法展示、填充粘贴、细节勾勒、局部调整等步骤，将二维图纸效果转化为三维立体造型，要确保能够实现预期的效果，必要时请教师进行指导。

第五步：艺术成果展示互评。对完成的作品进行整体展示，介绍作品的设计意图和呈现效果，教师总结评价。

工作评价与反馈

任务	存在的问题	改进措施

收获与感悟：

指导教师评语：

教师签名：

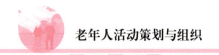

任务三　策划组织老年人健康讲座类活动

▶ 情景导入

杨绛先生的百岁养生之道

著名女作家、文学翻译家和外国文学研究家杨绛先生享年105岁离世，令人感到惊异的是，杨绛100岁的时候，身体的各项指标竟都很正常。纵观杨绛先生的百岁长寿经历，正应了《黄帝内经》的养生之道："食饮有节，起居有常，不妄作劳，故能形与神俱。"

杨绛先生生活低调，从日常的生活痕迹中可以探寻她的百岁养生之道。她一直规律生活和饮食，早起慢饮两杯白开水，早餐主食燕麦粥，少吃油腻。喜欢买大棒骨，敲碎后煮汤，再用汤煮木耳，每天一小碗，以保持骨骼硬朗。饭前吃水果，晚餐清淡饮食。习惯早晨散步、做早操，时常徘徊树下、低吟浅咏，呼吸清爽宜人的新鲜空气。

问题思考：

你还知道哪些养生达人？他们运用什么样的养生方法保持身心健康？

▶ 任务要求

查阅老年人健康保健的相关知识，结合我国老年人常见的保健方式与行为习惯，制订一个老年人健康讲座类活动的策划方案。

子任务一　认识老年人健康讲座类活动

工作任务

学习相关知识介绍，认识老年人身心变化的特点及意义，了解老年人的常见疾病。根据所学养生保健知识，分析健康讲座类活动的基本思路与操作流程，利用5W2H策划程序尝试组织一场老年人健康讲座活动，生成活动策划书，与同组同学、老师进行经验分享。

知识准备

随着我国老龄化程度日益加深，老年人的健康问题也越来越被大众关注。俗话说，树欲静而风不止，子欲养而亲不待。老年人为社会和家庭忘我奉献，他们是知识的宝库，是智慧的钥匙，但没有健康的体魄和积极的心理，实现自我价值便成为空谈。因此，使老年人保持生理功能的正常循环和积极的心理状态是实现老年人晚年幸福生活的重要保障。

老年人的生理、心理变化特点

1. 老年人常见疾病及预防措施

（1）高血压。

高血压是一种以动脉血压持续升高为特征的进行性心血管损害性疾病，是老年人最常见的慢性病。它是心脑血管疾病、冠心病、慢性肾脏疾病发生和导致患者死亡的最主要因素，脑卒中、心肌梗死、心力衰竭及慢性肾病是其主要并发症。不过，高血压也是可以预防和控制的疾病，降低高血压患者的血压水平，可明显减少脑卒中及心脏病的发生，可显著改善患者的生存质量，有效降低疾病负担。

（2）糖尿病。

糖尿病属于内分泌代谢系统疾病，其特点是慢性高血糖，伴有胰岛素分泌不足或作用障碍，导致碳水化合物、脂肪、蛋白质代谢紊乱，造成多种器官慢性损伤、功能障碍甚至衰竭，常见于中老年人、肥胖者。

（3）老年痴呆症。

人们熟知的老年痴呆就是阿尔兹海默症，大多数人是由于不良生活方式和环境因素导致患病，患者的记忆力或思维能力退化，且随着病情的发展，记忆障碍的状况逐渐恶化，其他症状也逐渐凸显。

为了降低老年人的患病风险，鼓励其养成健康的生活方式，做到有效预防和保健，帮助老年人实现晚年幸福。

第一，健康饮食。健康均衡的饮食，营养素是存在于食物中的物质，包括碳水化合物、脂肪、蛋白质、维生素、矿物质和水。老年人平时应多吃水果、蔬菜、瘦肉、豆类、坚果等营养含量高的食物，要多喝水。

第二，适当运动。规律的活动能保持身体健康，对老年人来说，可以根据身体的实际情况进行适当锻炼，例如，散步、慢跑、跳舞、游泳、骑自行车等耐力或有氧运动，能够起到促进呼吸和提升心率的作用。进行一定的力量训练和平衡练习可以增加肌肉的力量。

第三，心理健康。保持愉快的心情，正确地应对生活的压力，保持良好的人际关系等都可促进心理健康。在平时可培养兴趣爱好或掌握释放压力的技巧，多进行心灵放松的练习。

健康的生活方式对老年人的身心发展至关重要，不仅能减轻老年人的认知障碍，降低患病的风险，同时还能够保持老年人健康的心理和强健的体魄，让老年人过上舒适的晚年生活。

2. 老年人健康讲座类活动设计

活动设计是指对所要参加的活动制订出工作方案和计划。它是贯穿活动全过程的一条主线，是评价活动效果好坏的重要标准。在设计过程中应做好前期准备工作及后续收尾工作。活动设计包含活动背景、活动目的、活动对象、活动主题、活动方式、活动时间、活动地点、活动流程、经费预算等内容（如表1-3所示）。

考虑到老年人的实际情况，活动单次时间在1~1.5小时为宜，最长不超过2小时。因此，在活动设计中，围绕活动主题可开展系列活动，如活动周、活动月；可利用多个时间段开展老年人健康讲座活动，在形式上呈现丰富性与多样性，提升活动效果。

表1-3 老年健康讲座主题与内容

类型	活动主题	活动内容
高血压	今日血压，你测量了吗	测量血压活动
		高血压的危害案例展示
		高血压的预防与治疗方法介绍
糖尿病	关注血糖，远离糖尿病	糖与糖尿病的渊源
		糖尿病的危害
		糖尿病的预防与治疗方法介绍
		血糖监测活动
老年痴呆症	关爱老年健康，预防老年痴呆	手指操互动
		辨别老年痴呆
		预防和缓解老年痴呆方法介绍

3. 老年人活动调研

活动调研是一种有计划、有组织的策划活动，一般根据活动主题制订调研计划、实施调研计划、撰写调查报告，针对为老年人健康讲座活动策划的特点，在组织活动调研前，先找出关键问题。要根据老年人活动策划的5W2H法则，涵盖老年人活动策划程序中的概念和主体内容形成的环节，设计能够表明举办本次活动重要性的因素。

（1）制订调研计划。

活动调研首先要搜集整理资料，了解被调研地区的资源，根据5W2H法则，明确调研方向。例如，向政府管理部门了解政策性情况；向各类老年人社团、老年人协会、老年活动中心等方面获悉可利用的活动资源；向涉老网站、广播、期刊、微信、微博等平台探索可行的宣传途径等。明确调研计划，将各种元素进行整合，运用到活动主题、活动形式的设计上，找到潜在活动参与者最想了解的

老年人活动策划
5W2H 法则

内容，加以引导、细化、升华，为开展内容丰富、形式独特的老年人讲座类活动奠定基础。

（2）调研方法。

通过调研形式取得活动策划中翔实的第一手分析资料，是顺利完成本次活动的关键所在。常见的调研方法有典型调查、重点调查、抽样调查三种。

典型调查指从调查对象的总体中选取一个或几个具有代表性的单位，如机构、群体、组织、社区等，进行全面、深入的调查，其目的是通过直接地、深入地调查研究个别典

型，来认识同类事物的一般属性和规律。选择典型的过程，就是根据调查目的，在调查对象中发现和确定典型的过程。

重点调查是通过对重点样本的调查来掌握基本情况的调查方式，其具体调查对象是重点问题，但不一定具有代表性或典型性，而是在总体中具有重要地位或在总体数量之中占有较大比重者。

抽样调查是指从调查对象的总体中抽取个人或单位作为样本，通过对样本的调研推论总体的状况。抽样调查一般是标准化、结构化的社会调查，具有综合定性研究和定量研究的功能，因此抽样调查已成为现代社会调查的主要方法。

（3）实施调研计划。

在调研计划制订出之后，就可以正式实施调研了，这个阶段是收集信息、加工信息、分析信息的过程。为了便于以后的加工、储存、传递，在进行信息收集之前，要按照信息收集的目的与要求，设计出合理的收集提纲，编制调查表和调查问卷。提纲是搜集资料的依据，调查表侧重于事实及数字材料的搜集，调查问卷侧重于意见的征询。开展调研后要以调研报告、资料摘编、数据图表等形式把获得的信息整理出来，并将这些信息资料和收集计划进行对比分析。

（4）撰写调研报告。

调研报告是将调查数据以及分析结果书面化，也是对整个调研工作的总结，调研报告一般由标题和正文两部分组成。

标题：标题一般分为两种写法，一种是规范化的标题格式，如"××关于××××的调研报告""关于××××的调研"；另一种是自由式标题，包括陈述式、提问式、正副标题结合式三种。

正文：正文一般分为前言、主体、结尾三个部分。

前言作为调研报告的开头部分，起到画龙点睛的作用，一般语言要精练概括，内容直切主题。

主体是调研报告最主要的部分，该部分详细阐述调研的基本情况、做法、经验以及通过分析调研材料得出的各种具体认识、观点和基本结论。

前言的三种写法

结尾的撰写可以是提出解决问题的方法、对策或下一步改进工作的建议；可以是总结全文的主要观点，进一步深化主题；也可以提出问题，引发进一步思考。

案例拓展

关注血糖，远离糖尿病

一、活动目的

向老年人普及糖尿病预防常识，帮助老年人科学掌握糖尿病成因，早发现、早治疗，走出对糖尿病的认识误区，养成健康的饮食和生活方式。

二、活动主题

关注血糖，远离糖尿病。

三、活动时间

20××年××月××日（世界防治糖尿病日前）。

四、活动地点

×××养老院会议室。

五、活动对象

养老院老年人。

六、活动前准备

1. 定制防治糖尿病日活动主题条幅。

2. 准备活动所用的宣传资料。

七、活动流程

环节一：专项检查。对养老院内患有糖尿病的老年人进行专项检查。

环节二：健康讲座。对养老院内患有糖尿病的老年人开展健康教育培训。具体步骤如下。

1. 讲座开始前，播放轻音乐，营造会场气氛。

2. 围绕糖尿病的预防与治疗进行专题讲座。

3. 互动游戏。

4. 总结讲话。

5. 发放糖尿病防治知识手册。

环节三：知识竞赛。组织养老院老年人参与知识竞赛答题。

八、活动后期

1. 将测量仪器归还相关机构。

2. 工作人员整理活动照片、资料。

3. 调查活动效果，交流活动感受，总结经验。

九、注意事项

1. 活动材料准备充足。

2. 活动过程中保证老年人的安全，谨防意外事故发生。

3. 工作人员维持活动现场秩序。

课堂练习

1. 尝试完成一次针对特定老年群体的调研，根据调研结果确定一场老年人中医讲座活动的主题。

老年人身体健康情况调查问卷

调研时间：2024 年××月××日

---

1. 您的性别（　　）。

A. 男　　　　　　B. 女

---

2. 您的年龄（　　）。

A. 50～60 岁　　　B. 61～70 岁　　　C. 71～80 岁　　　D. 80 岁以上

---

3. 您目前的居住情况（　　）。

A. 和配偶居住　　　　　　　B. 和子女居住　　　　　　　C. 独自居住

D. 住在养老机构　　　　　　E. 其他（具体说明）

---

4. 您觉得身体状况如何？（　　）

A. 非常健康　　　B. 健康　　　C. 较差　　　　D. 极差

---

5. 您平时会主动关注中老年人健康保健知识吗？（　　）

A. 经常关注　　　B. 偶尔关注　　　C. 不关注

---

6. 您对自身健康状况的关注态度是（　　）。

A. 很重视，及时治疗疾病　　　B. 撑不住时会去医院　　　C. 有病也不去医院

D. 看疾病严重程度决定

---

7. 您每年会去医院做常规体检吗？（　　）

A. 会　　　　B. 不会

---

8. 您到医院看病是否方便？（　　）

A. 非常方便　　　B. 比较方便　　　C. 比较不方便　　　D. 非常不方便

---

9. 如果不方便，原因是什么？（可多选）（　　）

A. 交通不便　　　B. 无人陪同　　　C. 就诊不变　　　D. 行动不便　　　E. 其他（具体说明）

---

10. 您是否享有社会医疗保险、公费医疗、合作医疗？（　　）

A. 是　　　　　B. 否

---

11. 您的身体是否患有以下疾病？（可多选）（　　）

A. 高血压　　　B. 心脏病　　　C. 癌症　　　　D. 脑血栓　　　E. 糖尿病　　　F. 其他

G. 以上均无

---

12. 您的身体是否存在以下症状？（可多选）（　　）

A. 记忆力减退　　B. 行动不便　　C. 语言障碍　　D. 听觉障碍　　E. 视力障碍　　F. 进食困难

G. 其他健康问题　　　　　　H. 以上均无

---

13. 在过去三个月内，您做以下哪些行为有困难？（可多选）（　　）

A. 吃饭　　　B. 洗澡　　　C. 穿衣　　　D. 室内行动　　E. 上厕所　　　F. 日常购物

G. 打扫卫生　　　H. 以上均无

续表

14. 您愿意接受以下哪种预防疾病的方式？（可多选）（　　　）
A. 讲座或座谈会等 　　　　　B. 健康体检 　　　　　C. 预防疾病培训 D. 其他
15. 您希望了解哪方面的健康知识？（可多选）（　　　）
A. 日常生活健康教育 　　　B. 休闲活动健康教育 　　　C. 心理调适健康指导 D. 医疗保健健康指导 　　　E. 健康服务咨询与指导

2. 根据中医讲座这一主题内容，利用 5W2H 活动策划法则，策划并组织一场老年人中医讲座活动。

子任务二　如何撰写老年人健康讲座活动策划书

工作任务

通过相关知识介绍，复习健康讲座类学习活动的基本思路与操作流程，掌握老年人健康讲座类活动策划书撰写的主要步骤与内容，利用活动策划方法构思与设计老年人健康讲座活动，生成活动策划书，与同组同学、老师进行经验分享。

知识准备

活动策划的目的是使老年人活动能够顺利、有序进行，从而对老年人活动实现全局性、战略性、有针对性的把控。针对活动策划的不同主题，灵活实现活动策划书的撰写，是培养活动策划能力的重要方法。策划书的写作模式多种多样，将基本的结构与要求作为撰写的框架，对活动策划书的撰写工作具有指导意义。

1. 封面

活动策划书的封面需呈现以下三个部分内容：一是策划活动的全称，如老年人健康讲座类活动策划，可写成"老年人健康讲座活动策划书"；二是策划人的单位、职务、姓名；三是策划书完成时间。

2. 目录

目录作为活动策划书的纲要，可使活动内容一目了然。因此，活动目录是策划书中至关重要的一部分。目录的撰写应简练，明确表达每一部分的策划安排，并且具有循序渐进的逻辑关系。

3. 标题

老年人健康讲座活动标题通常分为两部分：一是基础部分，强调活动性质和类型；二是限定部分，强调活动人员、时间、地点、规模等。例如，××社区老年人中医养生讲座，基础部分是中医养生讲座，限定部分为××社区的老年人。

4. 活动背景与目的

此部分需要说明主题活动策划的原因，以及通过本次活动的策划与组织，最终要达到什么样的目的和效果。其中，活动目的的呈现可从组织者与参与者两个角度进行诠释，这在问题的表达上更具说服力。

5. 活动主题

活动主题是活动策划的核心部分，主题突出、简明扼要是活动主题的撰写原则。主题设计时应注意贴近日常生活，具有实用性、系统性、灵活性，能帮助老年人运用所学知识解决实际问题，从而提升老年人参与活动的兴趣。

6. 活动时间与地点

合理安排活动时间和地点是活动管理中的一项关键内容。首先，活动时间的合理安排，能够保证活动按时完成，发挥最大工作效率；应避开恶劣天气，以免活动造成消极影响。其次，活动地点的选择，在策划组织老年人健康讲座类活动时，活动中心、会议室常作为首选，也可根据活动内容的安排，选择公共绿地、博物馆、展览馆等地，呈现不同活动现场的别样气氛。

7. 组织单位

组织单位主要包括主办单位、承办单位、协办单位等，按照主办、承办、协办的主次顺序进行呈现，如需要对赞助单位、冠名单位等表示重视与感谢，可列明清单。

8. 人员分工

根据活动的级别、类型进行有针对性的安排。人员分工包括宣传、接待、场务、文书、摄影、财务、后勤等。

以老年人中医养生健康讲座为例，设计活动流程安排

9. 活动策划流程

活动策划流程包括活动前准备、活动中实施、活动后评估三个部分。

10. 经费预算

经费预算是活动计划的重要组成部分，根据活动需要，估算和确定各环节的成本并进行整合，统计出活动总成本。以一场中医养生讲座为例，举办本次活动经费预算如表1-4所示。

表1-4　活动经费预算表

项目	金额/元	备注
宣传推广费		
场地费用		
道具材料费		
食品、材料、礼品费用		
……		
合计		

11. 附件

附件主要是随策划书一起呈送的附属文件。

案例拓展

幸福社区老年人爱牙日科普讲座活动方案

一、活动背景与目的

第三次全国口腔健康流行病学调查发现，86%的65~74岁老年人都有牙缺失，10%的65~74岁老年人全口无牙。失牙是导致老年痴呆的危险因素之一。咀嚼运动可使脑部血流量增多，促进脑部活化程度。通过此次活动的开展，了解老年人存在的口腔健康问题，也让老年人深入了解口腔健康相关的知识，保障老年人身心的健康发展。

老年人健康讲座类活动策划案撰写步骤

二、活动主题

关爱老人，健康口腔。

三、活动时间

××××年××月××日上午9：00—10：30。

四、活动地点

老年活动中心。

五、活动对象

社区60岁及以上的老年人，限50人。

如何撰写老年人活动方案

六、主办单位

幸福社区居委会。

七、承办单位

幸福社区医院。

八、活动准备

1. 实施老年人牙齿健康知识普查。

2. 根据普查结果制定具体讲座内容，联系专家，准备老年人牙齿健康相关内容的课件。

3. 利用海报、条幅、宣传手册、微信、广播等形式进行宣传动员，对报名人员进行信息记录。

4. 设备准备：活动前三天准备投影仪、音响、多媒体等电子设备，桌椅布置合理规范。

5. 物资准备：宣传手册、纪念礼品、医疗箱等。

九、活动流程

1. 主持人开场。

2. 讲座活动正式开始，以专家讲授为主要方式呈现牙齿健康内容。

3. 游戏互动环节。

环节一：清洁牙齿。

准备可擦式"牙齿"画布，用水溶性彩笔在"牙齿"画布上画细菌图案，老年人在工作人员的指导下清洁牙齿。

环节二：鲨鱼补牙。

按照鲨鱼牙齿的形状，填补相应的三角形牙齿并固定到对应位置，锻炼老年人的观察能力与动手能力。

环节三：数字大嘴。

"糖吃多了，可乐喝多了，而且还不好好刷牙，牙齿肯定就会坏掉，快来帮忙补牙吧。"游戏前请老年人掷骰子，按照所得的数字，制作橡皮泥小牙补在相应的位置上。

4. 自由提问环节。

5. 负责人进行总结性发言。

6. 主持人对活动进行总结。

7. 为参会老年人发放纪念礼品。

8. 工作人员组织老年人有序离场。

十、经费预算

项目	金额/元	明细
专家礼金	3 000	邀请专家讲座
宣传费用	300	海报 2 张，横幅 1 条，宣传单 500 份
道具材料费	500	游戏环节道具、工作材料
茶水、水果点心	300	活动现场食品
纪念礼品	1 500	软毛牙刷、抑菌牙膏 50 套
合计	5 600	—

十一、注意事项

1. 材料准备充足。

2. 关注老年人身体情况。

3. 工作人员维持现场秩序，做好突发事件的应急预案。

4. 工作人员应时刻准备帮助老年人解决在游戏互动环节的困难。

课堂练习

1. 根据对老年人的牙齿问题，思考以下观点是否合理，并阐述原因。

观点一：老人牙齿松动脱落是自然现象，防也无用，治也无益。

观点二：人的牙齿越磨越结实，啃点硬东西没关系。

观点三：只要坚持刷牙，就没必要洗牙了。

观点四：掉一两颗牙，不必急着补，等全掉了再换全口假牙。

观点五：老年人抽烟、喝茶沉积的黄牙或黑牙无法变白。

观点六：去大医院看牙医花钱多还废时，到小诊所省钱省事。

2. 为保证老年人牙齿健康，除以下几条日常饮食指导，你还有什么建议？

建议一：平衡膳食，多摄取维生素 C 及铁、钙含量丰富的食物。

建议二：食物宜软烂，不宜啃嚼干硬食品及干果类。

建议三：经常食用绿豆汤、豆腐汤、蔬菜、水果、瓜类等清淡食物；忌食油炸、油腻食物。

建议四：避免慢性刺激，忌辛辣和烟酒，不食过热过冷、过咸过甜的食物。饭后漱口，除去口腔中滞留的食物残渣。

你的建议：_____

子任务三　老年人预防病毒健康讲座活动策划

工作任务

根据健康讲座所学知识，利用老年人活动的基本策划程序，尝试组织一场老年人预防病毒健康讲座活动，生成活动策划书，与老师、同组同学分享讨论。

知识准备

进入深冬季节，气温的起伏不定、空气污染的不断加持、伴随老年人身体机能逐渐减退，呈现不断上升趋势的流感病毒，甚至面临多种病毒叠加或同时流行的风险。老年人有效预防病毒感染的方法有以下几点。

（1）避免前往人群密集的公共场所。避免接触发热患者和呼吸道感染患者，佩戴口罩，做好个人防护。

（2）勤洗手，多通风。尤其在手被呼吸道分泌物污染时，触摸过公共设施后，照顾发热、呼吸道感染或呕吐、腹泻病人后，探访医院后，处理被污染的物品以及接触动物、动物饲料或动物粪便后，应立即用七步洗手法洗手、消毒。

（3）保持良好的生活习惯。不随地吐痰，打喷嚏或咳嗽时用纸巾或肘部衣服遮住口、鼻，减少飞沫传播或接触传播的风险。

（4）加强体育锻炼，规律安排作息。老年人因身体机能退化、抵抗力减弱，尤其容易受到病毒的侵袭。在日常生活中，合理运动、营养膳食、规律作息，可有效增强免疫力、降低感染风险。

老年人接种疫苗
注意事项

（5）保持室内空气流通。定期开窗通风能够改善空气质量，稀释室内污染物。一般早中晚各开窗一次，每次开窗时间为 15～30 分钟。老年人应尽量远离开窗的位置，以免因开窗后气温骤降而患病。

（6）积极接种疫苗。作为最有效和最科学的手段，疫苗的接种不仅能减少病毒感染的概率，而且是减少重症转化率和降低病死率的重要前提。

案例拓展

老年人预防病毒传染主题讲座活动策划方案

一、活动背景

伴随着老龄化程度的加深，我国的老年人口数量日益增多，老年人身体机能普遍下降，是病毒的易感高危人群，为老年人开展预防病毒感染专题教育讲座，让老年人学习预防知识是非常有必要的。

二、活动目的

加强老年人对常见病毒的认识，让老年人重视常态化预防与保护，帮助老年人基本掌握预防常识，在日常生活中能够加以运用，从而降低老年人感染的风险，提高老年人的个人安全防范意识，提升老年人的社会责任感。

三、活动主题

关注老年人日常状态　多重预防提升免疫力

四、活动时间

20××年4月1日9：30—11：00。

五、活动地点

××社区活动中心会议室。

六、参加人员

××社区60岁及以上老人（预计50人）。

七、活动准备及人员安排

1. 通过海报、条幅、微信、广播等方式广泛宣传本次活动。

2. 确认讲授者、主持人及报名参加活动的老年人名单，与授课老师及主持人沟通确认本次活动主题。

3. 召开本次活动工作人员会议，讨论本次活动相关事宜，分配工作任务。

4. 活动用品准备：相机2台、话筒2个、音响1个、椅子50把、写字板1个、抽奖箱1个、奖券50张、老年手机1部、电热水壶1个、保温饭盒1个、免洗洗手液5瓶、医用外科口罩10片装50包。

5. 工作人员提前三个小时到场，布置场地，确认音响、话筒、计算机等设备是否正常运行，摆放写字板、抽奖箱、桌椅、矿泉水及点心。

八、活动流程

1. 工作人员有序组织老年人入场，室内组织老年人间隔有序就座，工作人员维持会场秩序。

2. 工作人员组织老年人入场的同时，播放悠扬的轻音乐，调节现场气氛。

3. 主持人开场并进行自我介绍。

4. 讲座正式开始，主讲嘉宾为老年人讲授呼吸道病毒的基本知识及预防方法。

5. 现场知识抢答（提前设置5个问题），回答正确者获得"参与奖"奖品一份。

6. 现场提问交流环节。

7. 讲座结束，现场老年人分享收获与心得。

8. 组织抽奖，按照座位从前到后的顺序，每人抽一张奖券，通过大屏幕滚动的形式在讲座过程中进行三次抽奖环节，按照三等奖、二等奖、一等奖的顺序进行。

9. 兑奖，按照座位从前向后依次兑换。

10. 主持人致结束辞。

11. 播放舒缓的音乐，组织老年人有序退场。

12. 活动现场整理，进行活动总结，材料整理归档。

九、奖品设置

一等奖：老年手机一部（价值 500 元）。

二等奖：电热水壶一个（价值 150 元）。

三等奖：保温饭盒一个（价值 100 元）。

参与奖：酒精免洗洗手液一瓶（价值 20 元）。

纪念奖：医用外科口罩一包（价值 8 元）。

注：除参与奖外，其他奖项均在抽奖箱内抽取，共 50 份奖品，其中一、二、三等奖各 1 名，参与奖 5 名，纪念奖 42 名，参与者每人都会得到奖品。

十、注意事项

1. 现场配备医护人员，准备速效救心丸、硝酸甘油片、沙丁胺醇气雾剂、葡萄糖等应急药品。

2. 工作人员全程关注老年人的状态。

3. 会场全程录像监控。

4. 讲座过程中老人如需临时退场，工作人员须全程陪伴。

十一、经费预算

项目	价格/元
相机租赁费	500
音响租赁费	200
椅子租赁费	100
定制奖券	20
老年手机	500
电热水壶	150
保温饭盒	100
洗手液	100
口罩	400
速效救心丸	36
硝酸甘油片	40
沙丁胺醇气雾剂	24
葡萄糖	20
合计	2 190

课堂练习

1. 试讨论老年人在预防病毒传染过程中应着重注意哪些问题。

2. 小组讨论，设计1~2个老年人预防病毒感染讲座活动的互动游戏并组织互动，小组成员互评。

工作步骤

第一步：搜集老年人健康保健知识的相关资料。通过网络搜集相关内容，熟悉老年人常见慢性病的种类，探索预防会给身体带来不良影响行为的有效途径。

⬇

第二步：角色扮演任务布置。以小组为单位，采用角色扮演的形式展现保健类学习讲座活动的常见操作方法，针对高血压、糖尿病、老年痴呆症患者的现实情况，分析养生保健的好处，总结有效的预防措施。

⬇

第三步：分析5W2H方法使用的基本流程。从时间、地点、人物、目的、内容、形式、预算七个方面分析养生保健讲座活动策划需掌握的设计思路。明确活动需求，按照策划基本思路进行活动的安排与组织。

⬇

第四步：分组完成活动策划书的撰写。通过小组讨论、设计，生成活动策划书，教师参与指导。

⬇

第五步：各小组展示、互评。每组组长进行活动策划展演。

工作评价与反馈

任务	存在的问题	改进措施

收获与感悟：

指导教师评语：

教师签名：

项目小结

本项目从老年人传统茶艺、手工制作、健康讲座三类子活动项目出发，介绍了老年人学习类活动策划与组织的相关知识，总结如下。

1. 传统茶艺：系统性地学习老年人传统茶艺类活动的定义、特点、类型及意义。根据不同的茶艺知识，掌握传统茶艺类学习活动的基本思路与操作流程。结合活动案例，策划并组织老年人红茶茶艺体验活动，针对老年人活动的茶艺展示环节进行操作练习，最终评估茶艺类学习活动开展的效果。

2. 手工制作：认识老年人手工制作类活动，分析手工制作类学习活动的目的与要求，根据所学手工制作活动的类型，确立手工制作类学习活动主题，掌握活动策划中主题的核心地位。学习手工制作的表现形式、配色方式等知识，整理、完善设计构思，策划老年人手工制作类学习活动。要求老年人在实际场景操作过程中，完成活动体验的全过程，完成艺术品制作。

3. 健康讲座：全面认识老年人身心变化的特点及意义。了解老年人常见疾病，根据所学养生保健知识，分析健康讲座类学习活动的基本思路与操作流程。利用5W2H策划程序组织老年人健康讲座活动，最终评估健康讲座活动开展的效果。

老年人学习类活动是一项需要完整、系统的规划并持续开展的老年人活动，在学习的过程中，老年人不仅可以在知识的海洋中遨游，更能在活动过程中收获快乐，使老年人保持乐观、积极、阳光的精神状态。通过学习类活动的策划与组织，使老年人的晚年生活更加丰富多彩，将"活到老，学到老"的时代精神展现得淋漓尽致。

巩固与提高

一、单选题

1. 老年人学习类活动不同于普通的社会性学习，要用（　　）的引导方法。

A. 注入式　　　　B. 训诫式　　　　C. 互动式　　　　D. 封闭式

2. 老年人活动结束后，策划者及活动组织方需要对此次活动的策划及实施进行（　　），从而不断提高策划者的能力和水平。

A. 评估　　　　B. 审核　　　　C. 巩固　　　　D. 组织

3. （　　）是老年教育的重要组成部分。

A. 老年人文化知识类活动　　　　B. 老年人教育知识类活动

C. 老年人知识类活动　　　　D. 老年人活动

4. 《健康饮食与养生》课程为老人首选，占总比例的7.4%，因此，老年人对（　　）的关注尤为突出。

A. 养生知识 　　　　B. 饮食知识 　　　　C. 健康知识 　　　　D. 生活知识

5. 在老年人群中，心血管系统最常见的疾病是（　　　）。

A. 冠心病 　　　　B. 阿尔兹海默症 　　　　C. 糖尿病 　　　　D. 支气管炎

二、多选题

1. 老年人的生理变化表现在（　　　）。

A. 形态 　　　　B. 组织 　　　　C. 器官 　　　　D. 情感

2. 老年人的心理变化表现在（　　　）。

A. 认知 　　　　B. 智力 　　　　C. 情感 　　　　D. 需求

3. 老年人活动策划程序中的"5W2H"，其中 2H 是指（　　　）。

A. 为什么 　　　　B. 地点 　　　　C. 怎么做 　　　　D. 成本

E. 内容

4. 老年人活动公告、通知的正文主要包括（　　　）。

A. 时间 　　　　B. 地点 　　　　C. 内容 　　　　D. 参加办法

5. 随着年龄的增长，人的体态和外形也逐渐出现变化，体现在（　　　）几个方面。

A. 头发 　　　　B. 皮肤 　　　　C. 身高 　　　　D. 体重

项目一答案

项目二
策划组织老年人健身类活动

 案例导学

老年人趣味运动会活动策划方案

为丰富老年人文娱生活，倡导健康的生活理念，全面推进老年人健身运动的深入开展，增强老年人的身体素质，提升老年人的交往能力，构建"健康、和谐、向上、文明"的老年社会，将在×××养老院举办趣味运动会活动，具体活动方案如下。

一、活动主题

我参与，我快乐。

二、活动时间

20××年5月15日9：30—11：00。

三、活动地点

×××养老院运动操场。

四、活动对象

×××养老院自理型老年人。

五、主办单位

×××养老院。

六、活动流程

1. 开幕式。

（1）播放轻松休闲类音乐，养老院工作人员引导老年人进入活动现场，妥善安排就座。

（2）老年人进行健身操表演。

（3）养老院领导致开幕辞。

2. 比赛阶段。

（1）夹弹珠。

材料准备：玻璃弹珠若干、塑料篮、筷子。

游戏规则：4人为一轮，将玻璃弹珠放在一个较大容器内，每位老年选手手中拿着一个塑料篮和一双筷子，计时开始后用筷子将容器中的玻璃弹珠夹到自己手中的塑料盒内，限定时间为2分钟，计时结束后计算各位老年选手塑料篮中的玻璃弹珠总数，数量多者获胜。

（2）投壶。

材料准备：长筷子若干、开口容器。

游戏规则：2人为一轮，工作人员为每人发放8根长筷子，参赛者运用手部力量将长筷子投掷到容器中，全部投掷完毕后，工作人员进入赛场记录成绩，投入容器多者获胜。

（3）叠纸牌。

材料准备：纸牌。

游戏规则：按照组织方提供的搭建图案，根据由易到难的步骤进行接力比赛，在规定时间内完成且用时最少的组别获胜。

（4）粘球衣。

材料准备：粘球衣、毡布球。

游戏规则：工作人员安排两组老年队伍穿好粘球衣，到达指定位置后，由1组队员手持毡布球向2组队员身上的粘球衣进行投掷，2组队员在规定区域内闪躲毡布球，限时2分钟；两组交替进行，投掷到粘球衣上的毡布球数量最多的组获胜。

3. 比赛活动结束，院领导总结发言，工作人员为获胜团队颁奖，并为每位参赛老年人发放纪念礼品。

4. 活动合影留念。

七、工作人员安排

主持人、记录人、后勤人员、裁判、工作人员、摄影人员、医护人员。

八、经费预算

项目	金额/元	明细
活动宣传	150	海报1张、横幅1条、宣传单100份

续表

项目	金额/元	明细
现场布置	1 000	背景墙、地毯
游戏器材	500	毡布、玻璃弹珠、塑料篮、纸牌、容器等
奖品设置	200	一等奖：养生壶1套
	200	二等奖：洗衣液4桶
	180	三等奖：维达抽纸6包
	450	纪念奖：雨伞30把
合计	2 680	—

九、活动注意事项

1. 提前做好宣传与报名统计工作，确保纪念礼品的发放数量与参加活动人数相符。

2. 工作人员提前到场准备活动器具，排除阻碍活动进行的意外事项。

3. 每项活动安排裁判及工作人员，做好比赛规则的说明工作。

4. 比赛活动以趣味性为主，工作人员时刻关注老年人的情况，准备好必备药品，避免意外事故的发生。

十、活动后期

1. 活动总结工作及成果展示。

2. 活动资料整理及归档工作。

问题思考：

1. 根据上述案例，思考为什么要策划组织老年人健身类活动。

2. 在健身主题下，可以为老年人策划组织什么形式的活动？

学习目标

1. 认知目标：了解老年人健身类活动的意义及注意事项，掌握老年人健身类活动策划的操作流程和方法。

2. 技能目标：培养学生具备初步的策划与组织老年人健身类活动的能力。

3. 情感目标：初步形成设计、制作、评价的实践能力与合作、探索、创造的工匠精神。

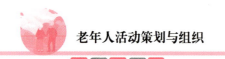

任务一　策划组织老年人体适能活动

情景导入

"90"后健身达人的励志故事

　　这是一位拥有健美身材和健康体魄的 91 岁高龄老人的健身故事：他在 60 岁开始参加国际赛艇锦标赛，此后共获得 36 枚金牌；75 岁还在考虑要不要退休；80 岁仍然坚持参加赛艇运动；85 岁加入健身俱乐部，多次参加健身锦标赛并获奖。

　　"我身体的哪个部位最需要锻炼呢？为此我常常和我的健身教练争论不休。我对自己的腹肌不太满意，他却说我的臀部太过扁平。不过，有一点我们的看法是一致的，那就是不管你多大年纪，都可以通过健身来重塑体形。85 岁的时候我经历了一场危机。站在镜子前面，我看到了一个老头子，体形发胖，体态欠佳，曾经紧实的肌肉现在变得松垮不堪。我甚至怀疑自己很快就会死去。我知道我不应该操之过急，但我等不及了。我怀念自己以前的身体，渴望力挽狂澜。"

　　"当时我每周的赛艇训练达六次之多，我想，再加上肌肉锻炼也应该没有什么问题。所以虽然已经 80 多岁了，我还是参加了健身俱乐部。"

　　"在此之前，从来没有人研究过 80 多岁的老人可不可以健身，我就像是在做实验。通过举重训练和高蛋白的摄入，我的身体开始发生了变化。它开始变得宽阔起来，并慢慢呈现出倒三角形，肩膀和二头肌也更为发达了。人们开始夸我看起来年轻了很多，我的健美身材也得到了周围人们的赞赏。"

　　问题思考：

　　1. 高龄健身达人的励志故事对你有什么启发？

　　2. 尝试说一说你熟知的健身运动，以及健身给人们带来的好处。

老年人练瑜伽

任务要求

　　查阅相关资料，学习适合老年人体适能的健身运动，分析体适能活动的操作步骤，掌握老年人体适能策划活动的相关知识，撰写一份体适能健身活动策划书并进行实训演练。

子任务一　认识老年人体适能活动

工作任务

利用相关知识介绍，认识老年人体适能活动的定义、格式及意义，在本子任务中参考老年人体适能的类型划分，对老年人体适能活动进行操作练习，与同组同学、老师进行经验分享。

知识准备

现代医学之父希波克拉底曾说过："阳光、空气、水和运动是生命和健康的源泉。"生命在于运动，人的一生是一个不停运动的过程。随着年龄的增加，老年人的身心健康状况会逐渐衰退，长寿但不健康的身体不仅对社会、家庭造成负担，也严重影响老年人的生活质量。因此，如何维持老年人的健康、增进老年人的身体活动能力，提升老年人生活质量是未来社会发展的重点方向之一。

锻炼身体是老年人体验健康生活的方式之一，适量的身体活动可以使老年人降低发病风险，减缓身体功能的退化，提升个人免疫能力，增加日常活动的独立性，使老年人生活得健康、舒适、快乐，提升老年人的生活质量，进一步降低医疗及社会成本。

1. 体适能的内涵

随着社会的发展，人们生活、工作压力的增大，体育的健康功能越来越受到人们的关注。体适能指身体所具备的有充足精力从事日常工作而不感疲劳，同时有余力享受休闲活动的乐趣，能够适应突发状况的能力。老年人体适能的概念为老年人在体格、认知、语言、技能、情感等发展的基础上，匹配相应的动作能力和体能素质，从而使老年人有精力、有能力适应日常生活和处理突发事件。

2. 体适能的分类

体适能分为健康体适能、竞技体适能、代谢性体适能三种。

（1）健康体适能。与健康有密切关系的体适能，是机体维护自身健康的基础，也是机体能正常完成日常工作和降低慢性疾病发生的前提。通常采用心血管适能、体脂百分比、肌肉适能、柔韧适能来衡量健康体适能的状况。

（2）竞技体适能。是运动员在竞赛中，为了夺得最佳成绩所需具备的体适能。体适能中与竞技相关的参数是灵敏度、平衡性、协调性、爆发力、反应时间与速度。

（3）代谢性体适能。主要包括血糖、血脂、血胰岛素、骨密度等。

3. 健康体适能的基本要素

（1）心血管适能。

心血管适能是健康体适能最重要的组成部分之一，它反映由心脏、血液、血管和肺组成的呼吸和血液循环系统向肌肉运送氧气和能量物质，维持机体从事体力劳动的能力。其中，有氧运动是改善心血管适能的运动。

（2）体脂百分比。

人体的脂肪重量与身体重量的比例称为体脂百分比，体适能的强弱与合理地控制体重和体脂百分比关系密切。脂肪过多，心肺功能的负担就越重；体重过轻，对脑力、体力等方面也会产生负面影响。因此，体重标准、体脂成分适宜是健康的标志，要维持适宜的体内脂肪，就必须注意能量的吸收与消耗的平衡。

（3）肌肉适能。

肌肉适能主要是指肌肉的肌力与肌耐力两部分。肌力是肌肉对抗某种阻力时所发出的力量，一般而言是指肌肉在一次收缩时所能产生的最大力量。肌耐力是肌肉维持使用某种肌力时，能持续用力的时间或反复次数。保持良好的肌力和肌耐力对于促进健康、预防损伤与提高效率有很大的帮助，当肌力和肌耐力衰退时，肌肉本身往往无法胜任日常活动及紧张的工作负荷，从而产生肌肉疲劳及疼痛现象。

（4）柔韧适能。

柔韧性是指用力做动作时扩大动作幅度的能力，包括身体各个关节的活动幅度以及跨关节的肌肉、肌腱、韧带、皮肤和其他组织的弹性和伸展能力。柔韧适能对于提高身体活动水平、维持正确的体姿、减少运动器官损伤、改善动作效果具有十分重要的意义。

4. 体适能与运动健身的关系

运动健身的目的在于提高健康水平，人的运动能力是健康水平的一种标志。对不同运动负荷的适应能力是人体机能状态和体质状况的一种反应，维持生存活动的适应是体适能的最基本状态。运动健身所追求的体适能是以适应运动锻炼和娱乐为目标的。因此，体适能概念的提出，更加科学地描述了运动训练效应的获得机理，充分地利用生理学和生物化学的知识，依照人体技能适应性改变的客观规律科学地安排训练。

一个健康的老年人应当具备良好的环境适应能力，而体适能运动的功能之一就在于改善老年人的适应能力。这种适应能力可以分为以下四个层次。

（1）对基本生存的适应。

（2）对日常生活和基本活动的适应。

（3）对生产劳动和娱乐活动的适应。

（4）对运动竞技的适应。

以上四个层次的适应能力反映了老年人体能水平由低到高的排列。提高体适能是体育运动的根本目标。

5. 适合老年人的体适能活动——有氧运动

有氧运动可以提升氧气的摄取量，锻炼心肺循环功能，提高老年人体力、耐力、新陈代谢的潜在能力，达到生理上的平衡状态，还可以舒缓压力，化解不良情绪。常见的老年人有氧运动项目有散步、慢跑、骑自行车、游泳等。

老年人体适能　　　　**有氧运动项目**　　　　**有氧运动项目**
运动处方　　　　　　　**1——步行锻炼**　　　　**2——骑行锻炼**

案例拓展

动起来，更精彩——老年人慢跑运动会活动策划方案

一、活动背景

随着当今老龄化趋势日益明显，老年人的健康意识逐渐增强，他们采用各种运动方式强身健体。其中，慢跑作为有氧运动深受老年人的关注与喜爱。为满足社会需求，为老年人提供交流互动的平台，展现老年人的精神状态，特策划本次老年人慢跑运动会。

二、活动目的

通过丰富多彩的体育运动，提高老年人的身体素质和健康水平，增进老年人之间的交流与沟通，提高老年人的运动积极性和满意度，增加老年人对美好生活的向往，营造美好、和谐的社会氛围。

三、活动主题

动起来，更精彩。

四、活动时间

20××年××月××日。

五、现场活动安排

1. 节目表演。

开幕式环节：舞蹈、健身、体操。

闭幕式环节：太极拳、瑜伽、武术。

2. 现场游戏（5个游戏摊位）。

3. 爱心义卖：售卖老年人制作的各种手工艺术品。

4. 慢跑活动。

5. 抽奖环节：制作爱心奖券，现场抽出各类爱心奖项。

6. 颁奖仪式。

最佳活力奖1名。

最佳耐力奖1名。

慢跑优秀奖3名。

慢跑参与奖5名。

六、活动流程

08：30—09：00　现场报到、列队、开放义卖摊位、启动老年人作品展示。

09:00—09:30　慢跑活动启动仪式。

09:30—10:10　慢跑活动、义卖活动。

10:10—10:30　颁奖典礼。

10:30—10:50　闭幕式展演、活动总结。

七、活动预算

场地租赁费、设备租赁费、奖品购置、活动宣传费用、工作人员补贴。

八、注意事项

（1）提醒参加慢跑活动的老年人保持着装的整洁、轻便、舒适。

（2）慢跑活动开始前工作人员负责发放活动标牌，以便于清点人数。

（3）关注老年人的身体状况和参与度。

（4）遵守现场工作人员的安排与调度，老年人出现突发问题时应能及时解决。

课堂练习

1. 试讨论除教材中介绍的老年人有氧运动，你还知道哪些适合老年人的有氧运动，介绍 1~2 种该类运动并说明其显著特点。

2. 根据活动公告，学生尝试运用微信小程序为养老院策划一场老年人 21 天运动打卡活动。

"强身健体，快乐夕阳"健身云打卡活动通知

尊敬的各位老人：

你们好！

为进一步贯彻落实全民健身计划，全面提高老年人的身体素质和健康水平，倡导健康、科学、文明的生活方式，特举办"强身健体，快乐夕阳"健身云打卡活动。

活动时间为 4 月 15 日起连续的 21 天（4 月 15 日—5 月 5 日），每晚 7 点前将当天的一张运动照片发送到"强身健体，快乐夕阳"健身云打卡交流群中，有丰厚的礼物等着您哦！

××养老院办公室

20××年 4 月 13 日

子任务二　评估与测试老年人体适能水平

工作任务

根据所学知识，掌握常见的老年人体适能测试方法，利用体适能要素进行训练，学习老年人居家体适能活动策划的具体操作步骤。通过操作练习，学会科学评估老年人体适能水平，并制订老年人体适能活动计划。

知识准备

通过老年人体适能测试，将身体能力转换为检验结果，可作为评估与诊断老年人体适能状况的工具，可以有效掌握老年人的体适能水平，科学反映老年人进行体适能活动时的进度及效果。在策划组织老年人体适能活动前，应做好充分的调研工作（如表 2-1 所示）。

表 2-1　老年人体适能运动调查表

姓名：　　　　　　　性别：　　　　　　　年龄：　　　　　　　职业：
联系地址：　　　　　　　　　　　　编号：
临床检查 心电图检查：＿＿＿＿＿＿；静息时心率：＿＿＿＿次/分钟；血压：＿＿＿＿ X 射线检查：＿＿＿＿＿＿；B 超检查：＿＿＿＿＿ 化验检查 尿常规：＿＿＿＿；胆固醇：＿＿＿＿；脂蛋白：＿＿＿＿；甘油三酯：＿＿＿＿ 最大负荷时心率：＿＿＿＿ 体质强壮指数：强壮（　　）优良（　　）中等（　　）体弱（　　） 体型：肥胖（　　）中等（　　）消瘦（　　） 身高体重指数：＿＿＿＿＿ 运动爱好：＿＿＿＿

常见的老年人体适能测试方法有以下五种。

1. 安静心率测试

把食指及中指轻轻放在桡动脉上，感受到脉搏波动即可，开始计时的一刻由"0"数起，数到 15 秒停止，把读数乘 4 便是每分钟的脉搏次数。测量安静心率的最佳时间是早晨醒来后，连续测量 3 天，取测量平均值。在进行测量时可以采取站姿或坐姿，正常的安静心率应为 60~100 次/分钟，经常进行足够量体能训练的老年人，安静心率会有所降低。

除安静心率测试，老年人身体的基本情况，如体重指数、肺活量等也能作为评估老年人体适能的指标（如表 2-2 所示）。

表 2-2　老年人体适能评估表

测试项目	基本数值	
身高/cm		
体重/kg		
血压/mmHg①	高压：	低压：
安静心率/（次·分钟$^{-1}$）		
体重指数/（kg·m^{-2}）		
肺活量		

---

① 此单位非法定计量单位：1 mmHg＝133.32 Pa。

续表

测试项目	基本数值	
胸围/cm	吸气:	呼气:
腰围/cm		
臀围/cm		
上臂围/cm	左:	右:
大腿围/cm	左:	右:
小腿围/cm	左:	右:
备注:		

2. 主观疲劳感觉分级量表判断法

主观疲劳感觉分级量表判断法是一种较为简易的自我判断运动强度的方法，该方法把运动中的吃力程度划分为十级，每两级递增。其中，心肺耐力的练习在四至六级中间进行（如表2-3所示）。

表 2-3 主观疲劳感觉分级量表

热身及放松调整范围				适中锻炼范围				
0 没感觉	○	2 微弱	4 稍吃力	○	6 吃力	○	8 非常吃力	○	10 极度吃力

3. 三分钟踏台阶测试

检查节拍器，预设节拍为96次/分钟，按照"上上下下"的节拍运动3分钟，每次踏上节拍要以直膝为止，而且先踏上的脚先落地。完成后，在5分钟内完成1分钟脉搏测试，记录心率，运动后心率越低，说明老年人心肺功能越好。

4. 坐位体前屈测试

老年人按照指导完成热身及伸展运动，赤足面对坐位体前屈箱，坐在垫子上，脚掌抵住箱子底板，双腿与肩同宽，伸直，双手拇指互扣，中指重叠置于箱子上面，指尖慢慢向前移动，保持直膝移至最远位置并保持1秒，读数并记录。此动作可重复三次，取最好记录。读数越高，说明腰背及大腿后肌的柔韧性越强。

5. 仰卧起坐

受试老年人仰卧于垫子上，屈膝约90度，双臂交叉平放胸前，手掌放在双肩上，一人按住老年人双踝以固定身体。测试开始后，老年人卷腹团身至肘部触及大腿，还原至仰卧姿势为一次，记录1分钟内完成的次数，规定时间内完成的次数越多，腹肌耐力越高。

通过以上几个测试，可以对老年人的健康状况、体力水平、运动能力等多方面有较全面的掌握，根据测试结果制订运动计划（如表2-4所示），计划要按照具体内容逐项确定运动目的、运动类型、负荷强度、运动时间等事项。

表2-4　运动计划卡

姓名：　　　　性别：　　　　年龄：　　　　每日计划得分：　　　　每周得分：
最大有氧能力
1. 运动目的：＿＿＿＿＿＿＿＿＿＿＿＿＿＿
2. 运动类型及时间分配：＿＿＿＿＿＿＿＿
3. 负荷强度：心率控制在＿＿＿＿次/分钟；相当于最大摄氧量的＿＿＿＿%
4. 锻炼次数及每次持续时间：每周（天）＿＿＿＿次，每次＿＿＿＿分钟，力量锻炼：＿＿＿＿次/周
5. 准备活动项目：＿＿＿＿＿＿＿＿（5~10分钟）；心率：＿＿＿＿次/分钟
6. 整理活动项目：＿＿＿＿＿＿＿＿（5~10分钟）；心率恢复时间：＿＿＿＿分钟
7. 注意事项：＿＿＿＿＿＿＿＿＿＿

老年人的居家体适能活动有以下五种。

1. 手撑墙训练

此动作主要针对上肢和胸部力量进行练习。练习时双脚离墙约两个脚掌长度的距离，站稳；双手手掌撑墙，缓慢撑起和放下，力量提高后可以离墙的距离远一些，注意腹部收紧。此动作每组12~16次，进行2~4组，两组间休息1~2分钟。进行此动作时要注意呼吸方法，身体向前靠近墙体时，吸气；胸部、上肢发力将身体推离墙体时，呼气。同时还需注意在进行此动作过程中，背、臀、腿尽量保持在一条直线上，不要出现含胸、塌腰、撅屁股、屈膝等动作。

2. 站姿水瓶弯举

此动作主要针对肱二头肌进行练习。练习时身体保持正直，双手各握一个装满水的矿泉水瓶。手臂伸直，上身应略前倾，采取屈肘动作，用肱二头肌收缩力将矿泉水瓶向上抬起至肩前位置，并停顿约1~2秒，后将水瓶放下回归到原位。此动作可以两上臂一起做，也可以左右交替进行，每组弯举12次，进行4~6组。每做完一组，可休息30秒。在进行动作过程中，请注意躯干始终是保持静止的，切忌在运动过程中借助腰背的力量完成动作。

3. 侧身单臂划船

此动作主要针对背部力量进行练习。练习时双手各握一个装满水的矿泉水瓶。膝盖略微弯曲，身体向前倾，背挺直，让身体几乎和地板平行，保持抬头正视前方；握住水瓶的双臂自然下垂，与地面和身体保持垂直，此为起始位置；随后身躯保持固定，将水瓶拉至身体两侧，肘部贴紧身体，在收缩动作最高点，收紧背部肌肉，保持1秒。然后缓慢地将水瓶放下还原至起始位置。此动作每组为6~8次，进行2~4组。两组间可休息1~2分钟。进行此动作时的呼吸方法为：向上提拉水瓶时呼气，放下双臂回到起始动作时吸气。同时请注意在进行此动作过程中，背部和腰部要保持收紧，不能弯曲，否则易造成腰背部损伤。

4. 平板支撑

此动作主要针对核心力量进行练习。练习时俯卧，双肘弯曲支撑在地面上，肩膀和肘关节垂直于地面，双脚踩地，身体离开地面，躯干伸直，头部、肩部、胯部和踝部保持在同一平面，腹肌收紧，盆底肌收紧，脊椎延长，眼睛看向地面，保持均匀呼吸。单次能坚持最长时间为1组，进行2~4组。两组间可休息1~2分钟。如不能完成常规姿势的平板支撑，可先进行"跪姿平板支撑"（双膝接触地面）进行练习，待腰腹力量增强后再进行常规姿势的平板支撑。

5. 站立下蹲练习

此动作主要针对下肢力量进行练习。练习时挺直腰，缓慢下蹲到半蹲的位置（膝关节接近90度），然后站起腿伸直。要点是下蹲要慢、膝盖不要向前伸超过脚尖。身后可有床或沙发保护，也可以手扶桌椅。此动作每组为8~16次，进行2~4组。两组间可休息2~3分钟。进行此动作时的呼吸方法为：由直立向下蹲时吸气，由下蹲向上直立时呼气。

案例拓展

老年人体适能活动策划方案

一、活动背景

随着我国人口老龄化程度的加深，老年人身心健康问题已成为社会关注的焦点，老年人体适能活动的开展对老年人保持身心健康、延缓衰老起到积极的作用。

二、活动目的

使老年人关注自身的身体健康，增强身体素质，延缓衰老进程；在进行体适能活动的同时增进老年人之间的互动与交流，树立积极乐观的生活态度，提升社会归属感与参与度。

三、活动主题

善用健康生活方式，创造美好幸福晚年。

四、活动时间

20××年××月××日（健身月活动）。

五、活动宣传

1. 制作宣传册。

制作老年人体适能健身活动宣传册，包括活动时间、地点、内容等相关信息，通过宣传册发放、答疑等流程，扩大活动的宣传力度。

2. 社区宣传。

在社区公告栏、活动中心、社区广场等人流量大的地点进行宣传。

3. 媒体宣传。

通过社交网络媒体、电视、广播等渠道宣传活动信息，加强活动宣传力度。

六、活动流程

环节一：体适能活动讲座。

邀请专业老年人体适能指导老师、教练进行讲座，介绍老年人体适能健身知识及常见疾病预防知识，增强老年人对健康的关注度，激发老年人对体适能运动的兴趣。

环节二：健康评估测试。

安排老年人进行体适能测试与评估，包括身高、体重、心率、血压等，通过检查结果，为老年人提供有针对性的健康训练方案。

环节三：体适能健身培训。

关注老年人身体特点与需求，在专业教练的指导下，组织老年人参加健身培训活动，为其教授适合老年人的体适能活动。

环节四：健身趣味展示。

运用体适能健身活动，组织趣味健身运动比赛，设置初赛与复赛环节，为参赛老年人设置相应奖励。

七、奖励设置

一等奖2人：每人奖励价值200元的奖品一份。

二等奖4人：每人奖励价值100元的奖品一份。

三等奖6人：每人奖励价值50元的奖品一份。

参与奖若干。

八、活动预算

名称	数量	金额/元
宣传册	100	300
制作材料	若干	1 000
比赛道具	若干	600
奖品	若干	1 500
合计	—	3 400

九、注意事项

1. 提醒参加活动的老年人保持着装的整洁、轻便、舒适。

2. 关注老年人的身体状况和参与度。

3. 遵守现场工作人员的安排与调度，老年人出现突发问题应及时解决。

课堂练习

根据所学知识，选取福利院五名老年人进行体适能评估，制订老年人体适能训练计划。

子任务三　老年人体适能活动策划

工作任务

根据所学体适能活动相关知识，按照老年人活动的基本策划程序，尝试组织一场老年人体适能健身活动，生成活动策划书，与老师、同组同学分享讨论。

知识准备

1. 做好锻炼前的身体检查

老年人为健身而进行的身体检查，其内容除了常规指标，如身高、体重、血压，还要特别注意心血管形态和机能检查，如心电图、胸透等。另外，还要进行运动能力测试，根据身体检查的结果来评估身体素质和对运动的承受能力，确定是否参加体育锻炼、参加什么样的锻炼项目较为恰当等。慢性病患者要在医生的指导下进行健身锻炼，常规检查最好每三个月一次，全面体检至少每年一次。

2. 选择好锻炼的时间和地点

老年进行人体育锻炼要因时而异、因地而异，锻炼时间最好选择在清晨或傍晚，清晨空气清新，且老年人在经过一夜休息后精力和体力均较为充沛；傍晚锻炼有助于消除疲劳、改善睡眠。老年人锻炼时应选择在平整、松软、空旷的场地进行，地面不平整容易导致老年人发生危险。盛夏、严冬季节宜进行室内锻炼。

3. 穿戴合适的运动装备

老年人运动时要穿着宽松、透气的运动衣物，不穿布鞋，穿减震效果好的运动鞋，并定期更换，一般六至十二个月更换一次，以增加运动时的减震，保护脊椎和大脑。

4. 运动前后要做好准备工作

每次运动前需要做热身准备，活动关节韧带、腰背部肌肉，拉伸四肢，一般准备工作为 5 分钟，直到身体微微发热。从低强度运动开始，逐渐进入适当强度的运动状态。运动结束后也要有个缓冲过程，一般需要用 10 分钟左右进行原地踏步或慢走，使身体各功能慢慢恢复到安静状态。

案例拓展

老年人户外运动主题活动策划方案

一、活动目的

倡导全民健身的健康理念，提升国民综合素质。本次活动以老年人的生理、心理特点为依据，针对老年人休闲运动情况，加强老年人运动健身意识，为老年人提供放松娱乐的机会，促进老年人健康生活，提升老年人抵抗疾病的能力，起到帮助老年人延年益寿的效果。

二、活动时间

20××年×月×日。

三、活动地点

公园空旷场地。

四、活动对象

热爱户外运动的老年人。

五、活动准备

1. 宣传阶段：通过海报、条幅、微信、广播等方式在社区进行活动宣传，并招募活动志愿者。

2. 活动前期调研。

3. 活动场地布置。

六、小组成员分工

主持人：负责主持现场活动、营造气氛。

影像工作人员：负责现场拍照、摄影、活动实况报道。

志愿服务人员：负责维持现场活动秩序，协助老年人完成开展各活动环节的工作。

医护人员：突发事件应急处理。

七、活动流程

1. 热身运动。简单动作或柔软体操，配合轻快的音乐进行，当体温上升后，加上静态伸展运动，时间约为 5～10 分钟。

2. 体操律动。在领队工作人员的指导和引领下，跟着节奏进行体操律动。

3. 越野比赛。老年人趣味定向越野比赛，比赛细则如下。

组队：自由组队，每 5 人为一组，共 6 组。

比赛规则：各队根据活动组织方提供的地图在指定区域内寻找卡片中出现的物品，每隔 5 分钟出发一组，按照用时长短、物品收集数量评出一至三等奖。

八、奖励设置

一等奖：每人奖励价值 500 元的奖品一份。

二等奖：每人奖励价值 300 元的奖品一份。

三等奖：每人奖励价值 200 元的奖品一份。

九、活动预算

名称	单价/元	数量	总价/元
宣传海报	30	2	60
活动条幅	20	1	20
道具	30	6	180
手工制作用品	2015		300
奖品	500/300/200	22	5 000
合计		5 560	

课堂练习

1. 试讨论老年人在体适能运动过程中应着重注意哪些问题。

2. 根据对老年人身体状况的评估，小组讨论，设计 1~2 个适合老年人练习的体适能活动，并由小组成员对活动内容互评。

工作步骤

第一步：搜集老年人体适能方面的相关资料，认识老年人体适能活动的定义、作用和意义，参考老年人体适能活动的类型划分，掌握策划适合老年人体适能的健身运动。

第二步：掌握常见的老年人体适能测试方法，利用体适能要素进行训练，学习老年人居家体适能活动策划的具体操作步骤。

第三步：熟悉活动策划的操作流程。明确活动需求、主题和内容，按照活动策划的基本思路进行活动的安排与组织。

第四步：分组完成活动策划书的撰写。通过小组讨论、设计，生成活动策划书，教师参与指导。

第五步：小组展示互评。每组组长进行活动策划展演。

工作评价与反馈

任务	存在的问题	改进措施

收获与感悟：

指导教师评语：

教师签名：

任务二　策划组织老年人养生保健类活动

❯ 情景导入

周里村开展老年人养生保健操系列活动

为了增强老年人身体保健意识，养成积极锻炼的生活态度，促进老年人健康行为和健康生活方式的培养，周里村新时代文明实践站开展老年人养生保健操系列活动。

本次开展的养生保健操系列活动包括手指操、甩手操、广播操等。活动开始，前来授课的志愿者老师首先介绍了老人在做保健操之前的注意事项，并指导老人完成热身动作，让各位老人逐渐调整出最适合自己的运动强度和幅度。在老师的鼓励下，老人们很快放松下来，学习起各种健身操。现场活动轻松活泼，每位老人的脸上都洋溢着笑容。

通过本次养生保健操系列活动，不仅引导老人树立了热爱运动、合理运动的理念，普及疾病预防和身体保健的知识，而且增进了周里村老人之间的沟通与交流，帮助提高其生活质量，使周里村老人老有所依、老有所乐。

（资料来源：江苏省人民政府网站）

问题思考：

1. 你还知道哪些养生保健操？

2. 开展老年人养生保健操活动的好处是什么？

❯ 任务要求

查阅相关资料，学习老年人养生保健活动，分析养生保健活动的操作步骤，掌握老年人养生保健活动策划的相关知识，撰写一份养生保健活动策划书，并进行实训演练。

子任务一　认识老年人健康养生运动

工作任务

学习相关知识介绍，了解老年人健康养生运动的目的与意义，掌握健康养生运动的原则，并学会利用身体相应部位进行养生运动练习。

知识准备

许多老年人对养生保健情有独钟，一旦听闻电视上的保健节目、电台中的养生专栏介绍的或者亲戚朋友口口相传的养生妙招和方法等，不管是否适合自己的体质和情况，一律照搬照做。伴随生理机能的变化，老年人注意养生没有错，但若落入养生保健的误区，就会适得其反。因此，向老年人传授科学的养生保健知识，促使老年人进行日常健身锻炼，正确引导老年人寻找适合自己的养生技巧十分重要。

1. 老年人运动的目标

要根据老年人不同的身体状况和个人意愿来确定运动目标。运动目标是建立在需要的基础上的，根据需要的不同，老年人的运动目标主要有以下几个方面。

（1）增强体质，塑造形体。

（2）保持健康，延缓衰老。

（3）运动康复，治疗疾病。

（4）缓解压力，提高工作效率。

（5）丰富生活，提升生活质量。

2. 老年人健身的原则

老年人进行健身运动要想达到健身祛病、防病抗衰、延年益寿的目的，就必须讲究科学的锻炼方法。老年人进行健身运动时，必须遵循以下原则。

（1）个别对待原则。老年人在锻炼前应进行一次全面的身体检查，通过检查了解自己的身体健康状况和各脏器的功能水平，再根据自身的年龄、性别、体力特点、健康状况、运动基础及运动习惯来选择适宜的运动项目，并制订合理的锻炼计划，做到一人一策，不能千篇一律。

（2）适宜运动项目原则。老年人在进行健身运动时，适宜从事耐力性项目，不宜进行速度型项目，常采用的耐力健身运动有步行、健身跑、游泳、骑自行车、登山、跳健美操等，有条件的还可以打网球、门球、高尔夫球等。在我国传统体育项目中，可选择气功、太极拳、太极剑等，还有自然锻炼法（如日光浴、空气浴、冷水浴等）和医疗体育锻炼，都可以增进老年人的身心健康。在进行耐力性健身运动的同时，还要适当进行一定程度的力量型锻炼，以减轻老年人肌力的减退。

（3）循序渐进原则。在进行健身运动的初期，运动负荷和运动量应由小到大，经过一段时间的锻炼后，如运动时感到发热、微微出汗，运动后感到轻松、舒畅，食欲、睡眠均好，证明运动负荷与运动量合适。锻炼的动作应由易到难、由简到繁、由慢到快，时间应逐渐增加。老年人运动时，可用脉搏变化和恢复时间来控制运动量。

（4）经常性原则。健身运动一定要持之以恒，每周锻炼不应少于 2~3 次，每次锻炼不少于 30 分钟。同时，合理安排锻炼时间，养成按时锻炼的良好习惯，只有这样才可使身体结构和机能发生良好的变化，保持身心健康。

（5）自我监督原则。老年人参加体育锻炼时要学会观察并记录脉搏、血压以及关注自身的健康状况，以便进行自我监督，防止过度疲劳，避免身体出现运动损伤，提高锻炼效果和健康水平。运动时要注意适当安排短暂休息，运动前后要认真做好准备活动和整理活动。老年人锻炼时气氛应该轻松愉快和活跃，尽量避免做憋气的动作和参加会导致精神过于紧张的比赛活动；如在运动中出现脉搏过快或过慢，或变得不规则时应停止锻炼，并前往医院检查；遇到感冒或其他疾病以及身体过度疲劳时，应暂停锻炼，并及时进行休息或治疗。

3. 常见的老年人养生运动

社会层面专门为老年人定制开发的养生运动形式多样，工作人员在进行活动策划的前期应多做尝试，寻找最容易被老年人记忆和接受的保健操并进行讲授与教学。在学习的过程中，可以培养老年人的创造性思维，发挥老年人的主动性和积极性。

（1）手指操。

手指对应人体的各个身体器官，手指锻炼对人体的健康具有十分重要的作用。手指灵活训练可以使手与脑建立起更加紧密的神经联系，从而达到延缓脑细胞衰老、改善记忆、预防老年痴呆、消除疲劳、减轻精神负担、缓解情绪压力等作用。手指操将一套手指动作以韵律的形式编排出来，以灵活、简单、方便、娱乐为主要特征，可以促进老年人的身心健康，起到预防疾病的良好效果。

手指操练习步骤

（2）放松操。

放松操是通过身体各部位的拉伸，达到伸展肌肉、舒展筋骨的目的，从而帮助调节神经、矫正体态、促进身心平衡。放松操主要涉及头颈部、肩膀、躯干、四肢等部位，针对不同身体部位，应采用适当的拉伸动作，帮助改善身体状态。

放松操练习步骤

案例拓展

老年人养生健康操活动策划方案

一、活动背景与目的

随着我国社会老龄化程度的加深，老年人的健康问题日益凸显。老年人养生健康操是一种十分适合老年群体的保健运动方式，具有简单易学、方便操作、调节身心等益处。本次活动旨在提升老年人身体素质，增强抵抗力，促进身心发展平衡，有效延缓衰老。

二、活动时间

每周定期开展，每次活动时间为一小时。

三、活动地点

社区活动中心。

四、活动人员

适合老年人锻炼的导引养生功

每次活动人数控制在 20~30 人，年龄在 60 岁以上的老年人。

五、活动流程

1. 热身运动（5分钟）。

头部、颈部、肩部、腰部、腿部的慢节奏运动，使身体准备好进入适合养生健康操的运动状态。

2. 基本动作教学（15分钟）。

教练详细讲解并演示老年人养生健康操的分解动作，活动参与者按照步骤跟随学习。

3. 健康操实践（30分钟）。

老年人根据教练指导，根据音乐节奏完成老年人养生健康操全套动作。

4. 休息与交流（10分钟）。

老年人可利用休息时间放松身心，进行简单的舒展练习，与教练、身边的老年朋友进行学习经验交流与分享，营造轻松和谐的气氛。

六、活动预算

根据市场行情和参与人数进行合理预算，包括宣传费用、教练聘请费用、礼品购买费用等。

七、活动可持续性

1. 加强活动宣传，提高老年人对养生健康活动的认知和参与度。

2. 定期组织活动，保持活动的连续性与稳定性，形成老年人养生健康活动的品牌效应。

3. 及时收集老年人的建议和意见，根据老年人的需求调整活动内容与形式。

八、活动注意事项

1. 工作人员随时关注老年人的身体状况、情绪状态、社交情况等。

2. 在进行养生健康操的动作教学前，充分考虑老年人身体素质与实际需求，有针对性地设计健康养生活动。

3. 活动中注重鼓励和赞扬老年人的参与情况，调动老年人的活动积极性。

课堂练习

根据手指操的练习动作，以小组为单位，设计适合老年人养生运动的手指律动操，并配合音乐节奏现场展示。

子任务二　老年人养生保健活动的工作程序

工作任务

利用相关知识介绍，掌握老年人养生保健活动的基本工作流程，学会运用工作程序指导活动实践。

知识准备

1. 准备工作

（1）养生保健知识准备。

工作人员在开展养生保健活动之前，应充分了解相关体育健身活动的知识内容，客观分析健身活动会给不同身体情况的老年人带来哪些风险，提前做好风险规避计划。例如，徒步活动适合大多数健康老年人，在开展此项活动之前应设计合理、安全的路线，选择宽阔、平缓、整洁的场地，避免跌倒、崴脚、关节受损等意外事件的发生。

（2）活动项目评估准备。

提前对参加活动的老年人群体进行活动项目评估。选择的活动项目应符合老年人的身体状况、兴趣爱好、活动能力等条件，工作人员对活动产生的预期效果要有基本的判断，不得组织得不偿失的体育活动。

（3）活动策划方案准备。

与养老护理员、护士、职业医师、康复师、体育健身项目教练等专业人士共同商讨，制订合理、健康的活动方案，满足不同身体条件的老年人群体的需求，必要时按老年人身体条件分组进行活动。

（4）人员准备。

活动参与人员包括活动负责人、活动执行人、活动监管者，以及具有授课资质的教练人员、医护人员、维保人员、活动志愿者等，按照不同的工作职责进行合理分工，并提前对所在岗位工作进行设计安排，保证活动有序开展。

（5）时间准备。

活动时间安排方面，应避开老年人用餐、午休等其他活动时间，尽量不打乱老年人的常规生活。活动时间不宜过长，应控制在 1 小时以内；如果超过 1 小时，应安排中间休息，避免让老年人感觉劳累，确保老年人的身体状况良好，情绪状态稳定。

（6）场地准备。

根据活动时间的要求，充分考虑活动的性质和参与活动老年人的身体状况，场地准备的基本要求为：活动场地容量充足，地面平整、干净，场地进出口划分明确，卫生间距离合理且标识鲜明等。在场地选择上也可以充分发挥想象力，一般的老年人活动大多选择在社区、老人院等常规场地，而随着老年人文化水平、知识底蕴、审美情趣的提高，常规的活动模式已无法满足其高层次活动品位的需求。因此，可选择风景区、滑冰场、室内排球场、公共绿地等契合活动主题的场地组织开展活动，增强环境带给老年人的舒适体验。

（7）设施安全准备。

在设施安全方面，对无障碍设施及场地细节要求较高。在组织活动前，应评估活动设施是否安全，例如，桌椅的稳定性、健身器材的完好性、消防通道的通畅性、安全标志的运转情况、无障碍设计、场地承载电量及应急设施等，工作人员要对活动场地中的每个细节进行认真检查，避免发生安全事故。

（8）交通准备。

根据活动场地确定老年人的出行方式，如距离较近，可自行选择出行方式，提醒老年人做好交通安全工作，如需用车，提早安排；距离较远且需要统一组织的活动，组织方应提前联系车辆，安排专车接送，购买保险，做好路线规划，做好车辆引导及车位预留等工作。

（9）生活物品准备。

根据场地位置确定是否需要准备饮用水，如需备水，要明确是采用桶装饮用水还是瓶装水；是使用一次性纸杯还是建议老人自带水杯；确定老年人参加活动的服装，统一定制发放还是自行准备；准备一次性医用防护口罩、湿巾、消毒液、洗手液等防护用品。

（10）音响、医疗准备。

准备好播放健身音乐的音响设备。根据参加活动人数及活动范围确定是否配备便携式扩音设备及对讲设备。

与护理工作人员进行沟通，做好应急救护预案，急救人员及设备设施、急救药品应准备充足，避免意外的发生。一般情况至少配备急救医生1名、经验丰富的急救护士2名。

（11）通知人员准备。

提前告知老年人活动的时间、地点和内容，以便更多的有相应需求或是符合条件的老年人可以参与进来。确定参加活动的老年人名单、联系方法、应急联系电话，以便于组织管理和处理突发情况。应急联系电话最好登记子女等直系亲属的电话号码，并记录2人以上联系方式，避免失联。可在老年人中确定几名组织能力强、身体条件好的老人作为主要联系人，帮助传达、组织，协助活动的开展。

（12）其他。

如到外地参加活动，需提前安排好住宿，由于大多老年人睡眠质量较差，夜间易惊醒，可根据老年人的实际需求，提前联系，选择环境相对幽静、舒适的酒店入住。

2. 活动过程

（1）迎接。

工作人员提前15分钟到达活动现场，进行音响设备调试，摆放座椅、安置饮水机、检查提示标志等设备设施。人员合理分工，到达指定工作位置，做好迎接老年人的准备。

（2）整队。

核实到达人员人数，有序入场，并根据场地情况组织好队形进场就位，如有变动，及时与相关人员沟通协调，避免老年人因等待而出现不满情绪。

（3）介绍场地设备设施和活动安排。

向参加活动的老年人介绍本场地饮用水、卫生间、休息区位置，说明活动内容及时间安排。老年人听力有所下降，反应能力也相应下降，容易忽略甚至忘记事情。针对老年人这种情况，跟他们讲解注意事项时要注意语速，声音要宏亮。一是要确定他们听到；二是要核实老年人已听明白；三是一定多重复几遍增加记忆，避免老年人遗忘。

（4）活动展开。

介绍教练与老人们相互熟悉，以便配合教练开展体育健身活动。密切关注老年人身体反应，对于身体不适、情绪激动或有攻击性行为的老年人，应立即将其带离活动现场妥善处理，避免意外事故发生。

（5）活动结束。

组织老年人从指定出口有序离开场地，收拾音响、饮水机、座椅、健身教具等设备器材，工作人员整理会场。

3. 活动总结

做好活动总结，总结的内容包括：参加活动的工作人员和老年人的人数、抵离时间；老年人的基本情况、特点；收集老年人的反馈，并注明老年人的姓名和身份；老年人对场地准备和活动过程的感受和建议；尚需办理的事情；活动体会及对今后工作的建议。若发生重大问题，需另附说明向上级汇报。

老年服务与管理工作者要通过与老年人的接触，不断学习老年人的语言表达，对老年人使用的表达方式进行归纳整理。同时，不断学习语言知识，提高自己的口语表达能力，学会用丰富的词语准确、灵活地表情达意，切忌千篇一律。

每次活动结束后，要认真总结经验、吸取教训、不断改进，稳步提升活动组织水平和质量，使今后的工作进一步规范化、程序化，提高老年养生保健活动的整体水平，树立受老年人欢迎的、专家学者型的工作人员形象，成为老年服务与管理专家。

案例拓展

近日，庆丰里社区开展了一场"指上运动"——老年人手指操训练活动，吸引了30余名社区老人参与。

手指操是以手指运动来促进血液循环，帮助疏通脉络，从而达到消除疲劳、强身健体的目的。活动中，老师通过视频教学的方式进行现场讲解，教授老年人活动每个手指关节，让手指得到放松、舒缓。在互动练习环节，通过老年人之间的交流帮助，增强了彼此间的联系，扩大了他们的交友圈子，让他们拥有健康、丰富、充实的老年生活。"动一动手指，思维一下子清晰了，全身也觉得放松了。"王奶奶开心地说。通过参加本次活动，她收获了一些健康养生理念，提升了自己的保健意识。

社区工作人员表示，通过本次活动，能帮助老人建立健康的生活方式，拉近老人们彼此间的关系，提高注意力、增强记忆力、缓解脑疲劳，达到强身健体、预防疾病的目的。今后社区还将开展类似的活动，让老人们的保健意识得到进一步的增强。

通过阅读以上案例，你有什么启示？请写在下面的横线上。

课堂练习

对老年人健康养生活动现象进行调查研究，生成调研报告，并根据报告内容总结老年人的运动爱好及特征，设计老年人健康养生活动的基本工作流程。

老年人健康养生调查问卷

为了解××市老年人参与体育养生运动的情况，更好地改善老年人的健康状况，掌握老年人在体育养生运动过程中的各方面因素，引导老年人快乐运动、健康生活，特进行调查问卷研究。请根据题目内容在题后选项中选择最符合您的答案。

1. 您的性别（　　）。 A. 男　　　　　B. 女
2. 您的年龄是（　　）。 A. 50~60 岁　　B. 61~70 岁　　C. 71 岁及以上
3. 您的身体状况（　　）。 A. 非常健康　　　B. 健康　　　　C. 良好　　　　D. 不健康
4. 您每天参加养生运动的时间是（　　）。 A. 少于 20 分钟　　　　　　　B. 20~40 分钟 C. 40~60 分钟　　　　　　　D. 多于 60 分钟
5. 您每周参加养生运动的次数是（　　）。 A. 1~2 次　　　B. 3~4 次　　　C. 5~6 次　　　D. 7 次
6. 您经常进行养生运动的场所是（　　）。 A. 公园　　　　B. 社区　　　C. 体育馆　　　D. 广场　　　E. 其他：＿＿
7. 您参加养生运动的动机是（　　）。（可多选） A. 消遣娱乐　　B. 延年益寿　　C. 锻炼身体　　D. 结交朋友
8. 您参加养生运动的形式是（　　）。（可多选） A. 单独训练　　B. 与家人一起　C. 社区组织　　D. 兴趣小组
9. 您参加的养生运动有（　　）。（可多选） A. 太极拳　　　B. 健身操　　　C. 广场舞　　　D. 有氧锻炼　　E. 其他：＿＿
10. 影响您参加养生运动的因素有（　　）。（可多选） A. 天气因素　　B. 情绪因素　　C. 身体因素　　D. 健身费用　　E. 其他：＿＿
11. 您觉得参加养生运动对您的身体健康效果如何？（　　）。 A. 效果显著　　B. 效果一般　　C. 效果不大
12. 您是如何选择养生运动的？（　　）。（可多选） A. 根据身体情况　　　　　　B. 个人兴趣 C. 就近参与场地　　　　　　D. 难易程度

续表

13. 您参加全身体检的频率是（　　）。
A. 从不体检　　B. 半年一次　　C. 一年一次　　D. 两年及以上
14. 根据您的体检情况，是否有组织或个人给过您参加养生运动的建议？（　　）。 （可多选） A. 没有　　　　　　　　B. 家人或朋友　　　　　　　C. 医生 D. 社区工作人员　　　　E. 其他：____
15. 您希望在参与养生运动时哪些人可以给予您指导与帮助？（　　）。（可多选） A. 有经验的朋友　　　　B. 体育教练　　　　　　　　C. 专科医生 D. 社会专业组织　　　　E. 其他：____

子任务三　老年人太极养生健身活动策划

工作任务

根据所学相关知识，利用老年人活动基本策划程序，尝试组织一场老年人养生健身活动，生成活动策划书，与老师、同组同学分享讨论。

知识准备

太极拳是国家级非物质文化遗产，其以中国传统儒、道哲学中的太极、阴阳辩证理念为核心思想，集颐养性情、强身健体、技击对抗等多种功能为一体的中国传统拳术。传统太极拳门派众多，常见的太极拳流派有陈式、杨式、武式、吴式、孙式、和式等。太极拳基本内容包括太极养生理论、太极拳拳术套路、太极拳器械套路、太极推手以及太极拳辅助训练法。

1. 太极拳的运动特点

太极拳动作柔和、速度较慢，拳式并不难学，而且架势的高低、运动量的大小都可以根据个人的体质而有所不同，能适应不同年龄、体质的需要，并非年老体弱者的专利。太极拳的运动特点是中正安舒、轻灵圆活、松柔慢匀、开合有序、刚柔相济，动如行云流水，连绵不断。太极拳在技击上别具一格，特点鲜明。它要求以静制动、以柔克刚、避实就虚、借力发力，主张一切从客观出发，随人则活，由己则滞。"彼未动，己先动""后发先至"，将对手引进，使其失重落空，或者分散转移对方力量，乘虚而入，发力还击。

2. 太极拳的作用

改善神经系统功能，通过意念、呼吸、动作的有机配合，促进大脑神经细胞功能的完善，使大脑神经系统兴奋和抑制过程得到协调，对神经类疾病有较好的防治作用。

案例拓展

"全民健身，太极优先" 主题活动方案

一、活动背景

太极拳是我们国家的文化瑰宝，其中以"以武会友，强身健体"为宗旨的养生太极拳在老年人群中深受喜爱。太极拳具有修身养性、增强体质、维持健康的作用，而且简单易学，非常适合老年人。

二、活动目的

通过教授老年人一套简单易学的养生太极拳，帮助老年人强身健体、增强体质、养生保健，同时引导老年人正确看待运动与健康之间的良性关系，扩大老年人社交圈，结交拥有共同爱好的新朋友，增进老年人之间的友谊，丰富老年人晚年精神文化生活，达到"老有所为、老有所学、老有所乐"的目的。

三、活动主题

全民健身，太极优先。

四、参与人员

××养老院20位老年人（60～75岁，身体健康者）、养老院工作人员、社会志愿者、太极拳授课老师、医护人员。

五、组织单位

××养老院。

六、活动时间

20××年×月×日 9：00—11：00，时长2个小时。

七、活动地点

××养老院体育活动场。

八、活动流程

1. 活动前：

前期调研院内老年人对养生太极拳的了解以及对之是否感兴趣。

积极宣传并做好报名登记工作，确定好参加活动的20位老年人，给老年人发送邀请函，保证老年人熟知活动的时间、地点。

邀请太极拳授课老师，提前确定好时间、授课内容等相关事宜。

做好相关的活动筹备工作（准备设施设备、签到表等）。

2. 活动中：

8：00—9：00，工作人员提前布置好活动现场，做好相关准备工作。

9：00—9：10，老年人在工作人员的陪同下陆续进场，签到后由工作人员带到指定位置就座。

老年人练太极拳应
注意的几个问题

9：10—9：20，工作人员主持开场，并向老年人介绍此次活动的目的及太极拳授课老师。

9：20—9：40，太极拳授课老师讲述太极拳相关知识并现场演示教学。

9：40—9：50，老年人与授课老师进行互动，老年人向授课老师提问题，授课老师给予解答。

9：50—10：25，授课老师带领下进行热身活动之后，老年人开始太极拳学习，授课老师在教学过程中对老年人进行动作纠正。

10：25—10：45，休息20分钟，让老年人和授课老师喝水、吃点心以补充水分和体力，有需要的可去洗手间。

10：45—10：50，授课老师带领全体老年人做一遍太极拳。

10：50—11：00，工作人员进行本次活动的总结并宣布结束，给老年人颁发小礼品并合影留念。

11：00，工作人员陪同老年人有序离场。

3. 活动后：

活动结束之后，工作人员对活动现场进行打扫整理。

发照片及视频给老年人及其家属作留念。

询问参加活动的老年人对本次活动的感受及评价。

整理材料归档，写活动总结并上报。

九、活动用品

音响设备1套、照相机2台、签到板1个、笔1支、桌子10张、椅子若干把、矿泉水2箱、点心若干、小礼品若干、各种药品。

十、人员安排

活动负责人：院方工作人员。

主持人：院方工作人员。

控场人员：院方工作人员。

摄影人员：院方工作人员。

医护人员：有专业资质的医生、护士。

后勤人员：社会志愿者。

十一、经费预算

项目	价格/元
音响设备租赁费	200
照相器材租赁费	500
桌子租赁费	100

续表

项目	价格/元
椅子租赁费	200
矿泉水	40
点心	100
小礼品	200
授课老师课时费	1 000
各种药品	200
合计	2 540

十二、备注

活动前做好老年人的需求调研工作，如老年人是否需要在固定时间点吃药，如有，工作人员需要按时提醒老年人。

检查活动场地的安全性，如出入的通道和洗手间应为防滑地面。

活动结束后，要对本次活动的内容进行评价。

在活动过程中，要及时关注老年人的身体情况，预防摔倒、突发疾病等安全事故发生。

老年人学习能力较弱，应提前与授课老师进行沟通，确定简单易学的内容，在教学过程中节奏要慢，等老年人理解并学会后再进行下一个动作的讲解。

如活动要进行多次，应告诉老年人下次活动时间、地点。

课堂练习

根据"全民健身，太极优先"主题活动方案，利用老年人活动的基本策划程序，以小组为单位，组织一场老年人太极操养生健身活动。

跟我学做八段锦

正面示范

跟我学做八段锦

侧面示范

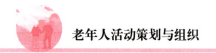
工作步骤

第一步：搜集老年人养生保健方面的相关资料，了解老年人养生运动的目的与意义，掌握健康养生运动的原则。

第二步：掌握老年人利用身体部位的运动进行养生保健活动的练习，学习并掌握老年人养生活动策划组织的具体开展步骤。

第三步：熟悉活动策划的操作流程。明确活动需求、主题和内容，按照策划基本思路进行活动的安排与组织。

第四步：分组完成活动策划书的撰写。通过小组讨论、设计，生成活动策划书，教师参与指导。

第五步：各小组展示、互评。每组组长进行活动策划展演。

工作评价与反馈

任务	存在的问题	改进措施

收获与感悟：

指导教师评语：

教师签名：

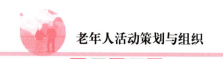

任务三　策划组织老年人球类活动

📎 情景导入

小门球，大精彩

追、撞、躲、守……挥杆对垒沉着冷静，弯腰击球身手矫健。通过描述，你能猜到这是一项什么运动吗？

没错，这就是被誉为"最适合老年人运动项目之一"的门球。门球是在平地或草坪上，用木槌击打球穿过铁门的一种室外球类运动。在此项运动中，老年人虽然需要时刻走动，但运动量不大，在击球的过程中需要高效用脑、布局球场，这对老年人的身心健康很有益处。

一些老年人将门球运动当作每天的必修课，早晨准时到达门球场练习打球，一练就是十余载。"门球实在是太有魅力了！这是一项值得我热爱一生的运动。"年近耄耋的张爷爷每每谈起门球，都表现得意犹未尽。

再看门球赛场上，老人们个个精神饱满、身手矫健，不时打出精彩的进攻与防守。他们手握木槌，气定神闲，挥杆对垒，沉着冷静，以娴熟、灵巧、稳健的击球技术在球场上激烈角逐。

问题思考：

1. 通过上述案例，谈谈你受到什么启发。
2. 尝试说一说你熟知的球类运动，以及这些运动对老年人有哪些益处。

📎 任务要求

查阅相关资料，了解适合老年人学习的球类运动，熟悉每类运动的具体操作步骤，掌握老年人球类运动策划的相关知识，学习撰写一份老年人球类活动策划书，并进行实训演练。

子任务一　认识老年人球类运动

工作任务

利用相关知识介绍，认识老年人球类运动的定义、意义及活动类型，在本子任务中对老年人不同类型的球类运动进行剖析，并进行老年人球类活动设计的练习，与同组同学、老师进行经验分享。

知识准备

老年人球类运动是根据人体工程学要求，以球为基础，集运动、休闲、娱乐为一体的老年体育项目，球类运动正在受到越来越多老年朋友的喜爱。

老年人球类运动简单易行，经常进行球类运动的老年人在身心状态上均有较显著的变化。具体益处有协调全身、强健身体，陶冶情操、增进沟通。

球类运动对老年人的身心健康发展起到重要的作用，老年人参与球类运动的热情不断提高，因此也使球类运动成为重要的老年人体育健身类活动形式。常见的老年人球类运动有瑜伽球、乒乓球、门球、气排球、柔力球。

球类运动的优势

1. 瑜伽球

瑜伽球也称为健身球或瑜伽健身球，是一种配合运动健身的球类运动工具。其多由柔软的 PVC 材料制成，当人体与之接触时，内部充气的瑜伽球会均匀地抚摸人体的接触部位从而产生按摩作用，达到促进人体血液循环的效果。瑜伽球具有很强的趣味性，它可以用来协助锻炼身体的平衡感，增强对肌肉的控制能力，提高身体的柔韧性和协调性。老年人在进行瑜伽球训练时，可以做一些较简单的伸展身体的运动，不仅能够避免肌肉酸痛，还有按摩舒缓的作用。

2. 乒乓球

享有"国球"之称的乒乓球，在我国有着广泛的群众基础。作为一项全身型球类运动，打乒乓球需要老年人具备敏捷的反应能力、准确的预判能力及良好的手眼协调能力等。乒乓球是一项"以球会友"的运动，参与者既可以相互切磋球技，又可以谈心聊天、愉悦身心。因此，老年人在生活中如果有不开心的事情，不妨约上好友来一场乒乓球竞技。

3. 门球

门球，又称槌球，是在平地或草坪上，用木槌击打球穿过铁门的一种室外球类运动。这项集智力与体力、运动和娱乐为一体的健身项目，通过动脑、动腿、动手及脚步移动，让老年人达到强身健体的目的。门球最显著的特点是比赛规则简单、比赛时间短、运动量不大、安全系数高，非常适合老年人。门球运动可增强老年人腰背、四肢肌肉的力量，同时具有健脑的功效，是当下经济实惠、老少皆宜的时尚运动。

4. 气排球

气排球是一项集运动、休闲、娱乐为一体的群众性体育项目，作为新兴的体育运动项目，如今已经受到越来越多老年人的喜爱。气排球由软塑料制成，富有弹性，手感舒适，不易伤人，由跑、跳、蹲、转等动作形式组成，可以促进脑、眼、手、脚的全面运动。该项运动注重团队协作能力，需协调配合才能达到最优竞技效果，有利于老年人展现高尚的道德风范。其打法和记分方法与竞技排球基本相同，但规则更为宽泛，因此，非常适合老年人组织开展团体类体育活动。

5. 柔力球

柔力球一般指太极柔力球，近些年在大中城市开始流行起来，主要受众是老年人群体。太极柔力球的球拍类似于羽毛球拍，主要不同在于柔力球球拍的击球面不是网状结构，而是薄布状，且印有太极图案。球像网球，由外层的皮、里面的细沙组成。借鉴网球、羽毛球的场地、规则等要素，并融入了太极精髓，"提炼"形成了这项运动。

太极柔力球运动是一种全身性的运动，它可以使老年人的颈、肩、腰、腿得到均衡全面的锻炼；同时，老年人也可以按照自身的身体素质来安排活动量，没有硬性的标准，灵活多变。柔力球的接抛球方法与羽毛球和网球完全不同，它的特点是：球拍与球接触的瞬间是切线角度，进入球拍并带球做出完整的弧形后顺势将球切线抛出。柔力球运动有迎、纳、引、抛四个基本要素，在接抛球过程中，既反映各环节的不同特点，又连为一体，如行云流水，自然流畅。

除上述五种球类运动，活动工作人员还可以通过其他球类游戏带领老年人进行体验，通过对不同游戏规则的尝试，增强老年人对球类运动的兴趣，提升策划活动的实际效果。

案例拓展

老年人运动嘉年华门球邀请赛活动方案

一、活动目的

保持良好的身体素质，锻炼身体各系统的能力，增强自身免疫机能，促进心理健康，释放精神压力，在活动过程中认识新朋友，消除孤独感，进一步丰富老年人的文体生活和精神世界。

二、活动主题

运动嘉年华，门球大比拼。

三、举办时间及地点

20××年×月×日在××市举办（具体地点另行通知）。

四、参与人员

××市老年人体协成员及门球爱好者。

五、主办单位

××市老年人体育协会。

六、协办单位

××市社会体育指导中心。

七、承办单位

××市体育文化发展有限公司。

老年人球类游戏
案例及说明

八、项目设置

五人制团体赛。

九、参赛要求

1. 各参赛队伍可报领队、教练各 1 名，运动员 5~8 名。

2. 主办单位在"门球网"等网络媒体进行宣传，并发布邀请函，参赛人员需自行办理意外伤害保险，并签署《自愿参赛责任书》。

十、比赛办法

1. 采用中国门球协会最新审定的《门球竞赛规则与裁判法》。

2. 比赛分为两个阶段：第一阶段为分组循环赛；第二阶段取小组前两名进行淘汰赛。

3. 运动员统一着装，穿运动鞋，队长统一佩戴协会制作的徽章标识。

十一、奖励与奖项设置

获得本次比赛前三名的六支代表队可获得奖杯和奖金，队伍成员每人颁发奖牌一块；其余参赛队员每人赠送纪念品一份。

一等奖（1 名）：奖金 3 000 元。

二等奖（2 名）：奖金 2 000 元。

三等奖（3 名）：奖金 1 000 元。

十二、经费预算

项目	金额/元	明细
宣传费用	2 000	海报、横幅、网站
场地布置费	5 000	活动背景、地毯、舞台搭建
设备租赁费	2 000	音响、灯光、摄影道具等
奖金、奖品	13 000	奖金、奖杯、奖牌、纪念品
合计	22 000	—

十三、其他情况

1. 关注老年人身体情况。

2. 工作人员维持现场秩序，做好突发事件的应急预案。

3. 活动结束后，对本次活动内容进行报道，做好后期宣传工作。

课堂练习

根据太极柔力球的介绍，归纳太极柔力球的特点，并策划一场老年人太极柔力球活动，完成活动前期宣传任务。

太极柔力球是近年来出现的一种广泛适用于老年人运动锻炼的球类项目。太极柔力球充分展现了太极运动完整连贯、圆润柔和、自然流畅、连绵不断的特点，其本身具有柔、圆、退、整四大特点。"太极"是柔力球这项运动的根本，运动时看似轻盈自在、软弱无力，然而在力度拿捏、方位掌握等方面消耗极大，一场太极柔力球运动下来，轻则汗流浃背，重则腰酸腿软。

太极柔力球是一项全身性运动，它可以使肩颈腰腿得到均衡全面的锻炼，特别是由于圆形动作的变化比较复杂、随机、多样，对训练中枢神经系统机能和发展多向思维具有良好作用。

太极柔力球是一种灵活调节的运动，初学者可以和平过渡，精英者可以游刃有余，体力差者可以以逸待劳，体力强者可以尽展雄风。老年人在此项运动中的境界可以达到人拍合一、心球合一、精神振奋、愉悦身心。

太极柔力球运动打法简单，动作可控，不受外界环境影响，可作为健身、竞技、表演等多种形式的体育运动，长期不懈锻炼不仅能起到强身健体、延年益寿的保健功效，还能在潜移默化中陶冶情操、修养品格。太极柔力球的器材价格低廉、不易损坏，最大限度地满足了不同层次的锻炼者，更贴近老年人锻炼的实际要求。

子任务二　策划老年人球类活动

工作任务

根据所学知识，分析球类活动策划的基本思路与操作流程，策划一场老年人球类活动，生成活动策划书。

知识准备

1. 老年人球类活动的基本要求

（1）拟订球类活动计划。

球类活动所涉及的项目和人数安排较多，因此，工作人员在前期应合理制订活动计划。计划内容主要包含：组织球类活动的目的与意义、活动日程安排、活动项目设置、参与人员范围及人数、组队形式、组织领导机构、比赛规则、奖励办法、裁判人员确定等。

（2）明确工作人员分工。

球类活动想要组织得有条不紊、精彩纷呈，需要配备充足的工作人员，人员须分工明确、配合得当。球类活动中主要安排裁判、器材人员、录检员、计时人员、计分人员、现场维持人员等，各职能人员之间要保持互相沟通。每一类工作人员在事前应做好统一培训，对活动环节及要求做到了如指掌，根据不同工作性质匹配统一着装。在活动现场配齐志愿者，穿戴有明显志愿者标志的服装，在老年人不明白活动规则时进行细致的讲解，并在活动现场对有听力、语言、行动障碍的老年人给予帮助。

（3）充分考虑活动安全。

球类运动更多体现的是团体的共同参与，活动筹备过程中充分考虑人员流线、场地承载、突发问题等情况，例如，在场地安排中设置单向流线，保障出入口分流设计；人员座位间隔空间充足，谨防拥挤、碰撞、踩踏等恶性事件发生；医务人员全程跟随，确保每名参与者的安全。

2. 制定活动进度表

进度表中包括几个重要因素：一是明确每项工作任务开始、结束的时间，这是一项需要反复确认的过程；二是明确活动任务的主要负责人以及任务需由几人完成，进度表中要显示工作人员需要完成的工作内容及工作量，并注明每项工作指定的负责人。以某社区举办的气排球联谊赛邀请工作的时间进度管理表（如表2-5所示）为例，从表中可以看出，即使一项邀请嘉宾的任务，在实际执行中也需划分成多项子任务。

表2-5　气排球联谊赛邀请工作时间进度管理表

工作任务	负责人	完成时间
设计邀请函	张经理	3月1日
审核邀请函	张经理	3月3日
定稿、印刷邀请函	张经理	3月4日
将邀请函寄给名单中的嘉宾	张经理	3月6日
在回复期内确认参加活动的嘉宾名单	张经理	3月15日

3. 调整进度安排

进度安排拟定好后，将时间安排表分发给工作人员，设定工作期间的阶段性指标、控制标准、考核指标，明确工作时间节点和预期效果。在监督工作进度执行过程中，及时发现问题并纠正偏差，保证活动任务如期、高效完成。

老年人进行球类
活动的注意事项

4. 组织人员管理

活动的组织结构具有临时性特点，在活动组织人员的安排上应根据活动的实际需求进行合理设定，老年人球类活动通常由指挥统筹组、行政宣传组、比赛实施组、后勤保障组、志愿服务组构成（如表2-6所示）。

表2-6　老年人球类活动工作组分工安排表

活动组别	人员安排		工作职能
指挥统筹组	组长1人	组员2~3人	统筹安排，对活动方案及流程进行审核、督导
			组织各工作组进行场地考察与工作部署
行政宣传组	组长1人	组员2~3人	负责活动整体方案的制订
			负责活动全程的宣传报道
			负责活动经费申报、管理、监督工作
			负责工作组之间的协调工作

续表

活动组别	人员安排		工作职能
比赛实施组	组长 1 人	组员 5~6 人	负责活动开、闭幕式的策划、组织工作
			负责活动项目策划、组织工作
			负责教练、裁判的组织工作
后勤保障组	组长 1 人	组员 3~4 人	负责采购、租赁相关设备
			负责活动过程中的材料、物资、礼品采买与发放
			负责车辆保障、医疗保障、会场安全保障等工作
志愿服务组	组长 1 人	组员 10 人	针对活动现场情况进行志愿服务

案例拓展

"迎元旦，庆新春"老年人柔力球健身展演活动方案

一、活动目的

为陶冶老年人情操、增进友谊、切磋柔力球技艺，进一步丰富老年人业余文化生活，来自不同柔力球站点的 100 名柔力球爱好者伴随欢快的音乐，舞动起柔力球拍，享受柔力球带来的健康快乐，共同迎接新年的到来。

二、活动主题

"迎元旦，庆新春"老年人柔力球健身活动。

三、活动时间

20××年 1 月 1 日。

四、活动地点

市民体育活动中心。

五、活动对象

100 名老年柔力球爱好者、100 名社区老年人。

六、活动准备

1. 宣传报名：采用展板、海报、条幅、微信公众号等形式进行活动宣传。

2. 联系活动主持人。

3. 场地布置，安排活动内容、礼仪、道具等工作。

七、活动流程

1. 工作人员指引老年人有序进入活动现场，主持人介绍本次活动出席嘉宾。

2. 子活动流程。

环节一：柔力球热身展演。

由柔力球爱好者进行柔力球热身展演活动，表演曲目《美好生活》。

环节二：柔力球发展历程介绍。

由出席嘉宾介绍柔力球的起源与发展，展示柔力球的基本操作，带领台下的老年人进行互动。

环节三：柔力球表演。

根据节目单顺序，由柔力球代表队依次进行活动表演，具体名单如下。

代表队名称	表演名称	表演人数/人
欢乐姐妹队	复兴的力量	10
晚年时代队	撸起袖子加油干	14
老闺密队	唱支山歌给党听	10
怀旧人生队	青花瓷	16
青春四方队	各族儿女心向党	20
爱我中华队	祖国万岁	10
梦之星队	一支难忘的歌	20

环节四：柔力球节日寄语。

7 支代表队以定格柔力球舞蹈姿势献上新年寄语；其他观看演出的老年人在活动出口的留言板上写下新年寄语，并拍照留念。

3. 主持人对活动进行总结、致谢。

八、经费预算

序号	内容	数量	金额/元
1	传单	100	50
2	海报	5	150
3	舞台背景	1	1 500
4	礼品	200	2 000
5	音响设备租赁费	2	1 000
合计			4 700

九、注意事项

1. 活动材料准备充足。

2. 了解老年人的身体状况。

3. 活动过程中保证老年人的安全，谨防意外事故发生。

4. 工作人员维持活动现场秩序。

5. 提前做好参与人员数量统计工作，确保每位老年人在活动结束后都能领取到一份小礼品，防止老年人因礼品未发放到位而产生不良情绪。

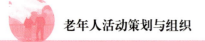

课堂练习

尝试策划组织一次老年人柔力球体验活动改为尝试策划组织一次老年人气排球体验活动。

2024年第二届全国中老年气排球精英赛圆满落幕

2024年第二届中国平潭全国中老年气排球精英赛在平潭全民健身中心圆满落幕。本次比赛，吸引了来自全国各地18个省份的64支队伍参赛，参赛人员年龄在45~69岁之间。

各个队伍火力全开，充分发挥精湛的个人技术和娴熟的战术配合，上演一幕幕巧妙传球，场上气氛剑拔弩张，强强对决、分秒必争，队员大汗淋漓，执着"拼杀"，经过激烈角逐，场场精彩，球球惊心。

气排球作为一项群众性体育项目，以其健身性、娱乐性、经济性、入门容易等特点，深受群众的喜爱。此次比赛各队伍严格遵守气排球比赛规则、斗志昂扬、团结协作，赛出了水平、赛出了激情、赛出了精神、助推全民健身运动的健康发展尽情展示自己的实力和中老年人精神风采。

（资料来源：东南网）

子任务三　撰写老年人球类活动方案

工作任务

查找相关活动案例，根据活动基本思路与流程，策划并组织一场老年人球类活动，学生在实际场景操作过程中，完成活动体验的全过程，并评估老年人球类活动开展的效果。

知识准备

老年人球类活动策划方案，是根据所掌握的各种球类活动信息，对即将举办活动的有关事项进行初步规划，设计出活动的基本框架，提出活动的初步内容。一般来说，活动策划方案需经过项目组领导审批，目的是使活动目标和组织总体目标一致，使活动与组织其他部门的工作互相协调、配合，满足活动方案的有序运行。活动策划方案是成功实施活动的载体。接下来，我们将通过几个球类活动案例，了解老年人球类活动策划方案的撰写要求。

案例拓展

××街道老年人球类运动会活动方案

为进一步丰富和活跃街道老年人的文体生活，增强体质，实现"人人都有好身体"的目标，经部门领导同意，于5月10日在××街道举办老年人球类运动会，活动具体方案如下。

一、活动宗旨

树新风、促和谐，丰富老年人生活。

二、参赛范围

身体健康的离退休老年人均可报名参加活动。

三、报名时间

202×年4月25日—5月7日。

四、报名地点

老干部局活动中心。

五、人员安排

活动负责人1名：×××。

裁判长1名：×××；裁判员6名：×××，×××，×××，×××，×××，×××。

现场工作人员5名：×××，×××，×××，×××，×××。

摄影人员2名：×××，×××。

后勤保障人员2名：×××，×××。

医务人员3名：×××，×××，×××。

志愿工作者6名：×××，×××，×××，×××，×××，×××。

六、活动时间

202×年5月10日上午10：00。

七、活动地点

老干部局活动中心。

八、活动项目

1. 筷子夹球。

器材准备：玻璃球若干、筷子20双。

游戏方法：每10人为一组进行比赛，比赛时间为1分钟，要求把盆中的玻璃球夹到另一个空盆中，在规定时间内夹球多的那组为获胜方。

2. 传乒乓球。

器材准备：勺子20把、乒乓球若干。

游戏方法：每10人为一组进行比赛，参与者手持勺柄，把乒乓球从队头传至队尾，再由对尾传回队头，保证球不落地，用时最少的队伍获胜。

3. 拖球赛跑。

器材准备：实心球、乒乓球拍。

游戏方法：活动时间为3分钟，参与者手持乒乓球拍运输实心球，保证球不落地，运送至终点球筐内，规定时间内运球最多者获胜。

九、组织领导

为切实加强组织领导，确保××街道老年人球类运动会的各项工作顺利开展，拟成立×

×街道老年人球类运动会组委会，对运动会的各项工作进行领导和协调，××街道老年人球类运动会组委会成员名单如下。

主任：张××。

副主任：王××。

成员：李××、孙××、刘××、孟××、宫××、高××。

十、奖项设置

一等奖 3 名：橄榄油礼盒一份。

二等奖 6 名：洗衣液一桶。

三等奖 10 名：卫生纸一袋。

参与奖若干：一次性医用口罩两包。

十一、经费预算

项目	价格/元	备注
宣传单、海报、条幅	300	—
音响租赁费	200	—
录像器材租赁费	500	—
活动器材	500	—
橄榄油礼盒	360	3 盒
洗衣液	300	6 桶
卫生纸	200	10 袋
一次性医用口罩	500	2 包
合计	2 860	—

十二、注意事项

1. 提前做好相关宣传工作，以免参与人数较少。

2. 工作人员提前到达现场布置，排除安全隐患。

3. 活动进行时，工作人员要时刻关注老年人的情况，以防意外事件发生。

4. 工作人员合理分配任务，避免工作过程中出现矛盾冲突，影响活动顺利开展。

5. 提前统计好参与人数，确保奖品充足。

案例拓展

老年人健身球操比赛活动方案

一、活动目的

通过本次活动，增强老年人的锻炼意识，增强社会活力，促进交往互动，丰富精神文化生活，进一步推进老年人健身球操工作的开展。

二、活动主题

活力健身球操，助力欢乐晚年。

三、比赛时间

202×年 10 月 20 日上午 9：00—10：00。

四、比赛地点

市民活动中心广场。

五、参赛对象

60~70 岁身体健康的老年人。

六、活动流程

1. 利用海报、讲座、公益活动等形式开展宣传动员。

2. 现场报名，汇总报名人数。

3. 与报名队伍联系，整理比赛道具、曲目等相关事宜。

4. 各团队的领队在比赛前一天进行抽签排序。

5. 比赛活动正式举办。

七、赛事相关原则及评分标准（满分 100 分）

1. 动作正确性（15 分）。

要求：动作规范、节奏准确、姿态优美。

2. 领操员表现（15 分）。

要求：上场整队、进场口号响亮；播报人数发言标准，领操节奏准确、动作到位。

3. 进退场情况（15 分）。

要求：队伍整齐，进退场安静、迅速。

4. 精神面貌情况（15 分）。

要求：精神饱满、表情乐观、专心致志。

5. 现场表现情况（40 分）。

要求：节奏一致、步伐整齐、动作难度系数适中。

八、评委及评分原则

1. 评委人数：5 名。

2. 评分原则：采取"公平、公正、公开"的原则进行评分，去掉一个最高分，去掉一个最低分，取平均分。

九、比赛结果设置及奖励

1. 裁判组当场评分并公布成绩；得分高者名次列前，得分相同，名次并列。

2. 比赛设团队一等奖 1 名、团队二等奖 2 名、团队三等奖 4 名。

3. 奖项设置：

团队一等奖：1 000 元奖金+荣誉证书。

团队二等奖：800 元奖金+荣誉证书。

团队三等奖：500 元奖金+荣誉证书。

十、经费预算

项目	金额/元	明细
评委评审费	3 500	邀请评委
宣传费	300	海报 2 张，横幅 1 条，宣传单 500 份
场地布置费	2 000	活动背景、地毯、舞台搭建
设备租赁费	2 000	音响、灯光、摄影道具等
奖金及证书	5 000	奖金、证书 7 份、展板
合计	12 800	—

十一、其他情况

1. 关注老年人身体情况。

2. 工作人员维持现场秩序，做好突发事件的应急预案。

3. 活动结束后，对本次活动内容进行总结报道，做好后期宣传工作。

课堂练习

1. 通过对老年人健身球操相关知识检索，运用老年人活动策划流程的基本原则进行老年人健身球操培训活动的策划与组织，要求策划过程合理、全面、详细，可操作性强。

2. 分组进行健身球操动作设计，搭配曲目《在希望的田野上》展示成果，带领本组同学进行健身球操动作示范学习。

工作步骤

第一步：搜集老年人球类运动方面的相关资料，了解老年人球类运动的定义、类型及意义，掌握球类活动的原则。

第二步：利用多种形式开展内容丰富的老年人球类活动，学习并掌握老年人球类活动策划组织的具体操作步骤。

第三步：熟悉活动策划的操作流程。明确活动需求、主题和内容，按照策划基本思路进行活动的安排与组织。

第四步：分组完成活动策划书。通过小组讨论、设计，生成活动策划书，教师参与指导。

第五步：各小组展示、互评。每组组长进行活动策划展演。

工作评价与反馈

任务	存在的问题	改进措施

收获与感悟：

指导教师评语：

教师签名：

项目小结

本项目从老年人体适能、健身养生、球类运动三类子活动项目出发，学习老年人健身类活动策划的相关知识。

1. 体适能：通过认识老年人体适能活动的定义、作用、意义，参考老年人体适能的类型划分。在了解体适能要素训练的基础上，学习老年人居家体适能活动的具体操作步骤，科学地评估老年人体适能水平，制订老年人体适能计划，并参照活动练习组织一场老年人体适能健身活动。

2. 健身养生：了解老年人运动的目的与意义，掌握健康养生运动的原则，并学会利用身体部位进行养生运动练习。掌握策划老年人养生保健活动的基本工作流程，学会运用工作程序指导活动实践。

3. 球类运动：通过了解适合老年人的球类运动，熟悉不同球类运动的具体操作步骤。掌握老年人球类运动活动策划的相关知识，分析球类活动策划的基本思路与操作流程，完成活动体验的全过程，最终评估老年人球类活动开展的效果。

老年人健身类活动是增进健康、延缓衰老、预防疾病、丰富生活的身体锻炼活动，其目的是让老年人在活动中体验快乐，在快乐中收获友谊，在交往中享受生活，使健身类体育运动更好地融入老年人生活。

巩固与提高

一、选择题

1. （　　）是我国群众体育发展的重要内容，特别是在我国人口老龄化的加速发展期，体育健身活动已成为越来越多老年人的重要选择。

A. 体育　　　　　B. 健身　　　　　C. 游泳　　　　　D. 老年体育

2. 积极开展（　　）是应对老龄化社会的一大重要举措。

A. 老年人体育健身活动　　　　　B. 体育健身活动

C. 健身活动　　　　　　　　　　D. 一般体育健身活动

3. 基于老年人身体各组织器官功能渐趋衰退，老年人在体育健身中应选择（　　）活动。

A. 刺激性　　　　B. 耐力性　　　　C. 竞技运动　　　　D. 文娱性

4. （　　），联合国大会宣布每年的 6 月 21 日为国际瑜伽日。

A. 2014 年 12 月 11 日　　　　　B. 2014 年 12 月 1 日

C. 2014 年 12 月 21 日　　　　　D. 2012 年 12 月 11 日

5. 瑜伽的（　　）是瑜伽练习的重要部分，也是瑜伽练习能否有效益的关键所在。

A. 动作   B. 规则   C. 呼吸   D. 饮食

6. 体适能分为（　　　）、竞技体适能、代谢性体适能三种。

A. 健康体适能   B. 娱乐体适能   C. 全面体适能   D. 发展体适能

7. 老年人锻炼时间、地点的选择也很重要，每日锻炼的时间应在（　　　）时，（　　　）时。

A. 5～6、15～17   B. 6～7、15～17

C. 9～11、13～15   D. 9～11、15～17

二、判断题

1. 我国古代养生思想有宜动和宜静两种不同观点。（　　　）

2. 老年人选择体育健身应循序渐进。（　　　）

3. 体育类竞赛活动是指以人体肌肉与骨骼的运动为主，以大脑和其他生理系统的运动为辅的比赛活动。（　　　）

项目二答案

项目三
策划组织老年人竞赛类活动

 案例导学

关于举办××社区中老年广场舞大赛的活动通知

尊敬的中老年朋友们：

为充分发挥广场舞对老年人强身健体、愉悦心情、缓解压力、增进友谊、陶冶情操、净化心灵的作用，第一届××社区中老年人广场舞大赛将于2022年5月4—5日在夕阳红广场举行，现将有关事宜通知如下。

一、活动主题

"夕阳无限，舞动活力"——××社区中老年广场舞大赛。

二、组织机构

主办单位：××社区委员会。

承办单位：××社区××敬老院。

协办单位：××社区超市。

三、参赛办法

1. 参赛选手性别不限，要求身体健康，能全程参与本次活动，年龄在45～70周岁。每位参赛选手只能选择一支代表队参与比赛。

2. 社区成员自由组队，每队可报领队 1 名、教练 1 名、队员 5～10 人，队名由各参赛队自定。

3. 参赛舞种、曲目自选，服装自备，时长要求 4～6 分钟。各队自备 U 盘。

4. 参赛队伍应为每位参赛队员办理人身伤害意外保险，与本人签署《自愿参赛责任书》，如出现意外伤害均由参赛单位负责。

四、比赛地点

夕阳红广场。

五、报名方式

参赛人员接到本通知后，于 4 月 25 日前到××社区××敬老院报名或者拨打电话报名。

联系电话：高老师 0315－×××××××。

六、报道、比赛时间安排

202×年 5 月 4 日 15：00—16：00 在××社区××敬老院 1 层召开预备会（抽签决定比赛顺序，缺席视为弃权）。

202×年 5 月 5 日 8：00—12：00 夕阳红广场开幕式、比赛；13：00—17：00 夕阳红广场比赛、颁奖仪式。

七、奖项设置

比赛统一评分，并为获得前三名的代表队颁发奖杯和奖金；前三名之外均颁发优秀组织奖奖牌和奖金；设定一等奖奖励 1 000 元，二等奖奖励 800 元，三等奖奖励 500 元，优秀组织奖奖励 200 元。

未尽事宜另行通知。

问题思考：

1. 请根据上述通知，思考中老年人广场舞比赛的意义是什么。

2. 仔细阅读上述通知，你认为本通知还有哪些不足之处？

3. 在竞赛类活动当中，你认为老年人可以参加的活动有哪些？

4. 你认为竞赛类活动与其他活动相比，在活动策划中有哪些需要特别注意的方面？

🔍 学习目标

1. 认知目标：了解老年人竞赛类活动的分类及特点，掌握老年人竞赛类活动策划的组织流程和方法，掌握竞赛类活动策划书、活动通知及邀请函的撰写方法，并能够为活动撰写新闻报道。

2. 技能目标：培养学生具备策划与组织老年人竞赛类活动的能力。

3. 情感目标：初步形成设计、制作、评价的实践能力与合作、探索、创造的工匠精神。

任务一　策划组织老年人棋牌类竞赛活动

情景导入

敬老｜以牌会友，"棋"乐融融——天山路街道老年棋牌比赛圆满落幕

10月23日，天山路街道老龄委、老年协会举办了第十五届老年棋牌类比赛，共计三百余名社区老人参加了此次活动。

为确保比赛过程的有序进行，街道老龄委、老年协会专门成立了由社区老年协会分会长、老年志愿者组成的竞赛工作组、裁判组和维持秩序组，负责做好比赛全过程的各项工作。本届比赛设有80分、象棋两项内容。海选分别设在17个居民区中进行，各决出80分2人，象棋1人进入复赛、决赛。

经过激烈的角逐，决出了80分和象棋前三名。80分冠军是新光居民区，亚军是二村居民区，季军是遵义居民区、天义居民区。象棋冠军是纺大居民区，亚军是延西居民区，季军是四村居民区。除了给冠、亚、季军获得者颁发奖状和奖品，组委会还向所有参加比赛的人员发放了参与奖，以提高老年人参与社区活动、融入社区的积极性。

棋牌比赛作为天山路街道本次敬老月的系列活动之一，丰富了社区老年人的精神文化生活，增强了老年人的脑力锻炼及相互之间的交流。社区老年人以牌会友，"棋"乐融融，在你一言我一语之间架起了一座沟通之桥。

（资料来源：潇湘晨报）

问题思考：

1. 你认为老年人棋牌比赛中应注意什么？

2. 你认为老年人棋牌比赛的意义是什么？

任务要求

查阅相关资料，学习策划组织老年人竞赛类活动的相关知识，撰写一份老年人棋牌比赛的活动策划书、通知及邀请函，并进行实训演练。

子任务一　认识老年人棋牌类竞赛

工作任务

利用相关知识介绍，认识老年人竞赛活动，包括其定义、分类、特点等。了解老年人棋牌类活动，知晓老年人棋牌活动的好处及注意事项，为后期策划并组织老年人棋牌类竞赛活动打好基础。

知识准备

1. 老年人竞赛活动的定义

竞赛是指在体育、生产、生活、学习等活动中，为比较本领、技术、能力的高低，以个人或团队的名义参加，具有一定规则的多人活动。竞赛活动旨在最大限度地发挥个人或集体在体力、智力、运动能力等方面的潜力，是以获取优异成绩为目的而进行的比赛活动。竞赛活动根据项目内容的不同，可划分为多种类型。竞赛活动还具有一定的竞争性和结果不确定性，因此竞赛活动能使参与人员产生强烈的情感体验和感观刺激，从而激发人们的好胜心，促使更多人参与。

2. 老年人棋牌类活动

棋牌类活动是集科学性、趣味性、知识性、竞技性于一体，以脑力运动为主的活动，老少皆宜，可提高人的记忆力和大脑思维的能力，培养人们良好的品德修养和紧密协作、适应环境的团队精神。

老年人竞赛活动

弈棋养性，延年益寿。对老年人来说，棋牌类活动的好处尤其明显。棋牌类活动不仅可以修身养性、陶冶情操、延年益寿，还能锻炼思维、启迪智慧，预防老年痴呆等疾病的发生。

对弈还能锻炼上肢的活动能力，协助康复。人们常说棋场如战场、棋品如人品，下棋能提升人品，提高人际交往能力。

现在一些养老机构也设有棋牌室，供老年人休闲娱乐、调养健身之用，使棋牌步出一般消遣活动的行列，而为养生康复、提高修养服务。

3. 老年人棋牌类竞赛活动的注意事项

（1）不能长时间进行棋牌竞赛。老年人每次活动的时间最好控制在 2 小时以内，时间过长，不利于视力、体力、脑力的健康。

（2）活动的环境应选择通风和光照较好的场所，舒心的环境可以增加老年人的对弈效果。养老机构的棋牌室空间不宜太小，也不要在通风不好的室内或空气污浊的室外下棋打牌。

（3）不能久坐或保持同一姿势。棋牌活动应保持休闲心态，把输赢看淡，比赛期间适当活动腿脚，以有益身心健康为主。

（4）避免进行棋牌竞赛活动时的精神高度紧张。有慢性病的老年人，下棋打牌时更要提高警惕，以免加重病情。活动应安排得当，合理休息，切不能顾此失彼，使老年人身体不适。

案例拓展

通过条幅、宣传单来对活动进行宣传效果较好。条幅的内容醒目易见，宣传单则可以传到每一个参与者的手中，两种宣传方式对活动的顺利开展都能起到关键作用。

在活动策划过程中，我们需要注意以下四点：一是确保条幅和宣传单的内容准确无误，避免出现错别字、语法错误等问题；二是内容要具有吸引力，通过创意设计、独特风格来吸引受众的关注；三是合理分配预算，既要保证宣传效果，又要控制成本；四是关注活动的反馈，根据实际情况调整宣传策略。

条幅、宣传单介绍

课堂练习

宣传大挑战

条幅、宣传单的撰写可参考以下示例。

1. 条幅内容：横车纵马，乐在其中；指点江山，成败你我。

2. 宣传单内容：车轮滚滚，战马啸啸，完美诠释个性自我。炮火纷飞，小兵冲锋，尽显勇者风范。兵贵神速，激励人生奋进。知己知彼，尽显兵家谋略。无论是非成败，不管输赢胜负，您都将成为棋坛上的王者，生活中的强者！楚河汉界，风景这边独好。快来报名参加吧！胜利已经在向你招手微笑了。

你还能想出哪些好的宣传？请写在下面的横线上。

1. _____

2. _____

子任务一　策划老年人棋牌类竞赛活动

工作任务

　　根据所学知识，分析竞赛类活动的基本思路与操作流程，策划一场老年人棋牌类竞赛活动，生成活动策划书。

知识准备

1. 老年人棋牌类竞赛活动的策划与准备

（1）安排活动时间。

　　老年人的时间相对宽裕，所以活动时间相对比较自由，但是应避开上下班高峰的时间段，同时要考虑到老年人的生活安排，尽量不打乱老年人的日常作息。一般活动时间不宜过长，应控制在 2 小时以内，如超过 2 小时，应安排中间休息，避免老年人过度疲劳。

（2）活动场地及设施。

　　选择好的活动场地至关重要，可能决定活动的成败。如经费许可，为老年人举办棋牌类竞赛活动，可选择饭店、会议室、老年活动中心等。如经费不允许或条件有限，可选择相对开阔的、无障碍的室内或室外空间。根据参与人数选择合适的空间，场所不宜过于宽广，避免产生空荡荡的感觉；也不能太狭小，因有些老人可能行动不便，需要使用轮椅或助行器等。

另外，老年人活动的场所应保证有休息区域，且如厕方便。要确保消防出口、残疾人专用通道、出入口安全通畅。开展棋牌类竞赛活动之前，应事先检查设备并做好应急预案，如座椅是否牢固，光线是否明亮，设备、电线电缆等是否阻碍通行，尽量消除安全隐患。

2. 老年人棋牌类竞赛活动的策划要素

（1）活动主题。

老年人棋牌类竞赛活动可以本着"友谊第一、重在参与"的原则，可选择倡导关爱老年人身心健康、丰富文化生活、增加晚年生活乐趣等内容确定。

（2）活动人数。

参加活动人数一般控制在20人以内，不宜过多。

（3）参与对象。

以社区或者机构爱好棋牌的老年人为主体，并预留一定比例的自愿参加人员的名额。

（4）举办时间及安排。

根据活动人数及内容，确定活动日期及时间，做好活动安排。

（5）活动地点。

根据以上内容，具体落实活动地点，包括报到地点、比赛地点、休息地点等。

3. 老年人棋牌类竞赛活动反馈

组织者每一次举办活动都应该积累经验。在活动结束前，可以多与老年人交谈，了解老年人对活动的感受、参加活动的收获以及对活动的意见和建议等。同时，与活动的主办方、承办方、活动所在社区（单位）等进行充分沟通，请其对活动的过程、结果进行评价，以便总结经验教训。

组织者可以拍一些竞赛活动现场的照片或与活动嘉宾的合影，把照片冲洗出来，放在相框里，在活动结束时送给参与活动的老年人。如时间不够，可在活动结束后一周内制成活动纪念手册，邮寄或亲自登门送给老年人，方便与老年人建立更加和谐融洽的关系，也给老年人留下温馨、美好的活动回忆。

活动公告与邀请函

案例拓展

幸福社区老年人象棋比赛活动策划方案

一、活动背景

近年来，随着中国人口老龄化程度的加深，老年人在社区总人口中占很大的比例。老年人空闲时间多，很多人没有消遣活动，宅居在家不利于身心健康。尊老敬老是中华民族的传统美德，我们应该多为老年人考虑，组织一系列有利于老年人身心健康的活动，尽全力让他们感到幸福。尊重老人、敬爱老人，就是尊重和敬爱自己。

二、活动目的

调查发现，很多社区老年人喜欢下象棋，所以选择棋艺竞赛恰如其分。其目的是丰富老年人的晚年生活，帮助老年人锻炼身体、活跃思维，减缓老年人记忆力下降的趋势，降低老年痴呆的发生率；同时，让老年人感到快乐，消除其孤独、焦虑情绪。

三、活动主题

棋如其人，温暖夕阳。

四、活动详情

活动时间：202×年 4 月 1—2 日。

活动地点：社区活动中心。

活动内容：老年人象棋比赛。

活动对象：幸福社区 60 岁及以上老年人，男女均可。

特别注明：处于疾病急性发作期、危机事件干预期或患有认知功能障碍的老年人禁止参加。

五、活动准备工作

1. 前期宣传工作。

利用社区公告栏、宣传板张贴横幅、海报、通知等进行活动宣传。

2. 参赛人员报名。

对报名参加活动的老年人进行现场或电话登记。填写报名表（如表 3-1 所示）中参赛者姓名、性别、年龄、棋龄、联系电话、紧急联系人等内容，帮助我们更全面地收集老年人的信息。

表 3-1　幸福社区老年人象棋比赛报名表

姓名	性别	年龄	棋龄	联系电话	紧急联系人		信息来源
					姓名	电话	

3. 参赛人员分组方式。

2 人一组，随机分组。

六、评委设置

共邀请 5 名评委，评委老师需要精通象棋。

七、工作人员安排

活动场所总负责人 1 名、主持人 2 名、礼仪 3 名、操作人员 1 名、医务人员 2 名、维修人员 1 名、会场外负责人 1 名、会场外指引接待 4 名、场外签到处工作人员 2 名。

八、会场布置及场外标识

会场内设有会场平面图，会场总体布置特点为温馨、有韵味。

场外指示包括在小区门口、单元楼门口、电梯、楼道口、卫生间等地布置指示牌，便于寻找。

九、比赛规则

1. 遵循"友谊第一，重在参与"的原则，讲究棋风、棋德，赛出风格、比出水平。

2. 比赛双方随机安排，实行单场淘汰赛制。

3. 双方猜拳确定红黑棋的归属，由执红棋的一方先走。

4. 第一轮比赛获胜者进入复赛，复赛获胜者进入决赛，依此类推，最终决出优胜者。

十、活动流程

1. 活动时间：202×年4月1日8：00—11：40，次日8：00—11：40。

2. 活动具体流程：

第一天　8：00—8：40 参赛人员报到，观众到场。

　　　　8：40—8：50 嘉宾、评委入场。

　　　　8：50—9：00 主持人介绍。

　　　　9：00—9：20 开幕式表演。

　　　　9：30—11：30 初赛。

　　　　11：30—11：40 上半场总结及收尾工作。

第二天　8：00—8：10 主持人介绍。

　　　　8：20—9：20 复赛。

　　　　9：30—10：30 决赛。

　　　　10：40—11：40 宣布结果、颁奖。

老年人棋艺比赛
活动策划

十一、奖品设置

冠军1名：奖励200元电饭煲一个，并颁发奖状。

亚军2名：奖励100元洗护套装一套，并颁发奖状。

季军3名：奖励50元保温杯一个，并颁发奖状。

优秀奖：洗衣液一袋（所有参赛人员）。

十二、活动经费预算

项目	金额/元	赞助方
象棋20副	500	××象棋公司
食品	1 000	社区商店
布置会场	500	社区服务中心
前期宣传资料	2 000	××广告公司
奖品	1 000	社区商店
总计	5 000	—

十三、预计效果

1. 弘扬中国象棋文化，鼓励老年人参与象棋活动。

2. 丰富社区老年人的闲暇生活，活跃社区气氛。

3. 宣传社区文化及活动的赞助商。

幸福社区老年人象棋比赛活动通知

尊敬的社区各位老年朋友：

　　为了丰富大家的文化生活，提高棋友的文化修养及竞技水平，增进棋友之间的友谊，社区特举办以"棋如其人，温暖夕阳"为主题的老年人象棋比赛活动，遵循"友谊第一，重在参与"的原则，活动分初赛、复赛及决赛。

　　活动时间：202×年4月1日8：00—11：40，次日8：00—11：40。

　　活动对象：幸福社区60岁及以上老年人，男女均可。

　　活动内容：老年人象棋比赛。

　　活动地点：社区活动中心。

　　奖品设置：

老年人象棋比赛通知

　　冠军1名：奖励200元电饭煲一个，并颁发奖状。

　　亚军2名：奖励100元洗护套装一套，并颁发奖状。

　　季军3名：奖励50元保温杯一个，并颁发奖状。

　　优秀奖：洗衣液一袋（所有参赛人员）。

　　特别注明：处于疾病急性发作期、危机事件干预期或患有认知功能障碍的老年人禁止报名参加。

　　报名时间：202×年3月25—31日（9：00—11：00、14：00—17：00）。

　　报名方式：

　　现场报名：社区活动室。

　　电话报名：报名电话×××××××。

　　我们期待您的参与哦！

幸福社区办公室

202×年3月20日

邀请函

尊敬的刘××主任：

　　您好！

　　为了丰富大家的文化生活，提高棋友的文化修养及竞技水平，增进棋友之间的友谊，幸福社区将于202×年4月1—2日在社区活动中心举办以"棋如其人，温暖夕阳"为主题的老年人象棋比赛活动。届时邀请您担任活动裁判长，真心希望您能够在百忙之中抽空前来，您的莅临将使我们的活动更加圆满。再次向您表达我们诚挚的谢意!

活动时间:202×年4月1日8:00—11:40,次日8:00—11:40。

活动内容:老年人象棋比赛。

活动地点:幸福社区活动中心。

联系方式:高先生　××××××××。

幸福社区办公室

202×年3月20日

课堂练习

近年来,随着我国社会老龄化程度的加深,老年人在社区总人口中占据的比重越来越大。随着我国经济的不断发展以及医疗条件和社会福利制度的不断完善,如何提升老年人的生活质量已经成为社会普遍关注的问题。尊老敬老是中华民族的传统美德,我们应该尽全力让他们幸福地安享晚年。尊重老人,敬爱老人,就是尊重和敬爱我们自己。为了丰富社区老年人的生活,20××年3月拟在阳光养老院举办围棋比赛活动。

1. 请编写一份活动策划。

2. 请起草一份活动通知,以方便社区居民知悉。

3. 为了保证比赛的公平公正,打算邀请刘博士作为我们的裁判长,请撰写一份邀请函。

子任务三　组织老年人棋牌类竞赛活动

工作任务

查找相关活动案例,根据活动基本思路与流程,策划并组织一场老年人棋牌竞赛活动,学生在实际场景的操作过程中,完成活动体验的全过程,并评估活动开展的效果。

知识准备

棋牌类游戏种类繁多,下面介绍几种游戏规则,请同学们分组进行体验。

1. 斗地主规则

(1)发牌:一副牌,留三张底牌,其余发给三个玩家,叫牌后底牌加到地主手中(如图3-1所示)。

(2)叫牌:按出牌顺序轮流开始叫牌,每人只能叫一次,叫牌可叫1分、2分、3分或不叫,所叫的分数为"叫牌的底分",分数叫的高,赢的多,输的也多。叫完后

图3-1　斗地主

叫牌分数最大的为地主,如果都选择不叫牌,则重新发牌,然后重新开始叫牌。

(3)出牌:首先将三张底牌交给地主,三张底牌所有人都能看到。由地主开始出牌,然后按逆时针顺序依次出牌,轮到牌友跟牌时,牌友可选择跟与不跟。任何一方牌出完则

此局结束。

（4）牌型：火箭即双王（双鬼牌），什么牌型都可打，是最大的牌；炸弹为四张同数值牌（如四个5）；除火箭和比自己大的炸弹，什么牌型都可打；单牌（一手牌）即单个牌；对牌（一手牌）即数值相同的两张牌（如两个6）；三张牌即数值相同的三张牌（如三个10）；三带一手即数值相同的三张牌+一张单牌或一对牌。

2. 象棋规则

（1）基本玩法：中国象棋由棋盘和棋子组成，棋盘是在长方形的平面上，由九条平行的竖线和十条平行的横线相交组成，共九十个交叉点，棋子就摆在这些交叉点上（如图3-2所示）。棋盘中间第五、第六两条横线之间未画竖线的空白地带，称为"河界"，整个棋盘就以"河界"分为相等的两部分；两方将帅坐镇、画"米"字方格的地方，叫作"九宫"。棋子共三十二个，分为红黑两组，各十六个，由对弈双方各执一组；兵种是一样的，分为七种：红方为帅、仕、相、车、马、炮、兵，黑方为将、士、象、车、马、炮、卒。其中帅与将、仕与士、相与象、兵与卒的作用完全相同，名称不同仅仅是为了区分红棋和黑棋。对局时，由执红棋的一方先走，双方轮流各走一着，直至分出胜、负、和，对局即结束。轮到走棋的一方，将某个棋子从一个交叉点走到另一个交叉点，或者吃掉对方的棋子而占领其交叉点，都算走了一着。双方各走一着，称为一个回合。

（2）吃子规则：无论什么棋子，只要根据行棋规则能走到的位置，若有对方的棋子就能将之吃掉。唯一例外的是，炮的吃棋方法比较特殊，需要中间隔有棋子（无论是己方还是对方棋子）才能吃掉对方的棋子。为了简单记忆，人们也总结了一些口诀，如马走日、象走田、马走直路、炮翻山、士走斜线护将边、小卒一去不回还等。

（3）胜负判定规则：帅（将）被对方"将死"或"困毙"的一方算输；宣布认输的一方算输；走棋超时的一方算输。当然一方提议作和，对方同意或双方走棋出现循环反复达三次，符合"不变作和"的规定，可为和局。

3. 麻将规则

打麻将有四位玩家，分别坐于麻将桌的东、南、西、北四个方位。每人手里抓13张牌，庄家出牌之后，按顺时针次序，每人摸一张打一张。通过碰牌、杠牌、吃牌、胡牌等方式，使手牌按照相关规定的牌型条件和牌（如图3-3所示）。

图3-2　象棋　　　　　　　　　图3-3　麻将

（1）碰牌：你手中有一对（即两张同样的牌），桌面上任何一位玩家打出，你都可以碰牌，变成三张，然后打出手牌中一张不需要的。

（2）杠牌：你手中有三张一样的牌，再自摸一张，此时开杠为暗杠；若是没有自摸到，其他玩家打出这一张，则开杠为明杠。若是之前碰牌碰出三张，又自摸到一张，此时为补杠。补杠和明杠算分相同，暗杠为明杠的两倍。开杠后应从牌尾再摸一张牌。

（3）吃牌：你有同花色相邻或相近的两张牌，当上一位玩家打出一张能跟你手中两张组成一组相邻的牌时（如456饼或789条），你便可以吃牌，组成一组。当一张牌同时可以被吃或碰（杠）的时候，碰（杠）优先。

（4）胡牌：指的是三组牌加一个对子。同花色相邻或者相同的三张牌，如123或者111为一组牌；两张相同的牌为一个对子。此为一般玩法，各地玩法不尽相同。

4. 跳棋规则

跳棋的游戏规则很简单，棋子的移动可以一步步在有直线连接的相邻六个方向进行。如果相邻位置上有任何方的一个棋子，该位置直线方向下一个位置是空的，则可以直接"跳"到该空位上，"跳"的过程中，只要相同条件满足就可以连续进行。谁最先把正对面的阵地全部占领，谁就取得胜利（如图3-4所示）。

5. 五子棋规则

规则一：双方分别使用黑白两色的棋子，空棋盘开局黑色棋子先下，白色棋子后下，交替下子，每次只能下一子，棋子下定后，不得向其他点移动，先形成五子连线者获胜（如图3-5所示）。

规则二：自己连成五枚棋子就吃掉对方最近的一枚棋子，被吃的棋子还给对方继续使用，最后以先出完所有棋子的一方为胜利者。

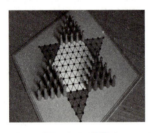 

图3-4 跳棋   图3-3 五子棋

案例拓展

如何撰写一篇关于老年人棋牌活动的新闻报道

一篇优秀的新闻报道应具备时效性、客观性、准确性和可读性等特点，应该包括捕捉新闻线索、确定报道主题、采访与资料收集、新闻写作、新闻排版与发布、反思与总结等几个步骤。其中新闻写作包括撰写标题、导语、正文、背景和结语等部分。新闻报道完成后，要进行反思与总结。此外，还要关注新闻报道的社会效应，积极参与社会舆论引导，传播正能量。

随着我国老龄化进程的加快，老年人棋牌活动日益受到关注。如何撰写一篇关于老年人棋牌活动的新闻报道，让更多人了解老年群体的精神文化生活，成为值得探讨的话题。首先，新闻报道应突出开展老年人棋牌活动的意义。棋牌活动对老年人来说，不仅是一种娱乐方式，更是一种锻炼大脑、延缓衰老的有效手段。在报道中，可以着重介绍棋牌活动对老年人身心健康的好处；其次，报道要注重老年人的实际需求。可通过采访一些老年人，了解他们对棋牌活动的真实想法和需求，以便更好地为这一群体提供有针对性的服务；再次，新闻报道要注重展现老年人参与棋牌活动时的风采。可以通过图文并茂的形式，展示老年人在棋牌活动中的精彩瞬间，以及他们积极参与、乐在其中的精神风貌；最后，可以报道一些具有代表性的老年人棋牌活动赛事，让读者感受到棋牌活动在老年人中的影响力。

此外，报道还应关注棋牌活动组织者和场所。老年人在参加棋牌活动时，安全问题和场所环境尤为重要。因此，在报道中要着重介绍活动组织者的责任心和场所的安全、卫生状况，使人们放心让老年人参与棋牌活动。

新闻报道的最后要进行内容的升华，要倡导全社会关爱老年人。通过报道老年人棋牌活动传递出的正能量，呼吁社会各界关注老年人的精神文化生活，为其提供更多的关爱和支持。同时，也要倡导老年人积极参与社会活动，提高自己的生活质量。

课堂练习

请根据所学知识，策划组织一次智慧健康养老服务与管理专业学生的棋牌类竞赛活动，总结经验，将其记录在工作评价与反馈中，并进行新闻报道的撰写。

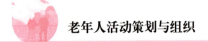

工作步骤

第一步：搜集棋牌类竞赛的相关资料。通过网络搜集比赛的相关资料，充分掌握老年人棋牌类竞赛活动的操作流程。

第二步：分析老年人棋牌类竞赛活动的基本思路。通过主题表达、内容形式、学习计划和实施策略等方面，分析掌握老年人棋牌类竞赛活动策划的设计思路。

第三步：熟悉确定活动策划的操作流程。明确活动需求、主题和内容，按照策划的基本思路进行活动的安排与组织。

第四步：分组完成活动策划书。通过小组讨论、设计，生成活动策划书，教师参与指导。

第五步：各小组展示、互评。每组组长进行活动策划展演。

工作评价与反馈

任务	存在的问题	改进措施

收获与感悟：

指导教师评语：

教师签名：

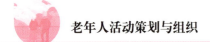

任务二　策划组织老年人知识竞赛活动

情景导入

社区举办老年人健康知识竞赛活动

在重阳节即将来临之际，为进一步引导老年人树立积极健康的生活理念，丰富老年人的精神文化生活，天津市西青区大寺镇泉集里社区"暖溢暖年"公益项目积极开展老年人健康知识竞赛活动。竞赛活动以抢答的形式进行，比赛题目都是有关老年人健康的知识，比如平衡膳食、饮食营养等内容。

老人们分为四组，并且每一组都为自己取了个响亮的名字，分别是奋进组、不老松组、松鹤延年组和幸福摇篮组。竞赛开始后，每个小组都积极踊跃抢答问题，并且答案准确无误，甚至有的时候因为答案简短，两三位老人同时说出了答案，活动现场气氛热烈。最后，社区为获胜的老人颁发了奖状，拿着奖状的老人们脸上露出了自豪的笑容。

此次活动，为老年人增加健康知识、加强自我保健意识提供了一个良好的平台。同时，活动也充实了老人们的精神文化生活，既让老年人收获了知识，也收获了快乐，为建立和谐美丽幸福社区添砖加瓦。（西青文明办）

（资料来源：西青文明网）

问题思考：

1. 你认为老年人知识竞赛活动中应注意什么？
2. 你认为举办老年人知识竞赛活动的意义是什么？

任务要求

查阅相关资料，学习知识竞赛活动的相关知识，撰写老年人知识竞赛活动的活动策划书、通知及邀请函，并进行实训演练。

子任务一　认识老年人知识竞赛活动

工作任务

根据相关知识介绍，认识老年人知识竞赛活动，了解知识竞赛活动的分类，为后期策划并组织老年人知识竞赛类活动打下基础。

知识准备

1. 知识竞赛活动的定义

知识竞赛是一种以竞赛形式进行，主要以宣传普及各类知识为目的的活动，包括自然科学知识、人文科学知识和社会科学知识。知识竞赛主要以知识问答、知识比拼的形式进行。活动可以给予参赛者某种资格或者某种奖励，举办方通过举办活动也能够达到知识普及和宣传的目的，实现双赢。对老年人而言，在活动中不仅可以获得知识的增长，丰富业余生活，还能获得一些荣誉或者奖励，从而提升其参加活动的积极性。

2. 知识竞赛活动的分类

（1）按竞赛形式划分。

①笔试赛。

笔试赛又称笔试，是以笔答试卷的方式所进行的知识竞赛。笔试限制较小，题目容量较大，一般作为公开赛的先导，主要用于初筛，确定选手。

②公开赛。

公开赛又称面试，是以当场出题、当场答题、当场判分及参赛选手面对面竞赛的方式所进行的知识竞赛。其特点是内容丰富、形式多样、方法灵活、试题短小精悍，参赛选手需要在较短的时间内得出答案。因涉及知识范围广，时间紧凑，可以短时间内传播大量的知识。公开赛现场直观、生动，气氛紧张激烈，感染力强，容易引起受众的共鸣，受教育的人员范围大，教育效果较好，是知识竞赛的主要形式。

（2）按竞赛内容划分。

①专题性知识竞赛。

专题性知识竞赛是指以某一专项知识为主题内容的知识竞赛。如党史知识竞赛、中国传统文化知识竞赛等，其特点是主题鲜明、内容集中，方便参赛者准备。知识关联性强，易于消化理解，是配合专题教育的有效方式。

②综合性知识竞赛。

综合性知识竞赛是指以若干项目类别的知识为竞赛内容的知识竞赛，涉及知识范围广泛，可以包含生活常识、体育、娱乐、医学、经济等方面内容，综合考察一个人或者团队的知识储备。其特点是内容丰富，概括性、知识性、趣味性较强，能够帮助人开阔眼界，提升综合素养。

（3）按竞赛组织方法划分。

①主持式知识竞赛。

主持式知识竞赛主要通过主持人对竞赛现场的全面控制与调节来进行知识竞赛，这种组织方法也是知识竞赛最常见的形式。其特点主要是便于对竞赛全程及其各个环节集中控制、统一协调。但同时对主持人的要求也相对较高，包括其知识储备、语言表达能力、分析判断能力、随机应变能力、控制调节能力以及涵养、姿态等诸多方面，均需符合要求。

②对擂式知识竞赛。

对擂式知识竞赛是以竞赛各方互问互答、对阵打擂为主要特征的知识竞赛。其特点是能够充分调动参赛者的主动性、积极性和创造性，引导参赛者自觉地提出问题、思考问题和解决问题，锻炼参赛者的批判性思维。在对擂过程中能够强化自我所学的知识，并且在相互问答中激发进取精神，锻炼提高自身的语言表达和反应能力。同时，由于问答是在参赛方之间进行作答的，更增加了紧张、激烈的竞争气氛，也更容易引起观众的热切关注和浓厚兴趣，增强教育及活动效果。

采用对擂式知识竞赛的组织方式应注意两个问题：一是对各参赛方设计的试题及答案须进行严格审查，防止偏题、错题等现象发生；二是加强赛规和裁判的权威性，确保竞赛在公正、和谐的竞争气氛中顺利进行。

③观众质疑式知识竞赛。

观众质疑式知识竞赛是指以观众点将并提出质疑为主要特征的知识竞赛。其特点是观众直接参与竞赛，组织者、参赛者和观众共同形成竞赛的有机整体，不仅能够充分调动全体参与者的热情和责任感，而且也大大激发了他们学知识、长才干的主动意识和创新创造精神，有利于提高教育的整体效果和竞赛质量。需要注意的是，观众直接进入竞赛须在周密的组织工作下进行。为此，必须解决好以下问题：出题者必须是与答题者无关的人员，所出试题要事先经过审查核准，必须保证竞赛双方问题数量对等，主持人或裁判必须特别加强对问答双方以及整个会场秩序和气氛的调控与协调。

（4）其他方式。

按参赛方的人数划分，可分为单人对抗赛、双人对抗赛和团体对抗赛；按竞赛制度来划分，还可分为预决赛制、分组赛制和淘汰赛制等。

在活动的组织实践中，组织者可以将上述组织形式有机结合起来，形成综合组织形式，使知识竞赛更加多姿多彩、生动活泼，充分发挥知识竞赛的作用和影响。

案例拓展

知识竞赛与传统文化相结合

知识竞赛与传统文化相结合，不仅能够提高学生的知识水平，还能够传承和弘扬我国丰富的文化遗产。近年来，各地、各电视节目都纷纷开展知识竞赛活动，旨在激发大家的学习兴趣，拓宽知识面。而将传统文化融入知识竞赛，更能让学生们在竞技的同时，感受到传统文化的魅力。

首先，能够提高学生的文化素养。在我国文化的历史长河中，传统文化丰富多彩，包括文学、艺术、哲学、科学等诸多领域。通过举办知识竞赛，让学生在答题的过程中，了解并掌握一定程度的传统文化知识，有利于培养他们的文化底蕴。

其次，有助于传承和弘扬我国优秀传统文化。如今，许多年轻人对传统文化的了解越来越少。通过举办这类活动，可以让更多人关注并参与传统文化的学习和传承，使优秀传统文化得以传承和发扬光大。

再次，能够激发学生对传统文化的兴趣。在竞赛过程中，学生们不仅能够学到知识，还能感受到传统文化的魅力。这样一来，他们对传统文化的兴趣会逐渐提高，进而主动去了解、研究和传承。

最后，有利于提高学生的综合素质。传统文化知识竞赛不仅考验了学生的知识储备，还需要他们在答题过程中，运用逻辑思维能力以及分析问题、解决问题的能力。这对提高学生的综合素质具有重要意义。

你知道有哪些活动是将知识竞赛与传统文化相结合的吗？请写在下面的横线上。

_____

_____

_____

课堂练习

知识竞赛活动内容多种多样，每一位同学对于活动的主题都有不同的见解，请同学们根据自己所长，为老年人中国传统文化知识竞赛活动设计主题。

主题一：品传统书韵，传中华文明。

主题二：畅游五千年。

主题三：_____

主题四：_____

主题五：_____

子任务二　策划老年人知识竞赛活动

工作任务

根据所学知识，分析知识竞赛活动的基本思路与操作流程，策划一场老年人知识竞赛活动，撰写活动策划书。

知识准备

知识竞赛的开展需要事先确定好竞赛流程，以便活动可以正常进行。竞赛流程大致分为两个阶段：一为赛前准备阶段，二为竞赛实施阶段。

（1）赛前准备阶段：该阶段所要实施的主要任务包括发出知识竞赛通知，选定竞赛试题的范围，明确参赛条件，并制定竞赛规则。

（2）竞赛实施阶段：主要任务包括赛前辅导、组成评委会、布置赛场、组织参赛选手参观赛场、竞赛与颁奖等。

赛前辅导。通常在开赛前一两天进行，辅导内容一般包括知识及心理两个方面：知识辅导主要是对竞赛内容进行原则性的提示，提供题目的大体范围和发问方式；心理辅导主要是使选手减轻思想压力，尽快适应比赛环境。

组成评委会。评委会委员主要由专家担任，其任务是对竞赛中可能出现的歧义进行纠正和解释，保证竞赛顺利进行。

布置赛场。知识竞赛的现场应包括：主持台、选手台、出题板、计分显示设备、抢答器、音响设备、录像设备、电视等，比赛之前应检查测试，确保比赛顺利进行。

组织参赛选手参观赛场。赛前组织选手参观赛场，可以减轻选手对比赛的焦虑，让选手对比赛现场的布局了然于心，为比赛做准备。通过对现场的抢答器等设备的试用，可以减少选手在比赛中的失误，帮助其发挥出最佳水平。

竞赛与颁奖。知识竞赛的对抗性很强，因而，主持人对调节赛前气氛负主要责任。开赛后，要严格按照规则实施，对违反竞赛规则的选手及时予以处罚。竞赛中，如果出现问题，评委会要迅速解决，以保证竞赛顺利进行。竞赛结束后，应组织好颁奖。

当然，不同单位在进行知识竞赛时，可以根据实际情况，在程序上有所取舍，适当简化。但无论如何，有两个环节是必须注意的：一是试题的选择与确定，二是对赛场的控制与调节。

案例拓展

“岁月留声机”知识竞赛活动策划方案

一、活动背景

岁月不知何处寻，年过半百华发生。老年人有着丰富的人生阅历，经历过时代的变迁，他们的人生就是一部回忆录。为了丰富老年朋友们的闲暇生活，也为了活跃老年人的思维，××社区拟举办一场名为“岁月留声机”的知识竞赛活动。

二、活动目的

通过向老年朋友们展示属于他们那个年代的事物，让老年朋友们回答提出的有关问题，唤起老年朋友们对过去事物的回忆。重温过去的生活，让老年人彼此之间有更多的共同话题，营造更加融洽和谐的集体氛围。

三、活动名称

岁月留声机。

四、活动时间

××××年××月××日14：00—16：00。

五、活动对象

××社区老年人。

六、活动地点

××社区活动中心。

七、活动主办方

××社区服务中心。

八、活动承办方

××社区服务中心。

九、小组成员分工

主持人：××，××。

投影播放人员：××。

计分人员：××。

登记人员：××。

后勤服务人员：××，××，××。

后勤机动人员：××，××。

十、活动流程

1. 活动开始前。

（1）确定活动主题后，进行组员分工。

（2）各组员准备各自的活动任务。

（3）第一次彩排，彩排后分组向老年朋友们宣传本次活动。

（4）第二次彩排，彩排后继续宣传或购买活动所需物品。

2. 活动当天。

（1）小组成员按分工布置场地：摆好桌椅，挂好气球彩带，准备茶饮等，做好活动开始前的准备工作。

（2）小组成员就活动内容完成最后一次彩排演练。

（3）活动开始阶段。

①老年人进入会场签到，工作人员检录，将老年人引入会场，工作人员准备茶饮。

②老年人全部入座后，主持人向全体人员讲述活动具体内容及流程。

③参与活动人员分组：随机将老年人分成4组，每组4人参与竞赛，其余到场老年人观赛。

④活动竞赛开始：播放相关的影视类、乐曲类、旧物类短片，就相关内容提问并请老年人抢答。

⑤作答后，计分人员为得分组老年人计分。

⑥竞赛结束后，根据计分人员统计的得分情况宣布各组的成绩排名（如出现成绩并列情况，可让并列组进行加赛）。

⑦根据各组最终排名颁发相应奖状、奖品。

⑧主持人及工作人员与老年人合影留念。

3. 活动结束后。

工作人员欢送老年人，收拾现场。询问老年人的活动感受，总结经验。

十一、经费预算

项目	单价/元	数量	总价/元
活动宣传单	1	50张	50
气球	0.06	100个	6
胶带	2	2卷	4
水笔	2	6支	12
计分板	2	1块	2
奖状	0.5	16张	8
一等奖奖品养生壶	120	4个	480
二等奖奖品保温杯	80	4个	320
三等奖奖品洗衣液	50	4桶	200
优秀奖奖品牙膏	20	4支	80
现场观众笔记本	2	20个	40
总计	—	—	1 202

十二、注意事项

1. 提前做好相关宣传工作，以防现场参与人员过少。

2. 组织者提前到场布置，以排除阻碍活动进行的意外因素。

3. 活动进行时，工作人员要时刻注意老年人的身体情况，以防意外发生。

4. 工作人员的任务分配要合理，避免出现任务冲突现象。

5. 提前做好参与人员数量统计工作，以确保每位老年人都有礼品，防止老年人因礼品未发放到位而出现不良情绪。

课堂练习

一年一度的高考又要开始了，说到高考，它在一代代人心中都留下了难以磨灭的青春记忆。阳光养老院为了帮助爷爷奶奶们回忆青春，拟举办一场特别的知识竞赛——"致敬高考"，希望通过活动帮助老年人温忆学生时代，追忆青春时光。

1. 请撰写一份活动策划。

2. 请拟定一份正式的活动通知，以方便养老院老人知悉。

3. 为了保证比赛的公平公正，打算邀请刘教授作为裁判长，请撰写一份内容恰当的邀请函。

子任务三　组织老年人知识竞赛活动

工作任务

查找相关活动案例，根据活动的基本思路与流程，策划并组织一场老年人知识竞赛活动。学生在实际场景的操作过程中，完成活动体验的全过程，并评估活动开展的效果。

知识准备

随着我国社会经济的快速发展，老龄化问题日益凸显。组织老年人知识竞赛活动不仅有助于丰富老年人的精神文化生活，还能激发老年人继续学习的热情，增强老年人的自信心，使他们更好地适应社会发展的需要。知识竞赛活动应关注老年人的需求，为老年人提供更多展示才华的舞台，让他们在晚年生活中焕发出更加璀璨的光彩。在活动策划和组织过程中，要注意以下六点。

（1）竞赛主题和内容选择。

应选择贴近老年人生活、易于理解的竞赛主题，如养生保健、国情民俗、历史地理、文化艺术等。内容要兼顾知识性和趣味性，既能满足老年人的求知欲，又能调动他们参与的积极性。

（2）时间安排和场地布置。

确保竞赛时间充足，给老年人留出充分的思考和讨论时间，以半天为宜，不能过长，以免老年人感觉疲劳。场地布置应简单大方，保证参赛者和观众的视线畅通，同时注意场地的安全性。

（3）竞赛形式和环节设计。

竞赛形式可以多样化，如个人答题、团队协作、互动问答等，以激发老年人的团队精神和合作意识。设计丰富多样的竞赛环节，如必答题、抢答题、风险题等，增加竞赛的紧张感和观赏性。另外，还应该增加竞赛的趣味性，提升现场气氛，提高活跃度。

（4）评委和奖品设置。

组织者应邀请有经验的评委，能够考虑到老年人的具体情况，对参赛者的答题情况进行公正、客观的评价。设置丰厚的奖品，提高老年人的参与热情和竞争意识。

（5）宣传推广和组织筹备。

可以提前做好通知及海报，在社区、公园等老年人聚集场所进行宣传。提前做好组织筹备工作，包括竞赛题目的准备、活动现场的布置、参赛者的报名等。

（6）时刻关注老年人身心健康。

应注重竞赛对老年人身心健康的影响，提倡健康、积极的竞赛精神。在竞赛过程中，时刻关注老年人的情绪变化，及时调整竞赛节奏，营造轻松愉快的氛围。

案例拓展

方案一：怀旧类休闲活动之老年人知识竞赛策划书

一、活动主题

"忆往昔，恋岁月"知识竞赛。

二、活动目的

丰富老年人的闲暇生活，通过展示特定年代的事物，让老年人竞答有关问题，以唤起老年人对过去生活的回忆，关爱老年人的心理健康。

三、活动时间

××××年××月××日 14：00。

四、活动地点

家属区活动中心。

五、活动对象

唐山市某社区离退休老人。

六、前期宣传

1. 在组织活动的社区发放传单、张贴海报。

2. 通过社区广播站、社区活动中心电子屏等进行活动宣传。

3. 利用微博、微信等网络平台推送活动消息。

4. 安排工作人员深入社区家庭进行面对面讲解与宣传。

七、活动成员分工

活动主持人 2 名。

投影播放员 1 名。

计分统分员 3 名。

布置活动现场人员 4 名。

后勤机动人员 1 名。

八、活动流程

1. 主持人介绍活动具体内容及流程。

2. 参与竞赛人员随机抽取号码进行分组，共分为 6 组，每组 3 人参加竞赛，其余老年人到观赛区就座。

3. 竞赛活动开始，分别播放图片类、音乐类、影视类短片，按编号指定老年人作答。

4. 计分人员在每个环节上报竞答成绩。

5. 竞赛结束，由统分人员统计成绩，并由主持人宣布各组成绩排名。

6. 根据各组最终排名颁发奖状与奖品。

7. 主持人及工作人员与参赛者合影留念。

九、注意事项

1. 提前做好相关宣传工作。

2. 工作人员提前到会场布置，避免发生阻碍活动正常进行的意外事件。

3. 活动进行时，工作人员要时刻关注老年人的情绪状态和身体变化，防止意外事故的发生。

4. 提前做好参与人员数量统计，确保每位参与活动的老年人都有小礼品，防止老年人因礼品未发放到位而产生不良情绪。

方案二：大学生线上知识竞赛活动策划书

一、活动背景

在日常的课程学习之余，为了保证学生们知识素质拓展的有效进行，可以在线上举办一些活动，既能增加同学们的学习积极性，也能充分利用网络资源，节省场地方面的开销。

二、活动目的

1. 鼓励学生积极参加集体活动，丰富同学们的课余生活。

2. 扩大学生的知识面，拓展文化知识，提高文学素养。

3. 在大学生的学习生活中，创造浓厚的文化氛围，弘扬我国传统文化。

三、活动名称

趣味文学知识竞赛。

四、主办方

××智慧健康养老服务与管理11班。

五、活动时间

20××年4月2日8：30。

六、活动地点

网络教室。

七、活动主题

拓展文化知识，提高文学素养。

八、活动形式

以小组为单位，将全班学生分成六个小组进行比赛，决出第一、二、三名。

九、竞赛内容

中国古代文学、文化知识。

十、比赛流程

8：30开始点名。

9：00正式开始。

第一轮：独闯奇关（个人必答题）。选择题，每题5分，每组3人参加，每位选手一题，每人答题时间不超过 15 秒，答对加分，答错不扣分。

第二轮：共度险关（团队必答题）。问答题，每题 10 分，答对加分，答错不扣分。每组 3 题，答错的题目其他队可以抢答，答对加 5 分，答错不扣分。由各组组长代表本队轮流回答，选手之间可以讨论，每题的答题时间不得超过 20 秒。

第三轮：争分夺秒（团队抢答题）。选择题，每题 10 分，答对加 10 分，每题的答题总时间不能超过 15 秒。答错、超时或犯规不扣分，但将丧失下一题的抢答机会。（共 15 道选择题，如果出现平局，可通过增加抢答题决出最后名次。）

11：00 比赛结束，宣布成绩。

十一、比赛规则

1. 各参赛队应按时进入网络教室，迟到 10 分钟按弃权处理。

2. 第一轮个人必答题环节其他队员不能代替或告诉答题者答案，否则此题作废。

3. 主持人宣布比赛结果后，若某队对结果有疑义，可在赛后向工作人员反映，不能打断主持人，扰乱赛场秩序。

4. 第三轮团队抢答题环节各队应遵守赛场秩序，在其他队获得答题权利后立即停止说话，不能和其他队抢答，若出现扰乱秩序的情况，评委可酌情扣分。

十二、时间要求

第一轮共 18 道题，六个组答题，时间预计为 30 分钟。

第二轮共 18 道题，六个组答题，时间预计为 30 分钟。

第三轮共 15 道题，时间预计为 30 分钟。

课堂练习

找一找：请同学们仔细阅读以上两份知识竞赛策划方案，寻找里面的优点及不足之处。

方案	优点	不足之处
方案一：怀旧类休闲活动之老年人知识竞赛策划书		
方案二：大学生线上知识竞赛活动策划书		

课堂练习

请根据所学知识，策划组织一次智慧健康养老服务与管理专业学生知识竞赛活动，总结经验，将其记录在工作评价与反馈中，并进行新闻报道的撰写。

工作步骤

第一步：搜集知识类竞赛的相关资料。通过网络搜集老年人知识类竞赛的相关资料，充分掌握知识类竞赛的操作流程。

第二步：分析老年人知识类竞赛活动的基本思路。通过主题表达、内容形式、学习计划和实施策略等方面，分析掌握老年人知识类竞赛活动策划的设计思路。

第三步：熟悉活动策划的操作流程。明确活动需求、主题和内容，按照策划基本思路进行活动的安排与组织。

第四步：分组完成活动策划书。通过小组讨论、设计，生成活动策划书，教师参与指导。

第五步：各小组展示、互评。每组组长进行活动策划展演。

❂ 工作评价与反馈

任务	存在的问题	改进措施

收获与感悟：

指导教师评语：

教师签名：

任务三　策划组织老年人趣味运动会

情景导入

河北深州举办老年趣味运动会喜迎重阳节

在重阳节来临前夕，为丰富老年人精神文化生活，营造"尊老、敬老"的良好氛围。10月18日，河北省深州市"'双争'有我·活力河北"老年趣味运动会在该市一社区举行，吸引了居民踊跃参加。

此次活动设置击鼓传花、蒙眼画鼻子、赶猪进篮、趣味保龄球、套圈夺宝5个比赛项目，集娱乐、趣味、健身为一体。比赛项目形式多样，既保证了趣味性，又兼具了竞争性，吸引了每一位老人投入其中。

"这都是小时候玩的游戏，没想到现在都退休了，还能跟这群老街坊邻居一起玩。" 73岁的社区居民王凤阁说，感觉自己又回到年轻时候了，再有这样的活动还参加。

据介绍，趣味运动会的开展，为社区老年人提供了一个展示、交流的平台，拉近了邻里关系，为传统节日增添了欢乐气氛，也让老年人真切感受到社区生活的温馨与快乐，真正实现"老有所养、老有所为、老有所乐"。近年来，深州市多层次满足居民们多元文化体育需求，开展了文艺表演、健康义诊、志愿服务等多彩活动，不断提升群众的文化获得感、幸福感。

（资料来源：中新网河北）

问题思考：

1. 你认为老年人趣味运动会中应注意什么？
2. 你认为举办老年人趣味运动会的意义是什么？

任务要求

查阅相关资料，学习老年人趣味运动会的相关知识，撰写老年人趣味运动会活动策划书、通知及邀请函，并进行实训演练。

子任务一　认识老年人趣味运动会

工作任务

利用相关知识介绍，掌握老年人趣味运动会的内容特点，并了解老年人趣味运动会常用的比赛项目，为后期策划并组织老年人趣味运动会打下基础。

知识准备

1. 认识老年人趣味运动会

随着现代科技的发展，人们的生活水平不断提高，越来越多的老年人开始走出家门，在广场、花园等地方进行各类游戏及健身活动。因此，在社区组织一场老年人趣味运动会，对丰富老年人的生活，增加老年人的生活乐趣具有重要意义。

受老年人的身体状况、文化水平等原因的制约，很多老年人没办法参加正规的运动会或者做一些激烈的运动及游戏，所以针对老年人的特性，在组织策划老年人运动会的时候，应更加注重其娱乐性和趣味性。另外，在活动时长及难易程度上也要进行调整，使更多的老年人可以参与进来，尤其是一些身体素质较差的老年人。因此，策划和组织好一场老年人趣味运动会有助于丰富老年人的晚年生活，引导老年人积极进行身体锻炼。

在日常生活中，人们大多将趣味性活动、游戏类活动跟小孩或者年轻人联系在一起，但其实不然，人生的每一个阶段都有适合其特点的娱乐和游戏，相较于儿童，老年人的游戏不能过于简单幼稚，以免老年人产生抵触情绪。鉴于老年人身体状况的特殊性，他们的体力及灵活性都有所下降，对活动方式必然也有其特殊的要求。

2. 策划组织老年人趣味运动会的意义

由于老年人身体情况及生活环境的变化，许多老年人缺乏交流、沟通和倾诉的机会，如果精神长时间得不到寄托，很容易患上抑郁症、焦虑症，甚至老年痴呆症。而且，长时间宅居在家，不运动、不外出，也会导致身体不适，出现头晕、便秘等并发症。针对老年群体，组织策划老年人趣味运动会，有利于鼓励老年人走出家门、走进社会，建立社交网络；有利于给老年人带来欢乐，促进老年人身心健康；有利于老年人身体功能的锻炼，提高其生活质量；有利于调动老年人的积极情绪和培养其乐观的生活态度，从而增加家庭成员之间的沟通。

适合老年人的趣味
运动会的内容特点

案例拓展

老年人趣味运动会比赛项目推荐

一、物品投掷

所需物品：沙包、毛绒球、瑜伽小球、羽毛箭等，小桶或大桶（可以容纳投掷物品）。

比赛方法：以投掷沙包为例。在距离起掷线 3 米处放一个桶。将参赛者随机分为多队，每队派相同的人数出战，每名出战队员手持 3~5 个沙包。比赛开始后，每名队员站在赛道上，依次把沙包投进桶内。结束后，以桶内沙包多的队伍为胜。

比赛规则：以投掷沙包为例。投掷沙包时，脚不能过起掷线。在投掷沙包过程中，脚过线，沙包投进，成绩无效；沙包挂在桶上，成绩无效。

二、投掷飞镖

所需物品：飞镖数枚、靶板。

比赛准备：组织者准备好数枚飞镖，挂好靶板。参赛者均在赛场外侧等待。

比赛方法：每一位参赛者运用手部力量投掷飞镖，全部投掷完成后，组织者方可进入赛场记录成绩（若飞镖不在靶板上则不计成绩），再根据参赛者累计成绩决定名次。

注意事项：飞镖属于利器，如果投掷者用力不当，容易发生伤人事件。因此，应将靶板挂在安全的地方，靶板周围禁止人员走动。

三、障碍赛跑

比赛准备：参赛人数不限，也可分两队来比赛。

障碍物或障碍行为：跳高几次；用高跷走路，端水跑；穿过圆环或绳子，解扣子；在地上放十块小木板，在小木板上跑过去；跳马；用脚拖着皮球跑等。

比赛方法：在起跑处画一条起跑线，终点处绷一根终点带或者画一条终点线。起跑信号一响，各参赛者立刻向前跑去。按照规定完成各项任务，先到终点者为胜。

注意事项：发出信号了才能跑出起跑线；不能缩短跑程；各参赛者一定要按照规定的条件和任务进行，违反规定者需要返回重新开始。

四、数独

比赛准备：数独游戏规则简单，引人入胜。可在趣味接力运动中设置数独关卡，使患有下肢功能障碍的老年人体验活动的快感。所需材料为9×9的方格纸或用平板显示。

比赛方法：在9×9方格中的每行和每列均填入1—9这9个数字，开始时方格中已经有一些数字，参赛者需要将数字补全，并保证每行、每列填入的的数字不重复。

活动益处：数独游戏从"简单""大师"分几个级别，其中初级和中级十分适合老年人玩。数独是锻炼头脑的绝佳方式，玩数独要求老人们积极用脑，在获得乐趣的同时预防脑力衰退。

五、魔方

比赛准备：魔方是由硬塑料制成的六面体，核心是一个轴；由26个小正方体组成，包括中心方块6个，边角方块8个，边缘方块12个。6个面，每面均是与其他面不同的单一颜色。

比赛方法：将打乱的立方体通过转动尽快恢复成6面，且每面都是单一颜色。

活动益处：三阶魔方比较适合老年人玩，老年人可根据自身兴趣选择玩法。玩魔方能增强老年人的记忆力，并且能锻炼他们的逻辑思维能力。

六、夹豆子

比赛准备：准备一双筷子，两个盘子，在其中的一个盘子里放上10颗豆子，另外一个盘子为空盘子。

比赛方法：玩"夹豆子"游戏时，给老年人发出一些指令，如"使盘子里剩下6颗豆子"，让老年人根据指令将正确数量的豆子夹到另一个盘子里。看老年人夹的数量是否正确，如有豆子掉出则重新开始。

活动益处：夹豆子可以锻炼老年人的手眼协调能力，提高老年人的精细动作水平，锻炼老年人的反应能力。

七、"你是我的眼"

比赛准备：眼罩、水杯（内盛水）、桌子等。

比赛方法：由老年人和孙辈一起参与。比赛时要蒙住孩子的眼睛，并且让孩子双手端起两杯水，将水杯运送到目的地。在运送过程中，老年人可以用语言告诉孩子如何行动，但不能与小孩有身体接触。如果发生身体接触，则视为犯规，须回到起点重新出发。

注意事项：在比赛过程中一定要注意安全，确保周围场地安全、无障碍。另外，桌角等物品也要做好保护措施，防止人员磕伤。

活动益处：这个活动能够增进老年人与孩子之间的情感，并且锻炼老年人的语言能力。

八、套圈

比赛准备：塑料圈或铁丝圈、玻璃杯若干，将杯子摆成若干排，不同排的杯子代表不同的分值。

比赛方法：老年人站在距离最外侧一排杯子1.5米的起投线外，设法用塑料圈或铁丝圈将杯子套中。游戏结束后将套中杯子的分值累加，分数高者获胜。

注意事项：参与者脚不能过线，脚过线则成绩无效。

活动益处：套圈可以很好地锻炼老年人的眼力、手脚灵活性，而且不需要很多体力，是一项特别适合老年人的比赛活动。

九、跳绳

比赛准备：跳绳、计时器。

比赛方法：要求老年人在30秒内完成跳绳，记录成绩。或者作为接力游戏，要求老年人在完成20个跳绳之后，再完成其他任务，跳绳时间计入游戏总时长。

注意事项：跳绳时一定要注意老年人的安全，如发现异常应立即停止。跳绳的时间和个数，可根据老年人的具体情况进行调整，满足老年人对运动需求的同时，保障老年人的健康。此外，还可以改变跳绳的方法，如采用花样跳绳，增加活动的趣味性。

课堂练习

在前面的学习中已经为大家介绍了一些老年人趣味运动会的推荐比赛项目。你还知道哪些活动项目，请补充在下面的横线上。同学们在补充时要注意完整填写比赛准备、比赛方法、注意事项等内容。

1. _____

比赛准备：_____

比赛方法：_____

_____

注意事项：_____

_____

2. _____

比赛准备：_____

_____

比赛方法：_____

_____

注意事项：_____

_____

3. _____

比赛准备：_____

比赛方法：_____

注意事项：_____

子任务二　策划老年人趣味运动会

工作任务

根据所学知识，分析老年人趣味运动会的特点及注意事项，策划一场老年人趣味运动会，生成活动策划书。

知识准备

1. 策划老年人趣味运动会的指导建议

（1）策划方案应包括活动的时间、地点、人员，活动方式以及活动经费预算等内容。

（2）根据老年人的身体情况特点及兴趣，选择合适的运动项目。如有患病老年人参加活动，应确保其能够完成，同时不会给患病老年人带来不利影响。

（3）在活动过程中，要安排好医护人员，对一些突发状况要有应急预案。

（4）安排每个小组的裁判在老年人进行比赛的过程中，为老年人加油鼓劲，言语最好有一些幽默感，能提高活动的趣味性。

2. 组织老年人趣味运动会的注意事项

随着年龄的增加，老年人的身体机能也逐渐减弱，视觉、听觉、触觉等也不如从前。

很多老年人都患有一种或多种慢性疾病，活动中稍有不慎就可能出现问题，严重的可能出现生命危险。因此，策划组织老年人趣味运动会一定要细心谨慎，做好风险评估，准备好应急预案和措施，尽量降低老年人的意外风险，减轻组织者的责任和压力。

（1）对于老年人自愿参加的活动，为了防止活动中出现意外而导致责任纠纷，可以要求参加活动的老年人及其家属代表与活动组织者签署三方责任声明，对活动中非组织者过失导致发生的意外，老年人及其家属应自担风险，对活动组织者实行免责。为了降低活动组织者的责任风险，可以严格要求，不签署免责协议者不得参加活动。

（2）如果老年人距离活动地点比较远，为了防止出现意外，要求老年人必须有家属陪同前来参加活动。如果家属不能陪同，则可以婉拒老年人参加。

（3）接送老年人参加活动之前，要先了解老年人的身体状况，并了解行程中的路况，进而评估老年人是否经得起旅途劳累。如果认为老年人身体情况较差，经不起舟车劳顿，就不要安排此类老年人参加活动。此外，有些老年人对某些交通工具晕动，因此，接送老年人时要考虑选择适合老年人乘坐的交通工具。当然，为了解决以上问题，可以在活动地点的选择上进行调整，争取可以让老年人放心参加活动。

（4）很多老年人患有心脏病、高血压、糖尿病等疾病，稍有不慎就可能出现生命危险。因此，活动现场一定要安排医护人员，并配置对应急救药物。如果条件允许，大型活动要配置急救车，全天备用。活动开始前，到场的老年人都要先进行体检，并询问疾病情况，做好老年人的急救准备。

（5）对于腿脚不便的老年人，可能需要辅助器具，如拐杖、轮椅等。因此，在选择活动场所时要考虑是否方便老年人通行，食宿都要照顾到老年人，接送的交通工具也要方便老年人乘坐，需要安排专人负责搀扶老年人进入活动现场，随时关注老年人的身体状况。

（6）老年人往往对新环境比较感兴趣，喜欢到处走走看看。如果老年人不熟悉活动场所周围的环境，最好安排专人陪护老年人散步，防止老年人走失。

（7）有的老年人可能听力不好，而且参加活动的老年人可能会说着各种各样的方言，为了使老年人能听懂活动各方参与者所说话，能与参加活动的其他老年人交流，最好配备各种方言的翻译人员。

（8）老年人趣味运动会的项目内容选择要根据参与者的身体情况、兴趣爱好，参与人数、活动场地等确定，活动中最好安排多种游戏，包括智能、体能游戏等，确保每一位参与的老年人都可以发挥所长，获得参与感。

案例拓展

××社区老年人趣味夹豆活动策划方案

一、活动背景

随着人口老龄化程度的加深，老年人群在总人口中所占比重越来越大，尤其是社区老年人。部分社区退休老年人的生活缺乏乐趣，精神状态不佳。因此，以社区为依托开展活动，鼓励老年人参加，使老年人的生活多姿多彩，晚年生活幸福快乐。

二、活动目的

为了丰富老年人的闲暇时间，减缓老年人的记忆力下降，降低孤独现象产生的概率，帮助老年人充分利用时间进行身体锻炼，特组织社区老年人举办夹豆比赛，增加他们生活的乐趣，拉近社区老年人之间的距离。

三、活动主题

夕阳无限好，生活乐陶陶。

四、活动时间

××××年××月××日 8：00　11：30。

五、活动地点

社区老年活动中心。

六、参加人员

社区老年人 20 人、活动中心工作人员 4 人。

七、比赛活动类型

夹豆。

八、活动程序

（1）8：00，所有人员在社区老年活动中心准时集合，工作人员对照报名花名册核对人员，联系未到人员，人员到齐后，通过抽签方式进行两两分组。

（2）8：30，活动开始，每组安排一位社区人员服务。比赛采用淘汰制，取前三名给予物质奖励，参与者均有奖品发放。

（3）9：30—9：50，安排比赛人员休息。

（4）10：00—11：00，继续活动。

（5）11：00—11：30，社区工作人员为参与活动的老年人发放奖品，与之进行交谈，了解他们的活动感受。

九、活动经费预算

物品	单价/元	数量	总价/元
宣传横幅	50	2 条	100
血压计	100	1 套	100
大豆	50	1 袋	50
按摩锤	10	20 个	200
矿泉水	30	1 箱	30
合计		—	480

十、活动总结

活动结束后，社区工作人员可以通过调查问卷、座谈会等形式，获取参加此次活动的社区居民的意见与建议并整理汇总，以便在今后的活动中吸取经验教训。

同学们，针对上述活动策划方案，你认为还有哪些不足之处？请根据自己的理解加以完善，以便活动顺利进行。

课堂练习

幸福小区趣味运动会

幸福小区是一个于改革开放早期在 A 市兴建的小区，目前小区内的居民多为企业离退休人员，其中有不少老年人患有高血压、脑血栓、支气管哮喘等疾病。由于小区许多老年人文化水平的限制，社区举办的很多活动老年人都无法参加。如何让这些老年人老有所乐，成为摆在社区居委会刘主任面前的一个难题。经过走访了解，结合老人们的实际情况，刘主任决定在社区组织一次专门针对老年人的趣味运动会。

问题讨论：

1. 适合老年人的运动项目有哪些？需要满足什么条件？

2. 如果你是本次活动的组织人员，请完成此次活动策划方案。

3. 为使小区成员知悉，请拟写活动通知。

4. 为了增加趣味运动会的居民参与度，活动将设置奖品，并拟邀请社区领导参加担任裁判，请拟写一份邀请函。

子任务三　组织老年人趣味运动会

工作任务

查找相关活动案例，根据活动基本思路与流程，策划并组织一场老年人趣味运动会活动，学生在实际场景操作过程中，完成活动体验的全过程，并评估活动开展的效果。

知识准备

老年人的趣味运动会，旨在通过举办丰富多彩、富有趣味性的体育活动，让老年人享受运动带来快乐的同时，也能锻炼身体，增强身体素质。为了达到这一目标，我们在策划和组织这类运动会时，需要充分考虑运动和趣味两个方面的效果。

在运动方面，我们要注重选择适合老年人的运动项目。

慢跑。慢跑是最简单也最有效的运动方式，它能锻炼心肺功能，增强肌肉力量，改善血液循环，有利于预防骨质疏松。

太极拳。太极拳是我国传统运动项目，以柔克刚，动作缓慢而流畅。太极拳有助于增强老年人体质，提高身体协调能力，预防跌倒。此外，太极拳还有利于心理调节，帮助老年人保持良好的心态。

瑜伽。瑜伽是一种低强度的运动方式，适合身体状况较好的老年人。瑜伽能锻炼身体的柔韧性，缓解关节疼痛，改善睡眠质量。同时，瑜伽还有助于老年人保持平静的心态，减轻焦虑和抑郁情绪。

游泳。游泳是一种全身运动，对老年人的心肺功能、肌肉力量都有很好的锻炼效果。游泳能有效预防老年性关节炎、高血压等疾病。但老年人游泳时要注意安全，避免在深水区活动，以免发生意外。

此外，还可以选择骑自行车、门球等活动，但是要注意，老年人运动要适度，切勿过量。在运动过程中，如出现不适症状，应立即停止运动，并寻求医护人员的帮助。

在趣味方面，我们要注意举办富有趣味性的比赛和活动，让老年人充分体验到运动的乐趣。比赛可以竞技类、互动类、娱乐类等形式举办。例如，我们可以举办老年人乒乓球、象棋或围棋比赛，以及趣味接力赛等。这些活动既能满足老年人的竞技需求，又能让他们在欢声笑语中度过愉快的时光。

我们还要注重运动会现场的氛围营造。通过布置场地、设置背景墙、发放奖品等方式，让老年人感受到运动会现场的喜庆氛围。同时，还可以邀请老年人的家属和朋友前来观赛，为他们加油助威，让老年人感受到家人和朋友的关爱和支持。

为了更好地推广和普及老年人趣味运动会，可以联合社区、企事业单位、社会组织等力量，共同开展各类宣传活动。通过发布通知、张贴海报、发放宣传册等形式，让更多的老年人了解和参与趣味运动会。同时，还可以邀请媒体进行报道，提高运动会的影响力，让更多的人关注老年人的健康和福祉。

总之，老年人的趣味运动会应当注重运动和趣味两方面的效果。通过举办形式多样、富有特色的体育活动，让老年人在欢乐的氛围中锻炼身体，增强体质，享受健康快乐的晚年生活。同时，也要充分发挥社会各界的力量，共同关心和支持老年人的健康事业，构建和谐美好的老年生活环境。

案例拓展

老年人玩具

老年人玩具，顾名思义就是适合老年人群使用的玩具，主要以休闲、益智为主。从玩具的效用来说，大致可分为益智类、趣味类、竞技类、休闲类等。从制作材料上，可分为铁艺类、木艺类、电子类等。从整体上看，老年人玩具的主要消费群体是退休在家的老年人，他们大多具有一定的学历，子女不在身边。老年人由于身份的转变、生活环境的变化，很容易患上抑郁、焦虑症，甚至老年痴呆症。美国的医学专家研究发现，50岁以前开始玩成人益智玩具的人，老年痴呆症的发病率只有普通人的32%。另有一些医学专家表示，一些轻度老年痴呆症患者玩成人益智玩具，可以减缓甚至阻止病情的发展，少数病人还能有一定程度的智力恢复。

一、老年人玩具现状

市面上专门针对孩子的玩具琳琅满目，如遥控飞机、变形玩具、娃娃等，却没有多少专门为老年人设计的玩具。走遍各大商场，玩具柜台里几乎都是操作简单、适合幼儿的玩具，专门为老年人设计的智力型玩具难见踪影。在很多销售人员眼里，玩具就是小孩子的专利，针对老年人的玩具听起来不切实际。一位消费者表示，自己的老父亲退休在家，平时比较寂寞，作为子女他很想买一个玩具让父亲动动手、动动脑，为生活增添一点乐趣。但走遍各个商场，总是难以找到合适的。老年人需要专门为他们设计的玩具，来增添生活的乐趣。

二、市场前景

国内普遍认为玩具是属于儿童的专利，因此老年人玩具市场几乎是空白的。就在我们有意无意地忽视老年人玩具市场时，其他国家的经验或许值得我们借鉴。事实上，对于老年人玩具市场的空白，国内厂家并非熟视无睹。大多数厂家很想开发这个市场，却受限于缺乏开发此领域的人才。

随着老年人生活水平的改善，老年人的消费能力大大提高，购买欲也强，老年人玩具的市场需求量其实很大。老年人玩具是一个新领域，它偏重于益智和动手。其实，很多的玩具在设计师的设计理念中是适合老年人玩的，但现在最主要的问题是国内没有专门针对老年人的玩具店。专业的老年人玩具设计师也非常稀缺，其占设计师总人数的比例仅为1%，而发达国家一般为20%左右。设计人才短缺、养老专业人员短缺，导致人们不能真正了解老年人对玩具的需求，玩具产品也缺乏创新性。我们希望，今后老年人产品的创新与研发，将为更多的设计人才、养老专业人才提供新思路，也将造福更多的老年人群体。

课堂练习

请根据所学知识，策划组织一次智慧健康养老服务与管理专业学生的趣味运动会，总结经验，将其记录在工作评价与反馈中，并撰写新闻报道。

工作步骤

第一步：搜集趣味运动会的相关资料。通过网络搜集比赛的相关资料，充分掌握老年人趣味运动会的操作流程。

⬇

第二步：分析老年人趣味运动会策划组织的基本思路。通过主题表达、内容形式、学习计划和实施策略等方面，分析掌握老年人趣味运动会活动策划的设计思路。

⬇

第三步：熟悉活动策划的操作流程。明确活动需求、主题和内容，按照策划基本思路进行活动的安排与组织。

⬇

第四步：分组完成活动策划书。通过小组讨论、设计，生成活动策划书，教师参与指导。

⬇

第五步：各小组展示、互评。每组组长进行活动策划展演。

工作评价与反馈

任务	存在的问题	改进措施

收获与感悟：

指导教师评语：

教师签名：

📖 项目小结

本项目从老年人棋牌类竞赛、知识竞赛、趣味运动会三类子活动项目出发，对老年人竞赛类活动的策划与组织知识进行介绍，总结如下。

1. 棋牌类竞赛：了解老年人棋牌类竞赛活动，包括其定义、分类、特点等，掌握老年人棋牌类竞赛的益处及注意事项，能够策划并组织老年人棋牌类竞赛活动。

2. 知识竞赛：了解老年人知识竞赛的定义、分类。知识竞赛的开展需要预先确定好竞赛流程，以便活动可以正常进行。对老年人来说，在活动中不仅可以获得知识的增长，丰富业余生活，还能获得一些荣誉或者奖励，从而提升其参加的积极性。

3. 趣味运动会：了解老年人趣味运动会的内容特点，掌握老年人趣味运动会常用的比赛项目，学习策划老年人趣味运动会的指导建议及组织老年人趣味运动会的注意事项，能够为老年人策划并组织一场有意义的趣味运动会。

老年人竞赛类活动可以满足老年人自我实现的需求，使其产生一种"高峰体验"的情感，从而实现其社会角色的再创造。棋牌类和知识竞赛活动能够培养老年人独立思考与创新的能力，锻炼思维，启迪智慧。通过与其他老年人互动交流，还能使老年人保持心情愉快、精神振奋，帮助老年人调节脉搏、呼吸节律，调节内分泌，促进机体新陈代谢，形成一种良性循环，对老年人身体、心理的健康起到积极的作用，提高他们的生活质量。

✏️ 巩固与提高

一、选择题

1. 策划方案应包括活动的（　　）以及活动经费预算等内容。

A. 时间　　　　　　B. 地点　　　　　　C. 人员　　　　　　D. 活动方式

2. 适合老年人趣味运动会内容的特点包括（　　）。

A. 活动规则简单　　　　　　　　B. 活动过程平稳

C. 难度水平"适度"　　　　　　　D. 不含脑力游戏活动

3. 按参赛方的人数划分，可分为（　　）。

A. 单人对抗赛　　　B. 双人对抗赛　　　C. 团体对抗赛　　　D. 多人对抗赛

4. 采用对擂式知识竞赛的组织方式应注意（　　）。

A. 对各参赛方设计的试题及答案都进行严格的审查

B. 加强赛规和裁判的权威性。

C. 以宣传普及为目的。

D. 以上都不对。

5. 老年人棋牌类活动人数一般为（　　）人以内。

A. 4   B. 10   C. 20   D. 40

二、判断题

1. 在活动过程中，要安排好医护人员，对一些突发状况应有应急预案。（   ）

2. 老年人的游戏不能过于简单幼稚，以防老年人不喜欢。（   ）

3. 专题性知识竞赛是指以某一专项知识为主题内容的知识竞赛。（   ）

4. 海报标题的位置不可随意摆放。（   ）

5. 老年人棋牌类竞赛活动的反馈必须于当天完成。（   ）

项目三答案

项目四
策划组织老年人观赏类活动

 案例导学

关于举办爱心社区中老年人书画展览的活动通知

尊敬的中老年朋友们：

　　为了丰富大家的精神生活，陶冶情操、净化心灵，爱心社区拟定于5月15日在社区文化馆举行一次书画展览活动，为广大的书画爱好者提供一个相互交流的平台，现将有关事宜通知如下。

　　一、活动主题

　　"韵藏乾坤，铁画银钩"——爱心社区中老年人书画展。

　　二、组织机构

　　主办单位：爱心社区委员会。

　　承办单位：爱心社区100敬老院。

　　协办单位：爱心社区文化馆。

　　三、组织活动

　　1. 作品征集活动：本次活动的书画作品除艺术馆已有作品外，还可由广大社区群众提供，作品优秀者将获得奖励，可自愿留作品在艺术馆供人欣赏。有意愿者可将作品送至爱心社区文化馆，作品征集截止时间为 5 月 12 日。

2. 书画展览环节：若部分老年人活动不便，可同家属一同参观；艺术馆配有专门工作人员，对作品进行讲解。所有感兴趣的人均可参加。

四、活动地点

爱心社区文化馆。

五、时间安排

202×年 5 月 15 日上午 10：00—11：30。

六、联系方式

联系电话：高老师 0315-×××××××。如有疑问，可拨打电话进行咨询。

问题思考：

1. 请根据上述通知，思考社区举办中老年人书画展览的意义是什么。

2. 仔细阅读上述通知，你认为本通知还有哪些不足之处？

3. 在观赏类活动当中，你认为老年人可以参加的活动有哪些？

4. 你认为观赏类活动与其他活动相比，在活动策划中需要特别注意的地方有哪些方面？

5. 如果你是活动策划者，会给书画展定什么主题？

🔍 学习目标

1. 认知目标：了解老年人观赏类活动的意义及特点，学习老年人观赏类活动策划的相关知识，掌握观赏类活动策划书、活动通知及邀请函的写作要求，并能够为活动撰写新闻报道。

2. 技能目标：培养学生具备策划与组织老年人观赏类活动的能力。

3. 情感目标：初步形成设计、制作、评价的实践能力与合作、探索、创造的工匠精神。

任务一　策划组织老年人观看文艺演出活动

▶ 情景导入

爱在重阳，胜似春光

农历九月九日是中国的传统节日重阳节，在此佳节来临之际，爱心老年公寓组织了以

"爱在重阳，胜似春光"为主题的敬老、爱老、助老文艺联欢演出活动。

本次活动主要分为两部分，第一部分为文艺演出，演出内容有歌曲、舞蹈、相声、小品等，由专业演出团队和老年公寓护工、老年人及老年人家属、志愿者共同参与；第二部分为视频连线，让不能与家人团聚的老年人可以通过现场视频连线跟家人共度佳节。活动让所有可以参与的老年人汇聚一堂，让每一位老人都感到温暖、开心。

活动的最后，大家拍照留念，让幸福在此刻定格，让笑声从此处传递。

问题思考：

1. 你认为组织老年人观看文艺演出时应注意什么？

2. 你认为哪些老年人适合参加此类活动？

3. 你认为组织老年人观看文艺演出的意义是什么？

▶ 任务要求

查阅相关资料，学习组织老年人观看文艺演出活动的相关知识，撰写活动策划书、通知及邀请函，并进行实训演练。

子任务一　认识现场观赏类活动——观看文艺演出

工作任务

通过相关知识介绍，认识老年人观赏类活动，包括活动的对象、意义、分类及特点，掌握老年人观看文艺演出活动的基本知识，为后期策划并组织老年人观看文艺演出打下基础。

知识准备

观赏，指观看、欣赏。老年人观赏类活动是指组织老年人观看悠闲舒适有美感、使人愉悦有艺术感等有利于老年人身心健康的事物的活动过程。老年人在一起观赏各种美好事物，将会产生一系列综合心理活动，如感知、体验、理解、想象和再创造等。

1. 老年人观赏类活动的意义

在观赏类活动中，老人们通过走动、交谈和思考，这能使他们感到愉悦、高兴、欣喜等。在观赏活动中，老年人的很多生理机能得到一定锻炼，从而能延缓衰老、促进身体健康。在观赏的过程中，老年人还可以学习一些相关知识，感受艺术的魅力，陶冶情操，全面提高自身的晚年生活质量。

2. 老年人观赏类活动的分类

根据老年人观赏类活动的不同观赏地点以及不同观赏对象，可以将老年人观赏类活动分为现场老年人观赏类活动和非现场老年人观赏类活动两大类。

（1）现场老年人观赏类活动：是指专门为老年人组织的面对面的文艺表演、体育赛事、书画展览、花艺欣赏等现场观赏活动，达到拓宽眼界、愉悦身心、消除孤独、促进身心健康的目的。比如，组织老年人赏花赏景。自然界有很多的美景，有些可能没办法亲眼所见，但是对于那些可以亲身经历的景致，可以组织他们实地感受，毕竟置身其境，才能有更多的感慨与体验。可以建议老年人在应季之时，响应大自然的号召，去欣赏春之生机，夏之繁茂，秋之丰硕，冬之素裹。对于身在养老机构的老年人，很多社会团体、爱心企业、学生组织等，也会主动前来为老年人表演节目，奉献爱心。

（2）非现场老年人观赏类活动：基本上是指借用多媒体设备播放所需观赏内容的活动，包括观看电影、歌舞表演、运动会开（闭）幕式、戏曲、相声、小品等，以达到丰富生活的目的。对于老年人而言，有些活动他们无法参加，有些地方没办法亲身前往，但是现代科技可以帮助他们去体验大自然的魅力，像高山的巍峨、海底的神秘等，还可以通过影视资源欣赏艺术之美。

在现实生活中，特别是由志愿者组织的老年人活动，很多时候现场活动和非现场活动没有严格的区分。在活动过程中，可以根据需要，将现场老年人观赏类活动和非现场老年人观赏类活动交叉进行。

3. 老年人观赏类活动的特点

（1）娱乐性。

组织老年人观赏类活动的主要出发点就是给老年人带来快乐，愉悦身心。通过集体观赏活动，老人们不但能欣赏到美好的事物，还能增加彼此的感情交流，相互影响，获得正向效果。

（2）新奇性。

老年人观赏类活动的开展对象是老年人，老年人经验丰富，如果观赏内容司空见惯、没有新意，老年人就会缺乏兴趣。所以，组织者在确定观赏内容时应选择新鲜、独特，会使老年人产生兴趣并愿意参与其中的。

（3）知识性。

老年人观赏类活动除了能带给老年人舒心的欣赏体验，还应该让老年人在观赏的过程中收获知识。而对于文艺类活动，博闻强识的老年人可以从中感受到艺术的魅力，获得精神的升华。

（4）参与性。

老年人观赏类活动是一种集体活动。在观赏活动中，老人们精神放松，不会有压力，在"看看说说"的观赏过程中，他们可以充分发挥主动性、参与性，收获快乐，消除孤独感。

4. 走进现场观赏类活动——观看文艺演出

文艺，意指文学和艺术，是人们对生活的提炼、升华和表达，在文艺演出中专指表演艺术。人类社会通过对文艺的传承和提炼，不断地提升文明的高度，使人们的生活越来越有品质。文艺节目是指文艺

文艺演出活动类型

演出、创作或电台、电视台播放的文艺相关内容，是文艺类表演项目的总称。文艺节目兼具艺术性、娱乐性、参与性的特点，能发挥愉悦心神、陶冶情操的作用，深受观众的欢迎和喜爱。文艺汇演，是指把各单位的文艺节目集中起来，单独或同台演出，具有汇报、互相学习、交流经验的作用。文艺演出具有广泛的群众基础，是深受观众喜爱的一种艺术形式，如今已成为老百姓休闲生活中不可缺少的一道文化大餐。

案例拓展

为了让老年人在观赏的同时锻炼身体，现场类观赏活动可以组织外出观赏，植物园、动物园、公园、博物馆、纪念馆等地都是不错的选择。

植物园、动物园、公园、博物馆、纪念馆

课堂练习

春晚，大家耳熟能详，其全称是中央广播电视总台春节联欢晚会，是中央广播电视总台在每年除夕之夜为了庆祝新年而举办的综合性文艺晚会。春晚不仅是一场视听盛宴，也是一种文化传承。它的创意源自1979年，正式开办于1983年，2014年被定位为国家项目。无论男女老少，无论身在何处，春晚总能在春节这个特殊的节日给全国人民带来欢声笑语和难忘的回忆。春晚涵盖小品、歌曲、舞蹈、杂技、魔术、戏曲、相声等多种艺术表现形式，给现场和电视机前的观众带来一场视听盛宴，打造"普天同庆，盛世欢歌"的节日景象。

1. 请谈谈你对春晚的认识。

2. 文艺演出的形式多种多样，你认为老年人可能会喜欢哪些文艺节目？

3. 除教材中所提及的形式，你认为还有哪些艺术形式可以作为文艺演出的节目？

子任务二　策划老年人现场观赏类活动——观看文艺演出

工作任务

根据所学知识，分析老年人观赏类活动的基本思路，策划一场老年人观赏类文化演出活动，生成活动策划书。

知识准备

1. 明确老年人观赏类活动的目的

老年人观赏类活动的目的主要是丰富老年人的闲暇生活、陶冶情操、消除老年人的孤独寂寞感，预防老年痴呆、老年抑郁症的发生；促进老年人之间的沟通交流、增进彼此之间的感情；锻炼身体，提高老年人身体各部分器官的机能，保持身心健康；在观赏过程中增长见识，提高艺术观赏水平，提升老年人晚年生活质量。

2. 确定老年人观赏类活动内容

组织老年人观赏类活动首先应确定观赏活动的内容，可根据四季天气变化、节假日、特殊活动、老年人意愿等来确定。主要内容有：观看文艺演出，包括春节联欢晚会、节日庆典活动、活动开幕式等；艺术欣赏，包括书画展览、戏曲欣赏、音乐鉴赏等；影视欣赏，包括观看电影、电视等；自然风光欣赏，如春赏桃花、夏赏荷花、秋赏菊花、冬赏梅花；观赏动物，如狮子、老虎、猴子、熊猫等。如果同时有好几种选择方案，可以让老年人讨论，按少数服从多数的原则确定或分组进行。

3. 确定参加老年人观赏类活动的人员

老年人观赏类活动常根据老年人的个人意愿进行报名，自愿参加。有的老年人对花粉过敏，有的老年人行动不便不宜外出，有的老年人对书法作品不感兴趣，还有的老年人不喜欢吵闹等。同样，有的老年人喜欢看花，有的老年人喜欢戏曲，有的老年人喜欢看书画展览，还有的老年人喜欢看大型文艺演出等。此时，我们应该尊重老年人的意愿，通过个人自愿报名的原则，来确定参加观赏类活动的老年人名单。如果观赏类活动地点的空间较小，而老年人报名人数太多，则可以将老年人分组，让他们轮流参加。

4. 提前做好老年人观赏类活动的准备工作

老年人观赏类活动，无论观赏内容是什么，是现场观赏类活动还是非现场观赏类活动，组织者都应该事先做好观赏前的准备工作。如观看文艺演出，要和演出单位联系，确定好演出时间、演出节目及演员名单；如果是博物馆看展览，应提前与博物馆联系好，确定参展作品；如果是观看电影，要提前调试好投影仪确定影片等；如果在社区活动中心举行，要提前布置好场所以及准备桌椅、茶水等，还需要联系志愿者参加活动。

5. 确定老年人观赏类活动的地点

如果活动场地相对熟悉，组织方和老年人对活动环境都比较了解，设备设施都齐全，相对来说会降低组织难度。如果不熟悉观赏活动场所，比如电影院、博物馆、纪念馆等，组织者就需要事先对环境有个彻底的了解，最好能够提前进行现场察看，排除安全隐患。

6. 活动中的小游戏

在有些观赏类活动中可以安排一些小游戏活动，活跃气氛。比如在观赏花卉的过程中，可以安排猜花语游戏；在文艺演出中，可以安排语言类、动作类小游戏；在赏花灯游戏中可以安排猜灯谜游戏；在游览博物馆时，可以安排知识问答小游戏等。但要注意游戏时间不可过长，以免耽误正常活动流程。游戏是为了增添乐趣、活跃气氛，不可强行加入，以免影响活动的开展。游戏以娱乐为主，不可引起老年人不满。游戏过程中，工作人员应时刻关注老年人的情绪及身体状况，以免发生意外。

7. 活动结束及分享

活动结束之后，主持人或者工作人员可以让老年人分享自己的看法，以老年人自愿为原则。

（1）活动结束后，可以组织老人参与互动。如参加观影活动，可以请工作人员将电影的一些精彩影评分享给大家，可以介绍电影的主题及时代背景，或者介绍导演、主演的其他作品等，参加书画展活动，可以跟作者进行交流，深入探讨文学艺术的奥妙；观看戏曲演出，可以组织老年人与演员见面、合影，或者请教演唱技巧等。

（2）可组织大家说说观赏的感想，交流一下收获。每一次活动都会有不同的收获，组织老年人分享感受，可以让活动意义进一步升华，提高活动的质量。另外，也能让老年人抒发情感，展示自己的认知，还能促进老年人之间的沟通交流，增加对彼此的认识，帮助大家尽快熟悉起来。

（3）可以结合观赏活动，延伸拓展。比如，看过电影后，可以邀请老年人模仿电影片段，为电影设计另一种结局并以角色扮演的形式表现出来；还可以进行茶话会，以电影为主题，谈谈大家记忆中最难忘的电影、最难忘的一件事、最难忘的演员、最难忘的桥段等。参观书画展后，可以在社区或者养老机构开设相应的教学课程，教老年人书法绘画等技能；如果养老机构有老年人有能力且愿意担任教师，可以通过教学兑换日常服务，帮助老年人实现自我价值的同时，满足老年人的需求，一举多得。看过花卉展览后，可以组织老年人将自己喜欢的花画出来，或者拍摄下来，制作成记忆相册；还可以帮助老年人制作花茶、香囊、糕点等；也可以就种植技巧进行探讨，提高园艺水平。无论是哪种形式的延伸，都能让老年人在休闲中获得快乐，有所收获。

案例拓展

恰同学少年，风华正茂；书生意气，挥斥方遒。——毛泽东《沁园春·长沙》

韶华不为少年留，恨悠悠，几时休？——秦观《江城子·西城杨柳弄春柔》

青春在每个人的记忆里，鲜活着，舞动着……在大好年华里，你有哪些青春的畅想？关于青春，你又有哪些回忆想要分享？

对于老年人，青春是逝去的年华，青春是流畅的希望，青春是……

"青春回忆录"，翻开那个属于他们的时代，去探寻那英雄的足迹，岁月的问候。

观看"青春回忆录"文艺演出活动策划方案

一、活动背景

时光易老，岁月难留。人们总是感叹时光在不知不觉中的流逝，在回首往昔间品味青春的美好。青春的记忆就像五彩斑斓的花，散发着淡雅的馨香，在每位老年人的心中留下最深的印记。老年人的回忆录就是一本珍贵的历史书，记录着那个年代的故事，流淌着那个时代的热血。老年人的怀旧心理不难理解，那是对过去时光和美好时代的怀念之情，那是对苦难和付出的感叹之意。很多老年人对于不断前进、迅速发展的新时代感到无法适应，不再像年轻时那样总是憧憬未来，而是开始对自己几十年走过的路进行回味和自我评价，说话和做事都带有浓厚的怀旧色彩。老年人通过回忆和谈论自己一生中所得的成就和荣誉来获得满足感，怀念故乡、回味往事成为老年人晚年生活中美丽又富有诗意的精彩篇章。

二、活动目的

举办"青春回忆录"文艺演出，是对老年人过去生活的肯定和致敬，通过举办文艺演出，也能够帮助老年人加深对时代的记忆，给老年人营造一个可以回忆过去的氛围，引发老年人共鸣，促进老年人互动交流，愉悦身心。

三、活动人员

××养老院老年人及护理半自理老人的护理员或家属。

四、活动时间

××××年××月××日 9：00—11：00。

五、活动地点

××养老院活动大厅。

六、组织机构

举办单位：××养老院。

承办单位：××养老院。

协办单位：××艺术团。

赞助单位：××商场。

七、活动前期准备

1. 做好充分的宣传工作，鼓励老年人积极参加。

2. 提前布置好会场。

3. 召开工作筹备组会议，工作人员合理做好分工，包括主持人、护理员、医护人员、摄像人员、后勤人员、礼仪人员等，明确分配任务，责任到人。

4. 提前确定活动流程，节目数量及顺序，与××艺术团协商演出人员及出场时间等。

5. 经费预算（舞台制作费用、演出费、现场物品花费等）。

八、活动流程

1. 播放音乐，迎接老年人入场。合理安排座位，半自理老年人安排在外围，方便进出。

2. 主持人步入会场，致开场词。

3. 安排演出活动，根据演出目录进行，注意把控时间。

4. 互动环节，与老年人进行互动，活跃气氛。

5. 主持人及工作人员与老年人合影留念。

6. 活动结束，按照半自理老人、自理老人的顺序，安排老年人离开活动大厅。

九、分享经验

老年人在观看文艺演出之后，可能会有很多的故事要跟大家分享，可以组织大家在晚间进行茶话会，分享关于青春的记忆。

十、注意事项

1. 半自理老人的座位安排在外围，方便有情况时随时进出。但是，也要注意距离，不要让老人在观看时有听不清、看不到的现象。

2. 在观看文艺演出时，对于有特殊药物或者功能锻炼要求的老年人，护理员要关注时间，不能错过服药或治疗。如给糖尿病人每两小时吃一次药等。

> 1. 针对上面的活动策划方案，你认为有哪些需要改进的地方？
> 2. 请给上述文艺演出制订演出目录，将你认为适合的活动根据演出时间进行合理安排。
> 3. 关于这次活动的互动环节，你有什么建议？

课堂练习

"慈母手中线，游子身上衣。临行密密缝，意恐迟迟归。谁言寸草心，报得三春晖。"母爱是母亲对子女的关心和爱护，是无私、伟大的。母亲节（Mothers' Day）是每年五月的第二个星期日，是一个感谢母亲的节日。母亲节将至，为了让养老院的奶奶们度过一个快乐幸福的母亲节，养老院打算为奶奶们举办一场温馨的母亲节文艺演出活动。

1. 请编写一份活动策划。

2. 请撰写一份活动通知，以方便老年人知悉。

3. 为了体现我们对每一位母亲的重视，需要给每一位母亲发送一份邀请函，请以刘玉奶奶为例，撰写一份内容合适的邀请函。

子任务三　组织老年人观看文艺演出活动

工作任务

查找相关活动案例，根据活动基本思路与流程，策划并组织一场老年人观看文艺演出活动。学生在实际场景操作过程中，完成活动体验的全过程，并评估活动开展的效果。

知识准备

老年人观赏类活动的评估是活动组织策划的重要环节，无论是活动前、活动中，还是活动后，都需要进行评估（如表4-1所示）。组织老年人参加观赏类活动，因涉及场地、人员、活动内容的不同，需要不断地总结经验、吸取教训，充分评估，将评估贯穿整个活动流程，做好活动的风险评估，才能把活动组织得越来越好。

（1）评估内容。

表 4-1　老年人观赏类活动评估内容一览表

观赏类活动阶段	评估内容	补充
观赏前	1. 人员是否通知到位； 2. 老年人思想准备、物质准备是否充足； 3. 药品有没有遗忘； 4. 老年人身体状况是否适合外出； 5. 组织者是否经过培训，能否胜任此项工作； 6. 是否为老年人讲清观赏注意事项； 7. 场地是否安排妥当	
观赏中	1. 观赏场地能不能保证老年人安全； 2. 如老年人有意外情况，有没有应对措施； 3. 对观赏事物有没有知识储备，或者有没有联系好观赏方人员； 4. 若天气出现异常，老年人衣物是否准备充足； 5. 老年人观赏时身体状态是否正常； 6. 老年人情绪是否愉快； 7. 老年人有没有不文明的言行； 8. 老年人有没有出现发病、摔伤等意外； 9. 时间掌控是否合适； 10. 如厕、洗手是否方便	
观赏后	1. 老年人谈感想时是否积极踊跃； 2. 老年人对观赏活动是否满意，有什么意见或者建议； 3. 老年人是否增长了见识，提高了能力	

（2）评估时机。对于观赏类活动的评估，可以贯穿于活动的各个阶段，并一直延续到活动结束，为下一次活动提供经验，作为下一次活动的前期基础。所以，在活动过程中应时刻关注老年人的反应，尤其是活动中的一些精彩时刻，这会使老年人印象深刻，意犹未尽，参与评价意识强。可在观赏时、回程途中、老人进餐时，有意识地提出该话题，让老年人畅所欲言。当老年人评价此次观赏活动时，组织者要虚心听取意见，以期完善日后的活动策划方案。

（3）评估方式。组织者可以通过面对面询问（个人询问或者群体询问）、问卷调查、开小会等形式，了解老年人的想法，搜集各种意见。

案例拓展

老年人茶话会

　　茶话会，顾名思义，是饮茶谈话之会。老年人茶话会主要是指集会品茶，是以非结构化的自然形式，让老年人自由平等发表意见的小型围坐式会议。老年人可以互相交流意见，发表各种见解或畅谈友情，因此茶话会也可称为"主题沙龙"。

　　老年人茶话会应该通过聚会饮茶的形式听取老人们就某一主题发表的意见。老年人可以畅所欲言，发表自己的观点、想法，不一定追求明确的结论，但可谈论与主题相关的看法。茶话会通常由6~10人组成，持续时间大约是30分钟，时间长的也可达2个小时。茶话会不仅能使老年人心理上得到某种满足和慰藉，而且能增进老年人之间的情感交流，增长知识，是一种可经常开展的老年人活动。

课堂练习

　　请根据所学知识，策划组织智慧健康养老服务与管理专业学生观看文艺演出活动，并组织一次茶话会，分享经验，将其记录在工作评价与反馈中，并完成新闻报道的撰写。

老年人茶话会活动

工作步骤

第一步：搜集观看文艺演出活动的相关资料。通过网络搜集相关资料，充分掌握老年人观看文艺演出活动的操作流程。

第二步：分析老年人观看文艺演出活动的基本思路。通过主题表达、内容形式、学习计划和实施策略等方面，分析掌握老年人观看文艺演出活动策划的设计思路。

第三步：熟悉活动策划的操作流程。明确活动需求、主题和内容，按照策划基本思路进行活动的安排与组织。

第四步：分组完成活动策划书。通过小组讨论、设计，生成活动策划书，教师参与指导。

第五步：各小组展示、互评。每组组长进行活动策划展演。

工作评价与反馈

任务	存在的问题	改进措施

收获与感悟：

指导教师评语：

教师签名：

任务二　策划组织老年人观影活动

情景导入

东后街社区新时代文明实践站开展我们的节日·
重阳节"红色领航 浓情敬老"观影活动

"人生易老天难老，岁岁重阳"。又迎来了一年一度的九九重阳节，古人在重阳节这天有享宴祈寿的习俗，寄托着人们对老人健康长寿的祝福，而登高、放纸鸢等活动也反映了人们对健康长寿的祈盼。在传统节日与新时代文明价值观的碰撞交流下，敬老孝老的文化内核仍存，同时也迸发出更加丰富多彩的重阳节老年群体活动。

为弘扬中华民族敬老、爱老、尊老的传统美德，营造一个喜庆的重阳氛围，让社区老年群体感受到关心与爱护，提高其获得感、满足感、幸福感，2024 年 10 月 11 日，东后街社区新时代文明实践站联合东后街社区劳动保障工作站开展"我们的节日·重阳节'红色领航 浓情敬老'观影活动"。

电影开幕前，志愿者发表讲话为老人们送上了真挚的重阳节祝福，大家一同喜气洋洋的拍摄了大合照，一个个幸福欢欣的笑容都是对重阳吉祥祈寿的期望。此次观看的是《志愿军：存亡之战》，银幕上，铁原战场炮火连天，面对敌我力量悬殊，中国人民志愿军英勇奋战，发出振聋发聩的宣言；影院里，不少观众红了眼眶，悄悄擦去泪水，更有曾当过兵的老人在观影后十分感触，与志愿者谈到："我这辈子做的最正确的就是去当兵，为国家奉献自己，现在我们处于和平年代，看到以往先烈的壮举更觉得要珍惜这来之不易的生活啊！"

莫道桑榆晚，每个人都曾经在年轻的时候熠熠生辉为国家喷薄自己的热情，挥发自己的热血，而现在作为社会中流砥柱的我们，更要传承九九重阳孝亲敬老的优秀美德，多关心老年群体的身心健康，努力让社区、让社会、让国家更加有温度、有人情，让人人都不惧年老，人人都放心晚年。

（资料来源：琅琊区文明网）

问题思考：

1. 你认为老年人观影活动中应注意什么？

2. 你认为开展老年人观影活动的意义是什么？

3. 你认为老年人适合观看哪些类型的电影？

任务要求

查阅相关资料，学习老年人观影活动的相关知识，撰写老年人观影活动的活动策划书及活动通知，并进行实训演练。

子任务一　认识老年人观影活动

工作任务

学习相关知识介绍，了解观影活动知识，掌握老年人观影活动的注意事项，为后期策划并组织老年人观影活动打下基础。

知识准备

电影，也被称为运动画面或动态画面，即"映画"，是作品的视觉艺术影视形式，通过使用移动图像来表达或沟通思想、故事、认知、情感、价值观，或各类大气模拟体验。"电影"一词是电影摄影的缩写，通常用于指代电影制作的相关人员和拍摄过程以及由此产生的艺术形式。按照传统做法，电影通过光化学过程记录在赛璐珞胶片上，然后通过电影放映机放映到大屏幕上；而当代电影在制作、发行和播放的整个过程中通常是完全数字化的。

电影是对文化的艺术表现，在反映文化的同时，又反过来影响了文化的发展。法国电影理论家巴赞在《电影是什么》一书中曾言："让生活本身成为一场精彩的演出，让电影这面完美的镜子映现富有诗意的生活，并最终改变生活；但生活还是生活。"电影被认为是一种重要的艺术表现形式，是大众娱乐的重要方式之一，也是教育或启发公民的有力媒介。电影的视觉基础赋予了它一种普遍的交流能力。

艺术来源于生活，电影的题材同样也来源于生活，我们生活的点点滴滴都是电影的素材，而电影人将过去、现在或者幻想中的未来以电影的形式呈现出来，让人们在电影中了解过去、反思当下。随着信息技术的发展，观看电影已经成为人们日常休闲娱乐的一种重要方式。电影通过视觉与声音的刺激，带给人们不一样的体验。

1. 按场景类型划分

（1）历史片，指以历史上重大事件为题材的影片，内容大多涉及历史、地理，并包含宫宅、政治、军事、经济等方面的斗争。历史片的创作取材于史实，因此表现历史事件和历史人物的内容必须真实，但对次要情节和细节的描写可以进行一定的艺术虚构，如《唐山大地震》。

（2）犯罪片，犯罪片又称为警匪片，通常指有警匪活动的影片。犯罪片的主题既包括了与破坏社会秩序、危害公众和平生活的恶势力的抗争，同时又包括对个人冒险心理或安全感需求的体现，表达着人们对"自尊""孤独""渴望"的思考，具有异常诱人的"黑色"魅力，如《红海行动》。

（3）战争片，亦称"军事片"，是以战争史上重大军事行动为题材的影片。较常见的战争片有两种类型：一种以塑造人物形象为主，通过战争事件、战役过程和战斗场面的描写，着重刻画人物的思想性格。另一种以反映战争事件为主，通过人物和故事情节的描写，形象地阐释某一重大军事行动、军事思想、军事原则和战略战术，如《长津湖》。

2. 按情节类型划分

（1）动作片，又称为惊险动作片，是以紧张刺激的惊险动作和视听张力为主要表现内容的影片。该类影片具有巨大的冲击力、持续的高效动能，着重刻画一系列惊险动作和事件，常常涉及追逐（徒步和交通工具）、营救、战斗、毁灭性灾难（洪水、爆炸、大火和自然灾害等）、搏斗、逃亡、持续的运动、惊人的速度节奏和历险的角色等，如《战狼》系列。

（2）喜剧片，指以喜剧情节激发观众爱憎情感的影片。常用不同含义的搞笑内容，鞭笞社会上丑恶落后的现象，歌颂现实生活中美好进步的事物，使观众在轻松愉快的笑声中接受启示和教育，使心情愉悦。多通过巧妙的结构、夸张的手法、轻松风趣的情节和幽默诙谐的语言来着重刻画喜剧性人物的独特性格。其种类较多，常见的有歌颂性喜剧和讽刺性喜剧，如《喜剧之王》《举起手来》等。

（3）悬疑片，主要以灵异、怪诞、神秘、罪行为题材，利用错综复杂的心理状态或精神分裂状态来制造悬疑效果。以视觉感官上的冲击、变幻莫测的情景剧情、错综复杂的叙述手段来吸引观众，让观众同时得到惊险和刺激的双重体验。

（4）爱情片，以表现爱情为核心，以男女主人公在爱情发生前后克服误会、曲折和坎坷等阻力的恋爱过程为叙事线索，最终达到理想的大团圆或悲剧性离散结局的电影，可细分为剧情、喜剧、惊悚及奇幻类爱情片，如《泰坦尼克号》等。

3. 按形式类型划分

（1）动画片，是一种综合艺术门类，它是集合了绘画、漫画、电影、数字媒体、摄影、音乐、文学等众多艺术门类于一身的艺术表现形式，如《冰雪奇缘》《狮子王》等。

（2）纪录片，是以真实生活为创作素材，以真人真事为表现对象，并对其进行艺术加工与展现的影片，以展现真实为本质，并用真实引发人们思考，其核心为真实。

（3）传记片，是以历史上杰出人物的生平业绩为题材的影片。主要情节受历史人物本身事迹的制约，不能凭空虚构，但允许在真实材料的基础上做合情合理的添加和润色。优秀的传记片具有史学和文学价值，如《林则徐》等。

（4）科幻片，该类作品采用科幻元素作为题材，以建立在科学基础上的幻想性情景为背景展开叙事的影视作品，如《阿凡达》《流浪地球》等。2020年8月，国家电影局、中国科协印发《关于促进科幻电影发展的若干意见》，提出将科幻电影打造成为中国电影高质量发展的重要增长点和新动能，把创作优秀科幻电影作为中心任务，推动我国由电影大国向电影强国迈进。

案例拓展

做好老年人活动策划组织的现场管理

一、做好老年人活动的时间管理

1. 老年人活动的时间估算。

可以根据现有条件估算出老年人完成某一活动所需的时间。活动时间的估算是老年人活动中非常重要的环节，直接关系到各项任务起止时间的确定，以及整个活动的完成时间。活动持续时间的估算主要采用经验比较法，一般由活动负责人或具有丰富活动组织经验的人员来完成估算。根据以往类似活动的持续时间来推测大致时间，是一种非常有效的方法。

2. 老年人活动进度。

老年人活动进度应按照计划进行安排，确保在规定时间内完成。而计划是在确定老年人活动时间的基础上，根据需要完成的活动量，对各项过程的顺序、起止时间和环节衔接等进行具体策划和统筹安排。为了有效控制老年人活动的进度，必须在计划实施之前对影响活动进度的因素进行分析，主要有资金的影响、利益相关者的影响、物资供应的影响、情况变更的影响、各种风险因素的影响、承办单位自身管理水平的影响等方面。一旦发生偏差，就要及时分析原因，采取必要的措施或调整进度计划，这种调整过程就是一种动态控制的过程。

3. 老年人活动举办时间。

对大多数老年人而言，由于时间相对比较充足，没有上下班时间的限制，所以举办活动的时间相对宽裕，安排比较自由。但要考虑到老年人的生活习惯和日常作息时间，尽量不打乱老年人的常规生活。

4. 活动持续时间。

一般活动时间不宜过长，应控制在 1.5 小时以内，如果超过时间，应安排中间休息，避免让老年人感觉劳累。对于老年群体，在活动中需要给他们留出时间上卫生间、短暂休息等。

5. 活动中的注意事项。

为了保证活动效果，活动之前应查询天气预报，避开有恶劣天气（如酷暑、冰雪、狂风暴雨、雾霾等）的日子。同时，还要避开上下班高峰的时间段，节省老年人来回赶路的时间。在活动开始前，要了解老年人是否需要在固定时间点吃药，如果需要，工作人员应按时提醒老年人服药。如果活动不是一次可完成的，在每次活动结束后需强调下次活动的时间，且在下次活动开始前，用电话、短信、上门告知等方式再次提醒活动时间。

二、做好老年人活动场地的布置及管理

1. 室内场地。

老年人活动可选择在固定的场地内举办，如会议中心、电影院、展览馆、活动中心、宴会厅等。这种场地往往是永久性、多功能的，且设备相对齐全，经过装饰和调整就可以举办不同的活动。

2. 露天场地。

有些老年人活动由于具有流动性，或者因活动类型的要求，活动场地需要安排在室外。室外活动可在公园、广场等露天场所进行，或在有规定路线的街道上举行，如运动会、广场音乐会、老年人观赏类活动等。

3. 临时搭建的凉棚式场地。

凉棚式场地是指临时搭建的用来举办活动的暂时性场地，组织者因活动的需要临时搭建，活动结束后拆除。往往选择搭建在无建筑设施阻挡，有一定活动空间的草坪、广场或其他较为平坦的开阔地段。

三、做好老年人活动的危机管理

老年人活动举行过程中发生的暴风雨、火灾、设备故障、参与者冲突、老年人突发性疾病等，都可称为危机事件。危机具有突发性、破坏性、不确定性、紧迫性的特征。危机事件的发生将会给组织和个人带来严重的损害。为阻止和降低这种损害，需要组织者在时间紧迫、人财物资源缺乏以及信息不充分的情况下，立即进行决策和行动。

活动场地布置

四、制订安全计划

针对老年人的人身、财产安全，在活动之前需要制订一个安全计划。首先要熟悉活动的所有细节，了解活动的特点，如预期的参加人数，活动场地，休息室、卫生间和会议室的地点及使用方法等；其次要掌握建筑物和活动的安全状况；最后要与场地的活动协调员、建筑物保安人员等相关方面密切合作，共同制订安全计划。

老年人活动
危机的防范

五、综合各项因素制订危机管理计划

制订危机管理计划是以综合各项因素后做出的一系列决定为基础的，这些决定旨在避免或最大限度地减少危机对活动参与人、本次活动和贵重物品造成的损失。保护的顺序依次是：人员、本次活动、财产。

六、评估危机管理计划

危机管理计划是一个动态的"活文件"，计划在制订之后，还需要不断改进和更新。第一，外部形势在不断变化，危机管理计划应该随着外界因素对活动影响的变化而不断变化；第二，首先保证人员安全，安全第一。无论何时何地发生危机，都应该及时对危机管理计划的价值进行评估，以便更好地保障所有参与人员的安全；第三，任何老年人活动在进行时都不是一成不变的，即便是同样的主题，参与者也会产生变化，参与人数会变化，活动的场地也可能变化。每当出现这种变化时，我们都必须重新改进已有的危机管理计划，最大限度地确保老年人的人身财产安全，不让危机发生。

七、应变处理

活动危机的形式是多种多样的，任何一种危机，无论何种形式，都会对活动构成威胁。应付不测以求得生存，是一切危机管理的基本原则。第一，我们应该在危机发生前制订危机管理计划，以确保危机来临之时有准备地应对；第二，高度重视，从场地管理、人员管理、自然灾害等多方面进行干预，绝不能掉以轻心；第三，临危不乱，遇事稳重。在危机发生时，做好心理建设，快速反应及早处理；第四，行胜于言。在危机降临时，组织者要积极地采取行动，让老年人感觉安心，单纯的保证与安抚时效果不住；第五，组织者要把握信息发布的主动权。一般情况下，在出现危机时最好成立一个新闻中心，将危机真相及时告诉社会大众，且有必要安排一人专门负责新闻稿的撰写与发布，向群众详细介绍危机的现有情况以及活动管理者做出的决策，以保证活动的继续进行，维护活动的声誉。

课堂练习

我们的生活中不但有柴米油盐，还有诗和远方。志同道合，携手相伴。随着现代科技的发展，人们的休闲娱乐内容也越来越丰富，如电影赏析、音乐赏析等，这些文娱活动不仅可以传播文化知识，还能陶冶情操。影片题材的不同，带给人们的感受也不尽相同。但是对老年人而言，那些情节紧张、刺激的影片，如恐怖片、悬疑片等，容易引起其心率的急剧变化，导致老年人发生意外，因此不建议老年人参与或观看。

1. 请推荐几部你喜欢的电影。
2. 请为老年人推荐几部适合的电影。
3. 关于老年人音乐鉴赏，你有哪些建议？

子任务二　策划老年人观影活动

工作任务

根据所学知识，分析老年人观影活动的策划要点，策划一场老年人观影活动，写好活动策划书。

知识准备

1. 观赏类活动会场布置要求

观赏会场的前方可以摆放大型的海报，海报中应包括活动主题、活动时间、活动的举办方等内容。观赏会场的周围张贴与现场观赏类活动有关的照片或者宣传标语，使老年人能够深入感受活动的氛围；会场要有洗手间，供老年人如厕、洗手，洗手间最好搭配扶手、无障碍设施等，方便老年人使用；会场应摆放椅子，老年人累了的时候可以休息；活动需要爬楼时，应确保有电梯，且电梯可以容纳轮椅进出，以方便行动不便的老年人参加活动；地面不设门槛，有防滑功能且路面平整，便于老年人行走；空间大小要合适，物品摆放要合理有序，走廊宽度要合适，避免产生拥挤；老年人视力不好，观赏地点光线强弱

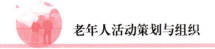

要适当，不能太亮或太暗。

观赏通常是以固定的形式为主，因此会场座位布置也应该保持固定。桌椅的安排尽量要保证每个老年人都能观察到前方活动的进程，使每个老年人都能参与其中。多媒体设备应安排在会场前方或者是视线集中处，应选用大屏展示，确保老年人能看清。因使用多媒体设备，会场内的连接电线须妥善处理，以防绊倒老年人。在活动开始之前，应该对会场进行检查；确保安全通道无障碍；确保场地、座椅等安排可以满足老年人需求；确保会场没有安全隐患；确保消防栓在有效期内；确保多媒体、音响等设备能够正常使用，并提前进行调试等。

2. 观赏类活动的观赏形式

走动形式：这种形式是指老年人在会场内走动进行观赏（如书画展、照片展、花展、灯展等），观赏的物品、内容摆放比较分散。这种活动形式常需采用空旷会场，尽量不要在会场内摆放杂物，会导致老年人的观赏受阻。可以在适当的位置摆放座椅，方便老年人中途休息。地面应平坦无积水，地板以防滑材质为主，也可以铺上地毯增加地面的摩擦力，减少老年人摔倒的可能性。为方便行动不便的老年人进行观赏，会场空间大小应合适，不设门槛，方便轮椅进出。

固定形式：这种形式是指老年人在固定的座位上观赏整体活动（如文艺汇演、电影、话剧、戏曲、音乐会等）。在会场内摆放椅子（必要的情况下可以准备桌子），尽量选择有靠背和扶手的椅子，这样可以使老年人更舒适，也可减少摔倒的概率。如观赏的时间比较长，为避免老年人上卫生间出入不方便，应在座位之间留有一条走道。为增加美观，可以用彩带等装饰品点缀桌椅，使整个活动气氛更加详和。

3. 观赏类活动的通知要求

在活动开展之前应该预留一段时间让活动组织方进行宣传并组织老年人报名。针对不同的老年人群体，通知的形式也有所不同。

（1）社区内老年人，可通过社区宣传栏、公告栏张贴海报或口口相传的形式通知。如有必要，可以上门进行宣传。应预留较长的通知时间。

（2）单位退休老年人，可通过原单位离退休人员管理部门进行通知，如打电话或口头通知，发邀请函等。应预留较长的通知时间。

（3）福利院、养老院内的老年人，可以通过院内的公告栏或院内工作人员通知等。预留的通知时间相较其他几种形式稍短。

（4）无具体单位老年人，此类老年人没有固定的居住地，来自不同的地方，对此种老年人可以通过影响力较大的宣传方式来通知，如登报、网站宣传、室外广告等。预留的通知时间相较其他几种形式应更长。

随着信息时代的到来，微信群、QQ群、朋友圈等也成了活动通知的途径，还可以实现快速报名。但群通知会存在漏看、没看等问题，所以应多种形式相结合，确保每一位想要参加的老年人都可以准确、及时、获取活动相关信。另外，建议社区、养老机构等建立老年人活动档案，根据老年人的兴趣爱好，更有针对性地为老年人组织活动，满足每一位老年人的需求，让他们老有所乐。

在通知的具体内容中，首先应写明观赏的时间、地点和观赏内容，同时还可以适当描述所观赏事物的亮点及特色，从而激发老年人的好奇心，引起老年人的兴趣。为了鼓励老年人参加，还可以在活动中设置一些伴手礼、奖品等，在通知老年人参加时，会更具吸引力。另外，还应该在通知中写明活动的注意事项。例如，活动时是否携带水杯、卫生纸等物品，活动中不能携带哪些物品，活动前需要做哪些准备工作，是否需要统一着装；提醒老年人在观赏活动中要注意言谈举止，注意卫生环保，注意时间，要按时集合，不能擅自脱离集体，有问题及时表达等，以确保活动正常进行。

4. 观赏类活动的互动环节

为了让老年人更好地融入活动，可协调安排一系列的互动环节，比如在观赏活动中增加一些契合主题的小游戏，帮助活跃气氛，还可以设置知识问答、现场抽奖等环节，也可邀请有才艺的老年人共同表演（应事先与老人商量），让活动达到高潮。主持人在互动环节要控制时间，以免影响活动进度。

5. 观赏类活动的组织人员要求

活动一定要确定好工作人员，其一般由组织者、社工、医护人员、护理员组成。老年人属于弱势群体，由于身体机能退化、心理承受能力差、自我保护意识弱，还可能患有多种慢性疾病，所以在活动中应特别关注其身体状况。要想让老年人的观赏活动顺利进行，达到预期目的，组织者就要具备丰富的经验和高度的责任心，了解老年人心理。现场还要配备医护人员，以防万一。否则，可能好事变坏事，一旦出现差池，后果不堪设想。

观赏类活动组织

人员要求

案例拓展

老年人观影活动策划方案

一、活动背景

近期，社区工作人员了解到老年人在聊天的时候，会回忆从前的时光，想起从前集体观看电影的经历，虽然当时条件简陋，但大家聚在一起，畅谈时代的变化，值得人回味。为了丰富老年朋友们的娱乐生活，××社区打算组织一次观影活动，让老年人重温岁月的美好，感受时代的变迁。

二、活动目的

通过观影活动，满足老年人的怀旧情绪。观看电影的同时，还能够增长知识，拓宽视野。每一部电影都有其想要表达的主题，或搞笑、或引人深思、或令人感动等，选择合适的影片，让老年人体会电影的深刻内涵。本次活动选择影片《我和我的家乡》，老年人可以享受影片带来的快乐，同时电影中的五个与家乡息息相关的小故事也令人深思。通过观影，还可以让老年人体会到时代的发展，从黑白到彩色，从无声到有声，让老年人珍惜生活，享受新时代的美好。

三、活动名称

《我和我的家乡》观影活动。

四、活动时间

××××年××月××日下午2：30—5：30，电影时长153分钟。

五、活动对象

××社区老年人。

六、活动地点

××社区服务中心。

七、活动举办方

××社区服务中心。

八、活动准备

1. 电脑、投影仪、音响。

2. 下载电影《我和我的家乡》。

3. 给老人准备好饮用水。

4. 摆好活动室桌椅。

九、活动流程

1. 提前三天发布观影通知，在通知中写明电影名称、观影时间、观影地点等主要信息，张贴在社区每栋居民楼的显眼位置。

2. 放映前，检查播放视频的仪器设备，并确保活动时的椅子数量足够且状态完好。

3. 老年人进入活动室，组织者站在门口礼貌迎接老年人。

4. 对身体不好的老年人予以特殊照顾，将行动不便的老年人安排在过道两侧，方便进出。

5. 安排老年人找自己满意的位置坐好。将有尿频症状的老年人安排外围就座，便于外出。

6. 主持人介绍电影《我和我的家乡》及相关制作背景。

7. 电影开场前，讲解观看电影时的注意事项。

（1）电影开始前，让老年人先上卫生间，做好准备。

（2）看电影时，不要随便走动。

（3）不要大声议论，可以小声交谈，以不能影响他人观影为前提。

（4）有情况时，可以举手示意工作人员并小声交谈。

（5）吃东西的老年人，注意瓜皮果壳不要随地乱扔，应放入垃圾桶内。

8. 观影过程中，要注意活动室的光线，亮暗度要适合老年人。若白天光线太强，要注意遮挡，不能影响观影效果。

9. 由于观影时间较长，在电影看到一半时，可以暂停。让老年人休息一下，活动一下身体、如厕等。

10. 不管什么原因，有老年人中途离场时一定要密切注意，对行动不便、年纪较大的老年人应主动提供帮助，避免意外发生。由于现场光线太暗或者椅子、桌子的摆放位置问题而可能导致的跌倒等意外情况，应密切观察。

11. 电影放映结束后，嘱咐老年人按照顺序缓慢、安全地离开，行动不便的老年人应在工作人员帮助下优先退场。

12. 建议老年人回家后，可以跟家人、朋友分享一下自己的观后感，也可以请子女下载一些适合的影片，与家人一起观看。

十、工作人员安排

1. 社工师：×××。

2. 医护人员：×××。

3. 护理员：×××。

4. 摄像师兼新闻报道编辑：×××。

十一、经费预算

1. 活动室：免费。

2. 水：免费。

3. 下载电影：免费。

课堂练习

临近国庆节，××养老院为了让老年人拥有轻松愉快的节日体验，打算在 10 月 1 日下午组织一次老年人观影活动，以丰富老年人的生活。作为组织者，你认为播放什么类型的电影较为合适？选定一部影片，并完成以下任务。

1. 请编写一份活动策划书。

2. 请写一份正式的活动通知，以方便养老院的老年人知悉。

子任务三　组织老年人观影活动

工作任务

查找相关活动案例，根据活动基本思路与流程，策划并组织一场老年人观影活动，学生在实际场景操作过程中，完成活动体验的全过程，并评估活动开展的效果。

知识准备

老年人观看电影的注意事项

（1）观看电影最好在电影开场前 15~30 分钟到场，不仅是为了防止错过电影开场时间，还方便扫码、取票，做好观影前的准备。而且，电影开始后，场内灯光昏暗，不好找到自己座位，容易发生意外，也会打扰其他人观影。

（2）在电影开场前，将手机调成静音，观影过程中严禁大声喧哗。不能对影片画面进行录像、拍照，此种行为属于侵犯电影的知识产权。

（3）禁止在电影院里面抽烟，不要开手电筒、闪光灯等照明设备。

（4）观影时间需要把握好，可以选择白天场次，人比较少。老年人去看电影要提防被挤碰，因此老年人最好选择人少的场次观影。影院观影人流的规律性很强，一般在正常工作日的 18 点之前，观影人数比较少。此外，老年人最好避开电影上映的头一周，新上映的影片观众会比较密集。不要选择饭点，饭后也不要马上去观看电影，因为观影要久坐，不利于食物消化。

（5）观影之前，应先了解老年人的身体状况，有无心脏病和高血压等。在影院里看电影，放映厅里光线昏暗，视觉和听觉器官会受到大银幕的声光刺激，再加上故事情节紧张，人往往会精神紧张、心跳加速。老年人一般都患有高血压、心脏病等一些慢性病，所以一定要提前了解老年人的身体情况，防止意外发生。

（6）选择合适的电影。老年人心理承受力差，易受到惊吓，且大多身体状况不好，所以不要观看刺激性强的电影，如恐怖、惊悚、悬疑、悲情的影片；故事情节紧张，有激烈打斗和战争场面的影片，也不太适宜老年人观看；适合选择家庭伦理片、爱情片，也可看点轻喜剧。选择电影前，组织者应提前知晓电影的故事内容，查看影片的评价或者向影院咨询，应该找音响效果不突出的电影，最好自己先看一遍影片。

（7）老年人也不适宜看 3D 电影。由于老年人大多视力减退、视觉功能退化，还有些罹患某些眼部疾病，如青光眼、白内障、玻璃体混浊等，在观看 3D 电影时，往往会引发视疲劳和眼压升高，造成眼部不适和头晕目眩，会连带引发身体不适，甚至触发高血压和心脏病。因此，老年人不适宜看 3D 电影。

（8）护理员要及时关注老年人的情况，如去卫生间，最好有人陪同，以免老年人因不熟悉影院环境而摔跤或迷路。若观影期间老年人感到身体不适，一定要及时上报处理。

（9）观影的座位不要太过靠前。座位太过靠前，会引发视觉疲劳，并且会加重心脏负担。同时应注意观察，影院放映厅内是否有

老人看电影坐什么椅子最好？

"棚顶音箱"，即顶棚是否有吊挂着的大音箱。若老年人就座的位置在大音箱下面，最好调换一下，以免由于音箱音量过大，影响老年人观影和造成身体不适。

案例拓展

重温红色经典，传承红色基因

——南昌县武阳镇朱坊村举办红色经典电影周活动

南昌县武阳镇朱坊村的新时代文明实践站里，人头攒动，随着幕布缓缓揭开，为期十天的红色电影周正式拉开帷幕。

这是武阳镇朱坊村新时代文明实践站启动的红色经典电影周活动，自2022年6月22日起，每晚七点准时开播系列红色经典电影，村民还可以在实践站走廊的留言板上写下想看的电影。

"吃完饭就早早带孩子过来等电影开始了，希望可以让他们更加深刻地感受到我们中华儿女自强不息的精神力量，让他们明白现在的好日子来之不易。"朱坊村的家长表示，红色电影具有重要的教育意义，会一场不落地带孩子前来观看。

观一部红色电影，记一段峥嵘岁月，中华儿女永不褪色的爱国情怀跨越时空，融入血液，与所有人交织，产生无穷无尽的精神动力。现场观众的情绪随着情节而起伏，一张张英雄的脸庞倒映在他们的瞳孔中，影片放映至动人心弦处，上了年纪的老人在默默抹泪，孩子们稚嫩的脸庞也浮现出严肃的神情。

"展映红色优秀影片，丰富村民精神文化生活，让他们在观影的同时，拉近彼此的距离，共同接受红色精神的熏陶。"朱坊村党总支书记朱文广表示，通过群众前来观影的积极性，感受到了群众的爱党爱国情怀，今后将开展更多的红色文化活动，让红色基因融入血脉。

（资料来源：人民网）

课堂练习

请根据所学知识，策划组织一次智慧健康养老服务与管理专业学生观影活动，总结经验，将其记录在工作评价与反馈中，并完成新闻报道的撰写。

工作步骤

第一步：搜集观影活动的相关资料。通过网络搜集相关资料，充分掌握观影的活动流程。

第二步：分析观影活动的基本思路。通过主题表达、内容形式、学习计划和实施策略等方面，分析掌握观影活动策划的设计思路。

第三步：熟悉活动策划的操作流程。明确活动需求、主题和内容，按照策划基本思路进行活动的安排与组织。

第四步：分组完成活动策划书。通过小组讨论、设计，生成活动策划书，教师参与指导。

第五步：各小组展示、互评。每组组长进行活动策划展演。

工作评价与反馈

任务	存在的问题	改进措施

收获与感悟：

指导教师评语：

教师签名：

任务三　策划组织老年人书画展览活动

情景导入

新都举办"翰墨迎新春 丹青书画情怀"离退休干部书画作品展活动

笔底春风书盛世，画中诗意赞神州。为大力弘扬中华优秀传统文化，引导全区老干部以书法、绘画等多种艺术形式弘扬主旋律、传播正能量，12月10日，新都区"翰墨迎新春 丹青书画情怀"离退休干部书画作品展在新时代文明中心一楼展厅开展。

本次书画展由区委老干部局、区社科联主办，区关心下一代工作委员会、新都区新时代文明实践中心协办。

此次书画展共展出作品280幅，这些作品涵盖了楷书、行书、草书等书法字体，山水画、花鸟画等绘画形式，题材广泛，风格多样，展现了老干部乐活有为、积极向上、寄情丹青、挥毫写意的风采。通过这些作品，既能看到老干部们对传统艺术的传承与创新，也能感受到他们对新时代、新生活的热爱与赞美。

本次书画展览为离退休干部搭建了进一步学习与交流的平台。老同志们纷纷表示，将以此次展览为契机，相互学习、取长补短，努力提升自身的艺术创作水平，大力弘扬优秀传统文化，不断创作出更多精品佳作，引领更多老同志乐学乐为、奋进新征程的信心和决心，展示了广大老同志老有所学、老有所为、老有所乐的精神风貌。

（资料来源：金沙熊猫）

问题思考：

1. 你认为老年人书画展览活动中应注意什么？
2. 你认为举办老年人书画展览活动的意义是什么？

任务要求

查阅相关资料，学习老年人书画展览活动的相关知识，撰写老年人书画展览活动的活动策划书、通知及邀请函，并进行实训演练。

子任务一　认识老年人书画展览活动

工作任务

学习相关知识介绍，了解老年人书画展览的基本知识，熟悉老年人书画展览的特点，掌握老年人书画展览的作用，为后期策划并组织老年人书画展览活动打下基础。

知识准备

1. 走进老年人书画展览活动

展览一词中的"展"就是展示、展现、显示，"览"就是观看、观赏，展览即展示实物、图片以供观览、欣赏，如在公开场合展示或者演示书法、绘画、篆刻等艺术作品。老年人书画展览活动是指对老年人书画作品进行展示或者创作表演，同时结合多种传播媒介的表现形式，集中向外宣传并且组织观赏的一种老年人活动。通过参与作品展示或者观赏作品，老年人能够开辟一个专属于老年人自己的空间平台，加强他们彼此之间、他们与社会其他人群之间的沟通交流，达到增进友谊、倡导平等交流、提高自信心的目的，真正实现老年人的"老有所乐"和"老有所为"。

"仓廪实而知礼节，衣食足而知荣辱。"随着我国经济社会的发展和物质生活水平的提高，老年人的生活观念已经不再局限于"吃、穿、住"的基本要求，而更在意精神文化层面的满足。通过举办老年人书画展览，引导他们参与科学文明、健康向上的文娱活动，老年人更高层次的需求得到了满足，幸福感自然增强。在书画展览活动的过程中，参与观看的老年人可以在活动中培养爱好、提高兴趣，丰富他们的业余文化生活；参与展示的老年人可以施展才艺、展示风采，增强他们的成就感、幸福感。

2. 老年人书画展览活动的特点

（1）活动内容的擅长性。

参与书画展示的老年人一般都对所展示的主题比较擅长，其展示内容也是独具一格，很有特点。

（2）活动目的的明确性。

参与书画展览活动的老年人的目的性都很明确，知道自己想要的是什么，想要去表达什么，想要去展示什么。在书写或者绘画创作的过程中，他们都想要把自己最好的内容及想法展示出来，从而得到他人的肯定、认可以及赞美，目的十分明确。而观看的老年人，他们也有自己的目的，选择自己欣赏、喜欢的作品，感受艺术的魅力。

（3）活动参与的积极性。

活动可以扩大参与作品展示的老年人的知名度，增加个人亮点，同时也是对参与者的一种鼓励和鞭策。"机忘鸥鸟情相狎，兴适琴书趣独穷。"对于喜爱书画的老年人，他们是带着兴趣去参加的，能大胆地表达自己的情感和体验，并用自己喜欢的方式进行展示，这一切都源于爱好。兴趣爱好会促使老年人积极思考、主动表现，始终保持积极的心态去参与整个活动过程。

（4）活动人员的联动性。

一般而言，老年人书画展览活动会涉及的对象有三类：一是主办方和承办方，二是被展作品（物品）或现场进行创作的表演者，三是参观者，如离退休职工、书画爱好者、社区居民及普通群众等。在活动过程中，这三类对象之间必须互相联系、相互沟通，因而连成一个整体，缺一不可。三者相互作用，形成了一个联动的过程。

3. 老年人书画展览活动的作用

（1）为老年人提供展示交流的平台。

老年人在书画展览活动中培养爱好、满足兴趣、施展才艺、展示风采，提升了自身的成就感和幸福感。书画展览活动，为老年人搭建了一个展示作品、展示才华的平台，充分展现出老人们在书画方面的才能和老当益壮的风采。同时，活动也给老年人提供了一个相互交流、相互学习的机会，能够丰富老年人的业余文化生活，促进老年人之间直接的交流互动，使他们更好地融入社区和社会。

（2）促进老年人的身心健康。

古今中外历史表明，物质生活达到一定水平后，困扰社会的一个突出问题就是如何克服精神的空虚，而老年人是最容易出现精神空虚的社会群体。为老年人服务最需要做的就是帮助他们摆脱孤独寂寞，让他们重新融入社会，建立快乐健康的心态。这就要求我们必须进一步丰富老年人的精神文化生活，提升其思想境界，增强其精神能量。

书法对老年人身心健康的作用

举办老年人书画展览活动是满足老年人精神层面的需求、提高老年人生活质量的重要途径。通过活动可以展示老年人"老有所学、老有所乐、老有所为"的精神风貌。比如，在书法上有专长的老年人仍然壮心不已，他们寄情翰墨、泼墨挥毫，通过在活动现场书写作品，展示出他们深厚的艺术功底和高超的艺术水平，得到其他老年人的夸赞。活动还能展示老年人乐观的精神风貌，反映出他们多姿多彩的生活，体现当代老年人"心不服老，奔放向上"的精神状态。

（3）吸引更多老年人参加活动。

老年人书画展览活动可以丰富老年人的生活，搭建"老有所乐"的平台，让更多的老年人一起参与活动，使老年人的业余生活不再单调枯燥，即便是不会书画的老年人，也可以通过参加活动培养兴趣，学得一技之长。通过举办书画展览活动，让更多老年人参与进来，有

书画作品赏析

助于鼓励老年人走出家门、融入社会。同时，发挥那些积极参与活动的老年骨干的作用，利用他们的优势，在活动中展示他们的风采和精神面貌的同时，带动其身边的老年人，吸引更多的老年人参加活动。

（4）促进了中华传统文化的传承。

中国的历史文化源远流长、底蕴丰厚。中华传统文化包含讲仁义、倡忠孝、敬孝悌、重民本、守诚信、崇正义、尚合和、求大同等思想。老年人书画展览活动中，无论是书画作品展示，还是现场书画表演，都与中华传统文化继承有一定的关联，从而能够推动中华

传统文化的传承。中国书画是具有强烈民族性的先进文化艺术，通过举办活动，老年人在现场展示书画作品，能够让中国书画融入参与者的生活之中，增加所有参与者对中国文化的认知，提高其文化道德修养，营造一个和谐文明的氛围，从思想深处激发老年人爱国爱民的情怀。因此，书画展览在给人以美的享受的同时，也是在弘扬中国文化。

（5）促进社会和谐稳定。

开展老年人书画展览活动在一定程度上弘扬了中华民族敬老、爱老的传统美德，展示了老年人幸福快乐的生活氛围和积极向上的精神面貌，让广大人民群众了解我国养老工作的推进情况，体现了"老有所养、老有所乐"的养老理念。同时，通过搭建活动平台，满足老年人实现自我价值、服务社会的愿望，可以使他们更好地学习新知识、接受新事物、融入主流社会，为构建和谐人际关系、促进社会和谐发挥积极作用。

案例拓展

参与书画摄影活动有益于老年人健康

书画作为老年文化生活和全民美育的重要内容，其核心是欣赏实践和创作实践，通过观察、表达、交流等一系列形式感受美、创作美与欣赏美，有助于老年群体保持和延长视觉、触觉、听觉等器官和行为能力的敏感度，富有美感的生活，有助于老年人陶冶性情和提高自我审美境界，利于营造"各美其美、美人之美、美美与共、天下大同"的积极氛围。书画摄影艺术作为公共文化服务体系的重要内容，除丰富老年群体的精神文化生活外，还为老年群体提供展示才华的平台和交流互赏的社会交往空间，有助于提高老年群体晚年生活的幸福指数。

（资料来源：人民网）

课堂练习

请结合上述新闻，分析老年人书画展览的特点，谈谈你对老年人书画活动的认识。

子任务二　策划老年人书画展览活动

工作任务

根据所学知识，分析老年人书画展览活动的基本流程，策划一场老年人书画展览活动，生成活动策划书。

知识准备

一份详细、具体的活动策划方案是使活动取得成功的重要保证。凡事预则立，不预则废。老年人书画展览活动虽然可以提前将物品准备好，但是活动过程却没有"彩排"，只有"直播"，所以，想要成功地举办一次书画展览活动，就需要活动组织者提前制订活动方案，把控好活动的细节，并做好应急预案。同时，活动的宣传也非常重要，要让更多喜欢或者想要学习书画的老年人参与活动，弘扬中国传统文化，使老年人的生活更加多姿多彩，这是我们举办活动的重要目的。

活动策划就是针对活动，预测本次活动的开展可能需要涉及内容和工作，以及如何将这些活动内容和工作结合在一起，并决定如何具体实施。活动主题的选择至关重要，这也是保证活动能否成功的前提，只有老年人对主题感兴趣，活动具有创意，才能吸引老年人的参与。确定主题之后，活动组织者就应根据当地人文、经济等环境的不同情况和需求做出相应的活动策划，尽可能做到详细、具体，使参与活动的人员能够各司其职，有条不紊地开展活动。

老年人书画展览活动策划应考虑的问题主要是活动背景、活动主题、活动目的、活动时间、活动地点等要素。

1. 明确活动背景

活动的背景是我们可以组织活动的大前提，只有活动背景许可，活动才能够顺利进行，并实现一定的成效。背景也分很多种，包括社会背景、文化背景、经济背景、历史背景、时代背景。一般而言，活动策划的产生要考虑的是社会背景、时代背景及文化背景，即当时的社会环境，人民的精神、物质状态，流行的趋势，社会的主流以及社会大环境如何，物质文化和精神文化发展水平等。与此同时，还会受到经济背景等其他因素的影响，所以，明确活动背景至关重要，这也是活动是否有必要组织的根本依据。

无论是从当今人口老龄化的社会背景，还是从书画作为中国传统文化重要组成部分的文化背景，以及经调研发现喜爱书画的老年群体人数众多的时代背景来看，组织策划老年人书画展览活动的可实施性很强。

2. 明确活动目的

活动的目的是什么？为什么要举办老年人书画展览活动？在活动策划的整个过程中应该时刻想着活动目的，每个环节都向目标靠拢。因此一定要明确活动目的，如果策划的内容中有与目标没有关系的，应该舍去，重新进行规划。老年人书画展览活动的目的有很多，包括展现老年人的风采，传承优秀的传统文化，怡情养性、陶冶情操，丰富老年人的晚年生活等。

书写活动目的时，应注意用简练的语言将目的表述清楚；在陈述目的要点时，该活动的核心构成或策划的独到之处及由此产生的意义（经济效益、社会利益、媒体效应等）都应该明确写出，即活动目的要具体化，并要突出目的的重要性、可行性以及时效性。

3. 选定活动主题

活动主题就是活动的名字，需要仔细思考后慎重选定。好的主题对于活动开展的作用就好比画龙点睛，能使活动更加形象，更加传神。好的活动主题能够使活动具有灵魂，更加鲜活，宣传效果就会增加，活动前期策划就成功了一半。有了一个好的开始，后面的设计就可以围绕着这个主题开展了。另外，一个好的具有韵味的主题，可以凸显出活动策划者的用心以及活动的品质，使老年人产生兴趣，提高活动的参与度。

4. 明确活动时间

在活动时间安排上，组织者要根据老年人"双高期"（高龄、高发病期）的特点，注意时间安排的合理性。活动尽量安排在白天，要避免上下班高峰时段，每次活动最好不超过 3 小时，对身体条件好的老年人，可适当延长时间，而对于身体条件差的老年人，则应适当缩短活动时间，以求获得最佳活动效果。组织活动时，还要注意活动当日的天气，室外活动时，如果发现由于天气原因不适宜开展活动，则需改期举行，或者改为室内，并做好相应的通知、说明。

5. 确定活动地点

展示场地的选择对老年人书画展览活动来说至关重要。场地是能够确保达到参与者人数要求的基本条件，也是展示效果最大化的基本保证。根据举办单位的不同、书画作品的不同以及参观人员数量的不同，来确定活动场地是选择室内还是室外，是选择在养老机构或社区还是在其他地方举办。老年人书画展览，建议选择室内较为宽敞的地方，并且要有休息区。活动场地选定后，还需要组织者跟主办方、社区或机构进行沟通，确定租用价格等；对场地进行安全检查，确保场地可以进行活动。

6. 明确活动所需资源及经费预算

在活动策划方案中，需要列出人力资源、物力资源两个重要部分，其中包括活动的地点、活动人员安排等。在计划中，可以将资源划分为已有资源和需要资源，其中所需的物力资源必须保证提前到位，如礼品、赠品一定要提前规划好，数量不能少于参加活动的人数；如活动展示现场所需装饰、道具的运送以及表演展示需要的笔墨等材料，都要事先罗列出来，然后按照清单一一清点，双人核对，确保万无一失。同时，活动的各项经费在根据实际情况进行具体、周密的计算后，可以用清晰明了的形式列出，这样便于主办方掌握各项经费的开销情况，以控制并节约经费的使用，使经费使用更趋合理化。需要注意的是，活动中的参展作品，一定要妥善保管，确保每一幅书画作品的完整性。

7. 明确活动开展内容

作为活动策划方案的正文部分，活动内容的表现方式要简洁明了，使人容易理解，但在表述方面要力求详尽，不能遗漏。在此部分中，除了文字，还可适当加入表格或者统计图表等，使表述更加形象易懂。活动策划所涉及的各项工作，应按照时间的先后顺序排列，确保活动可以在策划的时间内圆满完成。组织人员的配置及相应权责等，都应该在这部分加以说明，可执行的应变方案也应该在这部分里加以阐释。活动具体开展部分的内容应包括赞助方式、卫生间及休息室位置、交通方式、医护人员、合同协议、媒体支持、礼仪、灯光及音响、摄影摄像、后续联络等信息。

8. 确定参与人员

活动策划方案中一定要确定参加活动的人员，不仅是参加活动的老年人，还要确定主办方、承办方、协办方及主要的组织工作人员等，要在内容中注明姓名、单位、联系方式等基本信息，同时确定好人员分工和任务量。人员安排方面必须先确定参与活动的老年人数量，然后再确定工作人员数量，要做到分工明确，职责具体落实到每个人，什么时间做什么，各个环节都要考虑清楚，防止出现问题。此部分内容可以以表格的形式体现在活动策划方案中。

9. 确定活动注意事项和细节

活动策划方案初步确定后，活动策划主要负责人一定要在活动开始前组织相关人员开会，对其中涉及的细节进行充分讨论、再修正。俗话说，计划赶不上变化，策划毕竟是实施前的计划，有可能因为各种突发因素导致计划出现问题，特别是内外环境的变化，不可避免地会给策划内容的执行带来一些不确定因素。因此，必须在活动策划中加入应急预案，来应对当活动环境变化时所带来的负面状况，并在策划方案中加以说明。

案例拓展

××社区老年人书画展览活动策划方案

一、活动背景

人人都会变老，这是自然界不可抗拒的规律。"老吾老以及人之老，幼吾幼以及人之幼。"弘扬尊老爱幼的传统美德，营造团结互助、平等友爱的社会风尚，是构建和谐生活的重要内容。如今，人们的物质生活已得到显著改善，老年人对精神生活的要求却始终难以满足，很多老年人希望能够多和家人、朋友在一起或能够多出门走走，参与一些活动。为此，本社区特举办此次老年人书画展。

二、活动目的

1. 给老年人提供展示的平台，展示老年人的多彩生活。

2. 给予老年人话语权和交流空间，关心老年人的身心健康，不断满足老年人日益增加的精神文化需求。

3. 让老年人的身心都得到关注，助其安度晚年。

4. 弘扬中国传统文化。

三、活动人员

现场展示个人书画才艺的老年人、前来参观的老年人、其他社区居民等。

四、活动时间

××××年××月××日。

五、活动地点

××社区活动大厅。

六、活动道具

毛笔、墨水、宣纸、砚台（小瓷碗）、毡子、镇纸、绳子、夹子、桌子、椅子、音响、笔记本电脑、水笔、信纸、礼品等。

七、举办单位

××社区。

八、承办单位

××社区。

九、活动流程

1. 布置活动现场并做好活动前期准备。

2. 活动启动说明。

3. 现场书法、绘画展示。

4. 书画作品展出。

5. 为青年人赠送书画作品。

6. 现场交流。

7. 做好相应善后工作。

十、工作人员安排

联系人员：×××。

现场布置人员：×××。

拍照（摄像）人员：×××。

道具管理人员：×××。

后勤人员：×××。

十一、经费预算

序号	内容	单位	数量	单价/元	总价/元
1	毛笔	支	8	15	120
2	宣纸	张	100	0.4	40
3	墨水	瓶	2	5	10
4	小瓷碗	个	5	5	25
5	礼品（书签）	个	40	3	120
6	绳子	捆	1	10	10
7	夹子	个	30	1	30
总计	—	—	—	—	355

课堂练习

幸福小区老年人照片展

当前，随着城市化进程的加快，我国的人口老龄化问题日益突出。老年人是我们的前辈，他们创造的正是我们现在所拥有的美好今天，尽自己的全力关爱身边的老年人是我们义不容辞的责任。老年人是最容易出现精神空虚的社会群体，帮助老年人摆脱孤独寂寞，重新融入社会，建立快乐健康的心态，要求我们进一步丰富老年人的精神文化生活，提升其思想境界，增强其精神能量。举办展览类观赏活动是满足老年人精神层面需求、提高老年人生活质量的重要途径。通过活动的举办，可以丰富老年人晚年生活，帮助老年人重拾青春的记忆以及那种朝气蓬勃的感觉，重新找回自己的价值；可以给老年人搭建一个交流和展示的平台，帮助老年人与年轻人之间的深入了解；多从正面引导年轻人，使其树立正确的人生观、价值观，尊老敬老爱老。为满足社区老年人的要求，幸福小区社区服务中心打算举办一次老年人照片展览活动。

问题讨论：

1. 假如你是本次活动的组织人员，请完成此次活动的策划方案。
2. 为使小区居民知悉，请撰写活动通知。
3. 为了增加居民的参与度，活动将设置奖品，并邀请社区主任参加，请拟写一份邀请函。

子任务三　组织老年人书画展览活动

工作任务

查找相关活动案例，根据活动基本思路与流程，策划并组织一场老年人书画展览活动。要求学生在实际场景操作过程中完成活动体验的全过程，并评估活动开展的效果。

知识准备

根据所负责内容的不同，老年人书画展览活动的执行与管理可分成接待、执行、办公、后勤、维护等五个组开展工作。

1. 接待组

接待组的工作职责范围很广，而且他们最先与老年人接触，要力争给老年人留下良好的第一印象，因为这是老年人参观书画展的开始，也是他们享受良好服务的开始。基于此，对接待组人员的要求较高，如言语温和、富有感染力、有耐心等。在有条件的展示场所，可以通过高科技产品与现代通信设备，提高接待工作的质量与效率；在条件较差的地方，可以在接待时多安排一些工作人员与志愿者。具体工作如下。

（1）识别来者身份，包括参与展览的老年人、作品的作者、参展嘉宾、媒体记者、工作人员等。接待组需要在门口对来者身份进行识别，并组织现场签到等。到会人员识别方法有问询识别法、证件识别法、标识识别法等。

（2）协助活动参与者随身物品的托管或寄存，如有贵重物品，建议贴身保管。

（3）介绍活动场地的基本情况，尤其是出入口、消防通道、休息室、卫生间的所在位置等。

（4）讲解活动现场的相关注意事项。

（5）其他接待相关事务。

2. 执行组

执行组是指相关工作人员通过现场调度、调节、管制、指挥等方式，保证活动的正常开展。具体工作如下。

（1）协调各小组的相关任务，特别是交叉性任务的指派。

（2）活动场地的确认以及规划布置。

（3）活动现场氛围的营造、控制以及确保各环节的连贯执行。

（4）调配现场相关管理人员与服务人员。

（5）处理现场的各类突发事件。

3. 办公组

办公组指活动主办方在展示场所为参与活动的有关人员提供物资、礼品以及进行活动宣传的工作小组。具体工作如下。

（1）负责活动所需物资、礼品、相关宣传品的制作、购买与发放。

（2）配合布置活动现场。

4. 后勤组

后勤组是现场负责主要物资的管理及场地布置的工作小组，具体工作如下。

（1）负责活动所需资源的供给、物资的调配等。

（2）活动现场负责实施搭、拆或维护相关建筑设施的工作。

（3）协助办公组工作。

（4）活动经费的监督、管控。

（5）场地卫生的监督、管控。

5. 维护组

维护组主要负责展览活动中的监控与突发事件的处理。具体工作如下。

（1）保障展览期间人员、物资、参展作品的安全，处理各类突发事件。

（2）协助核对进入展场的人员身份。

（3）失物报检及领取管理。

案例拓展

老年人书画展览活动的评估应贯穿于整个活动当中。在活动结束后，为了保证下次活动更好地进行，必须对本次活动的全过程进行分析与总结。评估的内容应全面，不仅要对本次活动的成功举办进行嘉奖，也需要反思活动中出现的问题，这些都是下次活动成功开展的借鉴。评估的相关内容涉及活动的方方面面，主要包括以下四项内容。

一、活动前的准备工作评估

评估整个活动的前期准备工作，例如准备工作是否都按照策划方案在活动开展前准时安排到位，包括宣传情况、物资准备以及工作人员安排是否到位等。另外，还需要评估活动策划方案是否存在漏洞。

二、活动过程的执行评估

评估活动过程中出现的情况，包括在实际执行中，物资如何安排，是否达到活动所需物资的要求，是否对活动产生影响，产生了什么样的影响；参与活动的老年人对活动的评价如何，有没有造成负面影响；评估参加活动的工作人员的服务情况，服务是否满足老年人的需求，是否有作品或者工作人员给老年人留下了深刻的印象等；评估正负面评价为后续活动组织带来影响的可能性，总结整个活动的执行过程。

三、活动费用评估

在活动策划方案中已经就本次活动的各项费用做出预算，如展场的布置费用、宣传费用、活动礼品购置等，最后合计出费用预算总额。根据物品的市场价格，结合实际费用支出进行经费评估；本着节约的原则，评估有哪些方面节约了活动经费，哪些方面的活动经费属于不必要开支。另外，在活动现场观察还有哪些物品需要购买。必要时可以附上节支表，包括项目费用、预算费用、实际费用、节约费用等。

四、活动效果评估

活动效果的评估，直接关系到以后的活动是否能更好地开展。从取得的成绩来进行评估，可分为三个方面。

1. 影响人数。

包括通知人数、报名人数、实到人数。

2. 影响力。

本次活动是否达到了活动预期的效果。如果展示的书画作品仅仅用于老年人相互之间的交流，那么其对参与者的影响如何。如果展示的书画作品当中有具有收藏价值的作品，那么其对机构、社区及社会带来的影响如何。预期效果不同，最终要求的结果也不相同，只要达到或者超出预期效果，那本次活动就算圆满成功。在现场展览活动中，评价一次活动是否具有影响力的方法有很多，比如行人驻足参观的时间长短，参与活动互动的积极性程度，对活动了解的深入度等，都可以作为评估活动效果的有效手段。

3. 促进参与。

活动的开展，是否扩大了影响力，提高了知名度，这些无疑都对老年人是否还会参与下次组织同类活动起到至关重要的促进作用，同时也增强了参与活动的老年人对主办方的信心与认可度。

课堂练习

　　请根据所学知识，策划组织一次智慧健康养老服务与管理专业学生书画展览活动，总结经验，将其记录在工作评价与反馈中，并完成新闻报道的撰写。

老年人展示活动的分类

工作步骤

　　第一步：搜集书画展览活动的相关资料。通过网络搜集相关资料，充分掌握书画展览活动的流程。

　　第二步：分析书画展览活动的基本思路。通过主题表达、内容形式、学习计划和实施策略等方面，分析掌握书画展览活动策划的设计思路。

　　第三步：熟悉活动策划的操作流程。明确活动需求、主题和内容，按照策划基本思路进行活动的安排与组织。

　　第四步：分组完成活动策划书。通过小组讨论、设计，生成活动策划书，教师参与指导。

　　第五步：各小组展示、互评。每组组长进行活动策划展演。

❯ 工作评价与反馈

任务	存在的问题	改进措施

收获与感悟：

指导教师评语：

教师签名：

项目小结

本项目从老年人观看文艺演出、观看电影、参加书画展览三类子活动项目出发，对老年人观赏类活动的策划与组织知识进行介绍，总结如下。

1. 观看文艺演出：通过认识老年人观赏类活动，了解文艺演出的类型及演出形式，掌握老年人观赏类活动策划的基本流程，并参照活动练习，组织一场老年人文艺演出类观赏活动。

2. 观看电影：了解电影常识，知晓适合老年人观看的电影类型及内容，掌握老年人观看电影时的注意事项，能够组织老年人文明观影。

3. 参观书画展览：了解老年人书画展览活动的特点，通过书画展览活动，可以为老年人提供展示与交流的平台，促进老年人的身心健康，吸引更多老年人参加活动，推动传统文化的传承。通过分析老年人书画展览活动的基本流程及策划要点，能够为老年人策划一场书画展览活动。

老年人参与观赏类活动时能让老年人在走动、交谈和思考的同时，感到愉悦、高兴和欣喜。在观赏活动中，老年人的很多生理机能可以得到一定的锻炼，从而能延缓衰老，促进身体健康。在观赏的过程中，老年人还可以学习一些相关知识，陶冶情操，感受艺术的魅力，全面提高老年人的晚年生活质量。

巩固与提高

一、选择题

1. 老年人观赏类活动的特点是（　　）。

A. 娱乐性　　　　　B. 新奇性　　　　　C. 知识性　　　　　D. 参与性

2. 文艺演出的形式主要包括（　　）。

A. 歌曲演唱　　　　B. 舞蹈　　　　　　C. 戏剧　　　　　　D. 朗诵

3. 观看电影最好在电影开场前（　　）分钟到场。

A. 5～10　　　　　B. 15～30　　　　　C. 30～45　　　　　D. 5～15

4. 观看电影时间应在（　　）。

A. 夜晚场次　　　　　　　　　　　　　B. 人少时候

C. 电影上映的头一周　　　　　　　　　D. 饭点

5. 如厕、洗手是否方便属于观赏活动（　　）阶段的评估内容。

A. 策划前　　　　　B. 观赏前　　　　　C. 观赏中　　　　　D. 观赏后

二、判断题

1. 赏花以"眼观"为主，不要攀折，爱护花草。（　　）

2. 在实际生活中，特别是志愿者组织老年人活动时，有时现场活动和非现场活动没有严格区分。（　　　）

3. 老年人观赏类活动常根据老年人的个人意愿进行报名，自愿参加。（　　　）

4. 对于观赏类活动的评估，需要在观赏后进行，为下一次活动提供经验。（　　　）

5. 观影途中严禁大声喧哗，能对影片画面进行录像、拍照。（　　　）

项目四答案

项目五
策划组织老年人节日庆典类活动

 案例导学

"和谐之春" ××县20××年春节联欢晚会活动策划方案

为欢庆20××年新春佳节，营造热烈喜庆的节日气氛，展示社会主义新农村建设的丰硕成果，展现千年茶乡的和谐新貌，邀请社会各界人士一起共庆佳节，向全县各族人民致以春天的问候和良好的祝愿，我县拟举办20××年春节联欢晚会。为把晚会办得隆重、祥和，具有较好的代表性和广泛的参与面，确保演出圆满成功，特制订本方案。

一、活动的意义

以党的二十大精神为指导，以"和谐之春"为主题，以春节联欢晚会为载体，突出反映新农村建设取得的丰硕成果，以不同的表现形式歌颂党、歌颂祖国、赞美家乡；颂扬全县人民在县委、县政府的领导下励精图治、创业兴乡所取得的新成果，充分展示全县上下政通人和、团结向上的精神风貌。通过晚会，让全县人民过上一个欢乐、祥和、喜庆的新春佳节。

二、活动的主题

"和谐之春"。

三、主办方

中共××县委、××县人民政府。

四、演出形式及人员构成

晚会以舞蹈、声乐、器乐、小品等形式来进行组台。由县委、县政府直属相关单位和部门的部分人员组成了 300 人的演出阵容。包含几个代表本县参加省市比赛并获奖的节目。

五、晚会时间

演出时间拟定于 20××年 2 月××日 20：00—21：50，共计 110 分钟（含颁奖 30 分钟左右），整台晚会初定节目共 12 个。

问题思考：

1. 根据上述案例，思考老年人传统节庆类活动策划的意义是什么。

2. 试讨论传统节庆类活动策划书由哪几部分构成。

3. 在传统节庆类活动中，你认为老年人可以参与哪些活动？

🔍 学习目标

1. 认知目标：了解我国有哪些传统和现代节日，了解不同节日的来历、风俗习惯等一般性常识，了解老年人传统节庆类活动策划的意义及注意事项，掌握老年人传统节庆类活动策划的操作流程和方法。了解老年人节庆类活动的内容，掌握老年人节庆类活动的基本流程。

2. 技能目标：培养学生具备初步的策划与组织老年人节庆类活动的能力。

3. 情感目标：培养学生树立正确的活动价值观，培养老年人服务工作者的组织与协调能力，使其热爱养老事业并具备敬业精神与从业经验。

任务一　策划组织老年人传统节庆类活动

▷ 情景导入

这个重阳节不"医"般

在罗泾镇社区卫生服务中心，护理员姑娘们早早地把康复病区的老人们请到了"职工之家"活动室，活动室内节日氛围浓厚，老人们欢聚一堂、其乐融融。医务人员现场教授老人们"咳嗽礼仪""手部操"，指导老人们如何度过一个健康的节日。

在大场敬老院，来自大场社区卫生服务中心的医务人员把重阳糕和慰问品送到老人们手中，同时祝愿老人们在自己的节日里，身体健康、长命百岁、幸福安康，大家共同度过了一个温馨和谐的重阳佳节。

在顾村镇馨佳园养老院的多功能厅，老人们个个脸上都洋溢着节日的欢笑，他们知道菊泉新城社区卫生服务中心的"老朋友们"又来看望他们了。医务人员代表恭祝老人们节日快乐，并为每位老人送上了软糯香甜的重阳糕，祝福老人健康长寿、幸福安康。全体人员手挥国旗，一起唱响红歌："没有共产党就没有新中国……"

淞南镇社区卫生服务中心邀请辖区内参战（抗美援朝战争）老兵共同观看爱国题材影片《长津湖》，老兵们意气风发，忆峥嵘岁月，医务人员代表从影片中感受老一辈的革命精神，汲取前进力量。

祁连社区卫生服务中心组织退休职工开展"重阳节一日游"，黄浦江上，在医疗保障人员的悉心陪护下，退休职工们坐上游轮，一起欣赏黄浦江两岸的美丽风景，一同感受伟大祖国日新月异的变化……除此之外，各医疗卫生单位还开展了形式多样的社区义诊活动，为营造敬老爱老氛围、共建共享老年友好社会贡献"宝卫人"的一份力量！

（资料来源：澎湃新闻）

问题思考：

1. 你熟悉的中国传统节日有哪些？

2. 除了重阳节，一年中还有哪些节日适合作为老年人活动的主题呢？

3. 在传统节庆活动中，可通过哪些形式提升老年人的参与热情？

任务要求

查阅相关资料，了解我国主要的传统节日，分析传统节庆类活动的操作步骤，掌握传统节庆类活动策划的相关知识，撰写老年人传统节庆类活动策划书，并进行实训演练。

子任务一 认识老年人传统节庆类活动

工作任务

学习相关知识介绍，认识我国主要的传统节日，了解老年人传统节庆类活动的特点、类型及意义，在本子任务中参考传统节庆类活动的具体操作方式，对老年人节庆活动的策划与组织进行操作练习，与同组同学、老师进行经验分享。

知识准备

1. 传统节日的历史渊源

中国的传统节日，是中华民族悠久灿烂历史文化的重要组成部分，其形式多样、内容丰富。传统节日的形成，是一个民族或国家的历史文化长期积淀凝聚的过程。中华民族的传统节日，涵盖了原始信仰、祭祀文化、天文历法、易理术数等人文与自然科学内容，蕴含着深邃丰厚的文化内涵。从远古先民时期发展而来的传统节日，不仅清晰地记录着中华民族先民丰富多彩的社会文化生活内容，也积淀着博大精深的历史文化内涵。

2. 老年人节庆类活动的特点

老年人节庆活动具有主题鲜明、地方特色浓郁、功能多样化、群众性强以及人财物投入巨大的特点。

（1）主题鲜明。

传统节日蕴含着深厚的历史背景和风俗。老年人传统节庆类活动的主题是活动的主旋律，是贯穿活动内容和过程的主线。节庆活动的内容与流程一定要紧扣鲜明的主题，这样才能层级分明、章法有序。要想成功举办节庆活动，必须有一个鲜明的中心思想与主题，节庆活动的主题与内容要紧密联系，要结合节日特色与民族特色来突出活动的主题，同时还要有创意，这样才能吸引老年人的参与。

（2）地方特色浓郁。

一些传统的节庆活动之所以经久不衰并且历久弥新，其关键就在于节庆活动本身就是一种文化与文明的体现。任何节庆活动的生命力都在于其自身的文化内涵，在于节日厚重的文化积淀，节庆活动只有植根于丰厚的文化底蕴之中才能焕发出生机和活力。节庆活动与所在地区的文化息息相关，因而它往往带有浓郁的地方文化特色。例如，春节代表的就是中华民族五千年文化的历史传承，寄托着人们破旧立新、辞旧迎新的美好愿望。

（3）功能多样化。

节庆活动的功能已经从原来单纯的节日庆典，发展成为具有多重功能和目的的行为，包括塑造和提升城市形象、保护和彰显民族文化、加速经济发展等。"节庆搭台，文化点缀，经贸唱戏"是对节庆活动功能的最好诠释。

（4）群众性强。

节庆活动往往会吸引大量民众的参与。无论活动现场气氛是热闹喜庆，还是严肃庄重，参与活动的人数往往比较多，没有众人参与的节庆活动，会失去其举办的意义。

（5）人财物投入巨大。

节庆活动往往需要通过环境布置来营造节日的氛围、突出活动主题。由于场地和人流量的原因，举办活动所需的人、财、物投入巨大。节庆活动所需资金的来源主要有政府拨款、自筹资金以及一些市场化的营销手段，如门票收入、赞助收入、活动冠名、广告招商等。

3. 老年人节庆类活动的分类

节日庆典是为了庆祝节日的到来而举办的表示欢乐或纪念的典礼活动。节庆活动历史悠久，活动内容丰富、参与性强。

（1）按照活动时间划分：春节活动、元宵节活动、中秋节活动等。

（2）按照活动类别划分：小品类活动、相声类活动、歌舞类活动等。

（3）按照活动内容划分：庆祝类活动、纪念类活动、教育类活动等。

4. 老年人节庆类活动的意义

随着人口老龄化程度的日益加深，老年群体存在的问题得到了更多的关注，尤其是空巢老人、残障老人、失独老人等老年人群体。针对老年人组织策划传统节庆活动，有利于鼓励老年人走出家门、走进社会，建立社交网络；能给老年人带来欢乐，促进老年人身心健康；

节庆类活动

有利于培养老年人积极向上的情绪和乐观的生活态度，帮助老年人实现自我价值；有利于丰富老年人的精神文化生活，让他们可以安度晚年。

案例拓展

"浓浓粽意，品味端午" 端午节活动策划方案

又是一年端午时，情浓粽飘香，端午节作为中华民族的传统节日之一，我们对它又有多少了解呢？端午节为每年农历五月初五，又称端阳节、午日节、五月节，相传是为了纪念才华横溢、遗世独立的战国时期楚国大夫屈原而设立的节日。这种说法已传播至华夏各地，成为共享的民俗文化。端午节有吃粽子，赛龙舟，挂菖蒲、蒿草、艾叶，薰苍术、白芷，喝雄黄酒的习俗。从 2008 年开始，"端午节"成为国家法定节假日之一，并被列入世界非物质文化遗产名录。通过端午节庆典来进一步了解中国的传统节日，用心去感受我国传统节日中蕴涵的深厚意义。具体活动方案如下。

一、活动主题

浓浓粽意，品味端午。

二、活动时间

20××年 6 月××日 10：00—11：30。

三、活动目的

端午节是中国的传统节日，通过端午节来进一步了解中国的传统节日，用心去感受我国传统节日中蕴涵的深刻含义。端午节的由来之一是为了纪念伟大诗人屈原。屈原因不满朝廷腐败而投汨罗江自尽，敬重他的楚国民众便以喧天的锣鼓声把江中鱼虾吓走，同时又把粽子抛进江中喂饲鱼虾，以免它们啄食屈原的躯体。通过本次端午节活动，让我们一起来纪念屈原——这位可歌可敬的爱国诗人。

四、活动地点

×××社区养老活动中心。

五、活动对象

×××社区老年人及家属。

六、活动道具

扩音器、照相机、摄像机、签名簿、糯米、去皮绿豆、肉末、粽叶、粽绳、电磁炉、蒸锅等。

七、主办单位

×××社区服务中心。

八、前期准备

1. 活动宣传，以海报、条幅为主。

2. 申请活动场地、现场布置、桌椅摆放、购置包粽子所需材料（粽叶、糯米等）。

九、活动内容与流程

1. 社区工作人员引导老年人进入活动现场，妥善安排就座。

2. 主持人致开场白，介绍活动目的与意义。

3. 领导致辞，宣读活动规则。

4. 了解端午节的由来。

"浓浓粽意"端午节
活动策划

（1）主持人引导：农历五月初五是什么节日？

（2）主持人引导：各位长者，你们熟知的端午节来历有哪些？

（3）主持人讲述端午节的起源故事。

（4）一起收看反映端午节各地风俗习惯的视频。

5. 包粽子活动。主持人引导：吃粽子是端午节的习俗之一，粽子是十分美味的，但并不是每个人都会包粽子，不知道各位长者是否包过粽子呢？今天我们一起来包粽子，看谁的手最巧，包的粽子最漂亮。

材料：糯米、去皮绿豆、肉末、粽叶、粽绳。

方法：将粽叶折成漏斗形；在漏斗形的粽叶里放入适量的糯米、去皮绿豆以及肉末；用大拇指和食指按住粽叶的两边，把比较长的粽叶向糯米这边压成一个三角形；将粽叶包好后用准备好的粽绳绑紧；蒸煮。

6. 诗歌朗诵。主持人引导：端午节也是诗人节，诗人们写了很多关于端午的诗歌，下面请长者们观看诗歌朗诵表演。

7. 介绍端午节赛龙舟的来历，观看赛龙舟录像。主持人引导：端午节赛龙舟不单是传统庆祝活动，也是一项体坛盛事。

龙舟长 10 米多，以龙头和龙尾作装饰，船身还特意雕上麟状花纹，惟妙惟肖；每只龙舟可容纳 20~22 人，两两并肩而坐，在船首的鼓手和船尾的舵手引领下，在围观人群的呐喊声中划向终点。现在，让我们一起欣赏赛龙舟庆端午的视频，加入这个热闹多彩的活动行列吧。（播放赛龙舟庆端午的视频。）

主持人引导：看了刚才的录像，我们来谈谈自己的想法吧！

老年人积极踊跃地发表自己的观点。

8. 吃粽子。请评委根据粽子的样式、口感做出评价，评出粽子制作的优秀奖。

9. 活动结束，社区领导总结发言，工作人员为到场的每一位老年人发放精美礼品。

10. 主持人宣布活动结束，所有人员合影留念。

十、工作人员安排

1. 总指挥：全面负责活动前中后的工作统筹。

2. 策划组：设计活动内容，制作策划书。

3. 联络组：联系附近商铺作为赞助商，联系老年人子女，做到及时、有效沟通。

4. 准备组：购买活动所需要的物品，准备活动物资。

5. 现场组：负责活动当天的现场布置、器材操作，活动室管理员优先安排。

6. 记录组：负责摄影、摄像，编写并发布活动新闻，完成活动记录。

7. 陪护组：一名看护人员和两名志愿者为一组，负责3~5位长者。

8. 保障组：负责活动时及时补充茶水、食品、水果。

9. 机动组：负责处理突发状况。

十一、活动注意事项

1. 提前做好活动准备，充分考虑老年人的身体状况，及时准备必备药品，应对突发状况。

2. 外出活动前，了解目的地的天气情况，按照环境要求决定行程。

3. 活动中工作人员应多关注老年人的情绪变化和心理状态。

4. 关注老年人的身体变化，如遇突发状况及时采取应急措施。

十二、活动后期

活动总结及成果展示；活动资料整理及归档。

问题思考：

1. 根据上述案例，思考策划老年人包粽子比赛活动的意义是什么。

2. 试讨论包粽子比赛活动策划书由哪几部分构成。

3. 与其他活动相比，你认为节庆类活动在策划中需要特别注意的地方有哪些方面？

课堂练习

尝试选择三个传统节日，为老年人设计适合其参与的节庆活动。

子任务二 策划老年人传统节庆类活动

工作任务

根据所学节庆类活动知识，分析传统节庆类活动的主要内容与操作流程，策划一场老年人传统节庆类活动，生成活动策划书。

知识准备

传统节庆类活动策划书的主要内容有以下几个方面。

1. 明确活动意义

活动策划书应该用简洁明了的语言表述清楚活动的核心构成、策划的独到之处及由此产生的公益效益、社会效益、媒体效应等。

2. 确定活动目标

策划组织老年人传统节庆活动的目的主要是娱乐，而不是训练、康复或竞赛。要让老年人在轻松欢快的活动氛围中，体验到集体活动、与家人团聚等带来的快乐。活动目标要具体化，并体现其重要性、可行性、时效性等。

3. 选定主题

不同的传统节日具有不同的文化内涵和民俗习惯，要根据特定的节日传统来确定活动的主题，切记不可偏离节日。通过广泛的讨论，针对老年人的需求，综合考虑公众意见，确定活动主题。总体来说，主题要包括以下要素：一是目的性，原则上要服从于活动的目标，满足参加者的需要；二是客观性，应贴合现实生活的体验，与日常生活密切相关；三是文化性，活动应能够体现一定的文化内涵；四是新颖性，要有新意，让参加者有一定的新鲜感。

4. 确定活动时间

根据不同的节日确定活动的举办时间。活动时间主要包括：活动的准备时间、活动的举办时间、活动的总结评估时间。活动的准备时间一般在节日之前10~15天，在此期间要确定活动的具体细节，包括活动的前期准备（调研走访老年人群体，了解其需求及意见）、活动策划书的编写、活动工作人员的分配和活动对象的邀请、活动场地的布置、制订活动预算等。活动的举办时间一般是在节日当天，根据不同的节日确定日期。活动的总结评估时间一般是在节日后1~3天。在此期间对举办活动的细节进行回顾，对费用进行清算，对整个活动流程和效果进行分析评估，并形成书面的活动效果评估报告。

5. 确定活动形式

在举办活动之前，应该针对不同的节日、特定的场地、经费的多少等因素来设置活动的规模和形式。传统节日的庆祝活动形式多种多样，针对老年群体，我们可以举办一些方便老年人参加和观看的活动，如歌舞晚会、游戏类、棋牌类、茶会、座谈会、书画展等活动。

6. 确定活动内容

活动内容是整场活动的主体部分，根据特定的传统节日和前期确定的活动主题，完善活动内容。应该明确详细的活动实施步骤。

7. 做好人员分工安排

确定活动的主要负责人，做好工作人员的任务分配。人员分工应该考虑到个人能力、任务难易程度、人员搭配等。将活动内容细化，具体任务分配到个人。每个人都应该按时高效完成相应的任务，确保活动的顺利举办。此外，针对老年人这个特殊群体，活动现场应配备医护人员。

8. 活动所需资源

活动所需要的资源需要重点加以说明，分为已有资源和所需资源两部分进行陈述，包括活动场地、活动物料（如广告牌、"X"形展架等活动介绍及展示用品）、会场布置、接待室座椅、座次牌、媒体支持、活动宣传、主持、领导讲话、司仪、会场服务、电子背景、灯光、音响、摄像、信息联络、技术支持、秩序维持、服装、指挥中心、现场气氛调节、接送车辆、活动后清理人员、合影、餐饮招待、后续联络等。

9. 活动经费预算

活动经费是保证活动顺利进行的重要组成部分，在事先制订详细的预算，主办单位才能据此考虑是否有能力承担，并适时调整活动安排。应根据实际情况进行具体、周密的计算后，用清晰明了的文字进行说明，也可以用表格的方式加以呈现。另外，还要明确各个责任方应承担的费用。

10. 活动中应注意的问题及细节

内外环境的变化，不可避免地会给方案的执行带来一些不确定因素。因此，当环境变化时是否有应变措施，损失的概率是多少，造成的损失会有多大，具体应急措施是什么等也应在策划中加以说明。最好事先制订应急预案，以确保活动的顺利开展。

11. 活动效果评估

活动效果是衡量活动对预定目标以及指标的实现程度。活动结束后，工作人员应及时跟进，与参与人员交流，征询意见，了解他们的感受。

案例拓展

"浓情中秋，爱心携月"老年人中秋活动策划方案

每逢佳节倍思亲。每年农历的八月十五是我国传统的节日——中秋节，我们思念亲人，渴望团聚。20××年××月××日（农历八月十五），在这个团圆的日子里，祥和养老院为老年人及其家属准备了中秋节庆祝活动。具体活动方案如下。

一、活动主题

浓情中秋，爱心携月。

二、活动时间

20××年××月××日 19：00—20：00。

三、活动目的

让老年人了解传统中秋文化，感受节日快乐的气氛，娱乐身心，减轻老年人的孤独感，丰富养老机构的生活；增进老年人、家属和工作人员之间的交流。

四、活动地点

祥和养老院活动中心。

五、活动对象

祥和养老院老年人及其家属。

六、活动道具

扩音器、照相机、摄像机、签名簿、展板、音乐。

七、主办单位

祥和养老院。

八、活动内容与流程

1. 播放舒缓悠扬的轻音乐，迎接老年人及其家属入场，工作人员安排老年人在指定位置就座。

2. 主持人开场致辞，播放"嫦娥奔月"的神话传说视频作为开场，请参加活动的所有人员欣赏视频。

3. 中秋月圆对歌赛：演唱歌词中带有"中秋月圆"四个字中任何一个字的歌曲。

4. 共赏团圆明月。工作人员将赏月活动现场布置为半圆形，邀请老年人就座，并奉上手工制作的月饼与茶饮供老年人品尝，老年人可以边赏月边品茗，主持人可随机邀请老年人畅谈中秋节愿望，抒发情怀。

5. 主持人宣布活动结束，合影留念。

6. 结束及整理。

中秋节的由来及传说

九、工作人员安排

1. 总指挥：全面负责活动前中后的工作统筹。

2. 策划组：设计活动内容，制作策划书。

3. 联络组：联系附近商铺作为赞助商，联系老年人子女，做到及时有效沟通。

4. 准备组：购买活动所需要的物品，准备活动物资。

5. 现场组：负责布置活动当天的现场、器材操作，活动室管理员优先安排。

6. 记录组：负责摄影、摄像，编写并发布活动新闻，完成活动记录。

7. 陪护组：一名看护人员和两名志愿者为一组，负责3~5位长者。

8. 保障组：负责活动时及时补充茶水、食品、水果。

9. 机动组：负责处理突发状况。

十、活动注意事项

1. 工作人员提前布置现场，检查存在的安全隐患，避免意外事件发生。

2. 合理分配工作任务，避免出现冲突事件，影响活动的进程。

3. 如果天气不好，可在室内如一楼活动室开展活动。

4. 活动中如果老年人身体不适，要及时安排休息，必要时停止其参加活动；如果老年人情绪激动，要及时安抚，必要时终止其参加活动，离开会场。

十一、活动后期

活动工作总结及成果展示；活动资料整理及归档。

课堂练习

老年人传统节庆体验活动策划

参考老年人传统节庆类活动的基本思路与操作流程，尝试开展一次老年人节庆体验活动的调研，根据调研结果来策划一场老年人传统节庆体验活动。

子任务三 组织老年人传统节庆类活动

工作任务

查找相关活动案例，根据活动基本思路与流程，策划并组织一场老年人传统节庆体验活动。要求学生在实际场景的操作过程中，完成活动体验的全过程，并评估传统节庆类活动开展的效果。

知识准备

1. 老年人传统节庆类活动的策划要点

（1）围绕主题。

策划传统节庆类活动时一定要围绕主题，结合传统风俗习惯，发散式构思，将传统节庆类活动打造成集风俗性、趣味性、历史性于一体的节日庆典。

（2）强调故事。

从古到今，传统文化的习俗或仪式真实地彰显出虔敬、爱戴、崇拜、追思等人类情感，而这些感受的深层次内涵便要追溯到节庆活动的文化根源上。策划节庆活动是人们在岁月长河中的欢乐盛宴，寄托着对美好生活的憧憬与向往。在活动策划的安排上，要让老年人在获得身心愉悦的同时，感受和体验节日活动本身蕴藏的精神内涵，从而深入了解文化背后的故事。在活动策划的思路设计上，挖掘节庆中相关的典故与趣闻，有利于凸显整个活动的主题，提升活动的文化品位，增强活动的吸引力。如在策划端午节节庆活动时，可以从屈原、伍子胥、孝女曹娥、古越民族祭祖等端午节的起源故事中选取一个适合主题、方便活动演绎的版本，增强活动过程的趣味性；在策划七夕节节庆活动时，通过讲述牛郎织女的爱情故事，呈现执着追求爱情的无畏精神，感受相知相守的浪漫时刻。

（3）准备节庆相关物品。

应为了使老年人更好地融入节庆活动的氛围中，在策划活动时，将具备节日特色的物品巧妙地应用于活动流程中，不失为有深意的活动安排。通过活动流程各环节的层层衔接，带领老年人进行物品认知、手工制作等活动，并将完成的手工作品精彩呈现。

（4）巧设惊喜。

运用节庆活动中特定的节目安排策划"惊喜"，设计饱含深情的活动环节，如往事回忆、情感寄托、温馨祝愿，这一系列的环节都能呈现出活动策划的独特艺术效果与魅力。当然，也可以通过事先的设置与安排，在活动结束时为老年人准备节日相关小礼品，使老年人心情愉悦，从而达到烘托活动气氛、激发公众兴趣的目的。

2. 常见传统节庆活动的策划思路

（1）春节。

春节是我国最重要的传统佳节之一。过节期间家家户户贴春联、吃饺子、拜年。策划老年人春节庆祝活动时，可以重点考虑以家庭为单位开展，如邀请全家人参加主题晚会活动，通过丰富多彩的节目形式，增强老年人与家人之间的互动，提升活动的喜庆氛围；对没有亲戚、子女的老年人来说，可以策划"我们一起吃年夜饭"活动，一方面可以增进工作人员与老年人之间的沟通与交流，另一方面可以使老年人在活动中感受到

关爱空巢老人春节
活动策划

社会的关怀和家庭般的温暖，从而减少孤独心理与消极情绪。开开心心吃年夜饭，快快乐乐享新春福。

（2）清明节。

清明节除了扫墓，还可以开展踏青、荡秋千、蹴鞠、打马球、插柳等一系列风俗体育活动。对老年人来说，要接受亲人的离去总是不太容易，扫墓之后的"放情游览"可以宣泄内心的哀伤，消除不良情绪，也是表达积极生活态度的方式。因此，在策划与组织老年人清明节活动时，可以考虑适合老年人身心发展的活动项目。如"清明节放风筝"活动，老年人通过了解清明节放风筝的传统习俗，亲手制作具有独特意味的风筝，在工作人员的指导与陪护下，将风筝放飞，从而达到愉悦身心的效果。

（3）端午节。

策划与组织端午节活动，可以将端午节的传统风俗有机贯穿于活动流程中，如挂彩蛋、包粽子、赛龙舟、做香囊、悬钟馗像、挂菖蒲、折艾草等；围绕这些习俗，可以开展包粽子、钓粽子、折纸龙舟、画龙舟等手工活动，策划与龙舟元素相关的康乐活动等适合老年人体验的传统节庆活动。

（4）七夕节。

七夕节在今天已经成为人们普遍熟知的节日，节日相关活动也日益丰富。七夕不是只属于年轻人的节日，对"金婚老人""天梯老人""古稀老人""单身老人"来说，"七夕"更是成为一种期盼，成为一种难以言喻的幸福。在策划老年人七夕节活动时，可以"伉俪情深，七夕更美"为主题，掌握七夕节活动的特点，通过老年人讲述自己与伴侣相知、相恋、相伴的浪漫故事，让老年人重温多年风雨同舟、相知相爱的美好回忆，营造温馨的活动氛围。也可以组织老年人手工制作丝网花，将亲手做的一朵朵漂亮玫瑰送给老伴。老年人也可以浪漫过七夕。

（5）中秋节。

中秋节是团圆的节日。在策划中秋节活动时，可以考虑举办"月美人团圆"活动，尽量让老年人与家人团聚，缓解他们对亲人的思念之情，感受与家人团聚的幸福。也可以举办"浓情中秋，爱心携月"活动，通过赏月亮、做月饼、品月饼，展示老年人的审美趣味与动手能力，并使老年人了解与中秋节相关的典故，提升老年人的文化素养。

（6）重阳节。

重阳节是在农历九月初九，因谐音"久久"与长久、长寿意义相关，再加上秋季是丰

收的季节，所以人们将"九九重阳"视为祝福老人长寿的吉庆日子。我国将这一天定为"老年节""重九节""登高节""祭祖节""双九节""敬老节""晒秋节"。养老院工作人员可以组织"九九敬老，温情重阳"活动，与老年人互动交流，了解他们的生活需求，进一步加强对老年人的关怀和支持。同时，也可以举办"故地聚欢庆，佳节又重阳"的活动，带领老年人重访他们的故乡，共同回忆过去的生活点滴，感受时代的变迁与社会的发展，鼓励老年人对未来美好生活充满希望与期待。

案例拓展

九九重阳节，情满养老院

一、活动目的

为庆祝重阳节，拟开展"九九重阳节，情满养老院"特色活动，大力弘扬中华民族尊老敬老的传统美德，给老年人提供增进情感交流的平台，丰富老年人的文化生活，提高老年人的幸福指数。同时，活动能让养老机构展现自己的专业形象和高质量的服务水平，获得长者家庭的信任与支持，传播好口碑。

二、活动对象

养老院 60 周岁及以上的老年人。

三、活动内容

1. 祝福视频录制。

（1）活动时间：活动开始前 10 天开展。

（2）活动准备：组织养老机构工作人员、社区工作人员、长者家属录制视频。

（3）活动内容：录制简短祝福视频并剪辑好，在文艺汇演会场上播放，让老年人感受到大家真心实意的祝福。

2. 才艺大展示。

（1）活动时间：10 月 14 日 9：00—11：30。

（2）活动准备：根据老人们的业余爱好情况，提前一周选出有书、画、手工特长的老年人，征得他们同意后展出他们的作品。工作人员提前一天把作品悬挂或安放好。

（3）活动内容：展示书、画、手工作品，老人们分批次由工作人员带领参观。

3. 播放电影《飞越老人院》。

（1）活动时间：10 月 17 日 下午 2：00—4：00

（2）活动准备：电影视频资源、播放设备。

（3）活动内容：播放电影。

通过阅读以上案例，完善本次活动的策划书。

课堂练习

重阳节是中国的传统节日，也是敬老节，是我们维护亲人感情的好时机。通过举办相关活动，可以丰富老年人晚年生活，帮助老年人重拾青春的记忆和朝气蓬勃的感觉，实现个人价值。请根据所学知识，为××社区的老年人策划组织一次"岁岁重阳，今又重阳"的重阳节活动，总结经验，将其记录在工作评价与反馈中，并完成新闻报道的撰写。

❯ 工作步骤

第一步：搜集传统节庆类活动的相关资料。通过网络搜集老年人传统节庆类活动的相关资料，充分掌握老年人传统节庆类活动的操作流程。

第二步：分析老年人传统节庆类活动策划的基本思路。通过主题表达、内容形式、学习计划和实施策略等方面，分析掌握老年人传统节庆类活动策划的设计思路。

第三步：熟悉确定活动策划的操作流程。明确活动需求、主题和内容，按照活动策划的基本思路进行活动的安排与组织。

第四步：分组完成活动策划书。通过小组讨论、设计，生成活动策划书，教师参与指导。

第五步：各小组展示、互评。每组组长进行活动策划展演。

工作评价与反馈

任务	存在的问题	改进措施

收获与感悟：

指导教师评语：

教师签名：

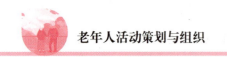
任务二　策划组织老年人现代节庆类活动

情景导入

喜迎国庆，爱在晚霞

20××年9月26日下午2点，成都益相伴社会工作服务中心在红专社区一楼活动室开展"喜迎国庆，爱在晚霞"国庆节庆祝活动，旨在欢度国庆佳节，进一步丰富节日期间居民的精神文化生活，营造欢乐祥和的节日氛围。

活动开始后，大家先进行了手指操活动，锻炼手指。简单的手指练习之后，进入传统的猜灯谜环节，老人们专注地猜着灯谜，每猜出一个灯谜都无比开心。接下来是活动的重头戏——制作花灯。在社工的带领下，老人们认真制作着每一个花灯，红彤彤的花灯在大家的耐心制作下纷纷成形。先学会的老人尽力帮助着其他老人。最后，老人们纷纷举着自己制作的花灯在居委会门口合影，一张张笑脸洋溢着节日的喜庆。

通过开展这类文娱活动，引导人们亲近传统节日、继承传统文化、倡导传统美德，让大家在欢乐愉悦的氛围中互相帮助、互相关心，让每个居民都成为主题活动的主角，成为社区的主人。

（资料来源：搜狐新闻）

问题思考：

作为一名高职院校大学生，应如何培养策划组织活动的能力？

任务要求

查阅相关资料，了解我国主要的现代节日，分析现代节庆类活动的操作步骤，掌握现代节庆类活动策划的相关知识，编写一份现代节庆类活动策划书，并进行实训演练。

子任务一　认识老年人现代节庆类活动

工作任务

学习相关知识介绍，掌握我国主要的现代节日，了解不同节日的起源、发展、风俗习惯以及庆祝方式等一般性常识；明确现代节日活动的适用范围；能够撰写现代节日活动策划书，能够策划与组织一场符合老年人身心特点的现代节庆活动。

知识准备

节日风俗是随着社会历史的发展而不断演变的。近现代以来，在我国出现了不少源自西方文化的现代节日，它们以其所独有的特色性和事件性，迅速融入人们的生活，与我国传统民众节日不同，现代节日中的一部分受到西方文化的影响而形成，并同传统节日一起构成了我国的现代节日体系。在特定的现代节日，为老年人举办有益身心健康的活动，让他们能安享晚年，是我们应尽的责任和义务。

1. 老年人现代节庆类活动的意义

现代节日与传统节日一样，都是人们生活中不可或缺的一部分。但是，现代节日又与传统节日不同。它们大都由一些近现代的历史事件演变而来，具有一定的纪念意义。很多老年人都走过那段峥嵘岁月，甚至有些人亲身经历过这些历史事件，所以，一些现代节日在他们心中具有更为重要的意义。针对老年群体，组织策划现代节庆类活动，不仅有利于丰富老年人的精神文化生活，促进他们的身心健康，调动老年人积极乐观的生活心态，建立老年群体的社交网络，而且有利于老年人追忆历史，缅怀过去的峥嵘岁月，促进他们实现自我价值。

2. 现代节庆类活动策划组织的原则

（1）特色原则。

特色是节庆活动的魅力所在。节庆活动是民族性和地域性的集中体现，是传统和现代的有机结合。节庆活动的特色来源于创新，这种创新可以是节庆活动理念的创新、节庆活动主题的创新、节庆活动举办形式的创新，也可以是节庆活动体制的创新。只有在创新的基础上，节庆活动才能发展并保持其特色。

（2）参与原则。

获得广泛的参与几乎是每个节庆活动的目标。从节庆活动主题、节庆活动组织、节庆活动氛围营造等各方面来看，节庆活动的举办都离不开大众的支持和参与。一个没人愿意参加的节庆活动，很难具有强大的吸引力。因此，节庆活动策划要能够吸引老年人的参与，满足老年人的基本要求，为老年人提供充分的参与机会。

3. 现代节庆类活动策划组织的步骤

（1）选定活动主题。

活动主题应结合不同的节日特色和老年人的需求来设定。

（2）确定活动目标。

活动目标要促进老年人身心健康、调动老年人的积极情绪、促进其自我价值的实现，建立老年群体的社交网络，丰富老年人的文化生活。

（3）遵守活动组织原则。

活动的组织原则贯穿活动的始终，是活动一切流程的指导思想。不同节日活动策划原则也不尽相同。对于比赛类的活动，应本着"公平、公正、公开""友谊第一，比赛第二"的原则；对于互动性较强的活动，应本着"热情、尊重、自主、关爱"的原则。

（4）了解老年人现状。

如果老年人身体羸弱、出行不便，听力或言语表达有障碍，不能正常交流，正处于在患病期间或大病初愈，都不适宜参加活动。作为活动的策划和组织者，应该从价值观上尊重老年人，尊重老年人的自主选择权，不强迫老年人参加活动。

（5）活动场地的选取和布置。

为老年人举办活动，尤其是特色活动、大型主题活动，如果经费允许，可以选择饭店、会议室、老年活动中心等地。若经费不允许且条件有限的情况下，可选择相对开阔的、无障碍的室内室外空间，但场所应大小适宜，既要避免产生空荡荡的感觉，又要方便老年人来去自如。

活动现场一定要方便如厕，并备有残疾人卫生间，同时要有休息区域。开展室内活动时，一定要事先检查每个地方，如设备、电线电缆等是否阻碍通行，座椅是否牢固，光线是否明亮等，尽量消除安全隐患。要确保消防出口、残疾人专用通道出入口安全通畅。为了照顾老年人视力和听力方面的困难，宣传材料要尽可能色彩鲜艳、饱和度高、文字突出。条件许可的话，可为有需要的老年人配备视听辅助器材，安排讲解人员。

（6）活动时间的安排。

老年人活动应避免恶劣天气，避开上下班高峰的时间段，同时要考虑到老年人的生活习惯和日常作息时间，尽量不打乱老年人的生活规律。一般活动时间不宜过长，应控制在1小时以内。如果超过1小时，应安排中间休息，避免让老年人感觉劳累或不适。

（7）活动内容策划。

活动的内容是活动的主体部分，在前期调研的基础上，结合老年人需求和特定节日，确定活动形式。对活动举办过程中的各个细节都应详细阐述、明确内容，活动程序的设置应简单易行，不可太过复杂。

（8）人员配置。

活动的组织者作为活动的负责人，要充分考虑到工作人员的性格、能力等，做好人员的安排和配置。将工作内容细化，做到"人人有任务"，确保活动顺利开展。

（9）活动宣传。

宣传是活动的门脸，是一场活动保持高参与度以及现场热烈氛围的保证。策划者和组织者应该结合活动内容和活动对象的特殊性，制订合理的宣传计划。宣传渠道可包括社区宣讲会，活动单页，社区公告栏，现场的展板、展架，地方广播电台、电视台等。

（10）活动资源配置。

活动举办必须考虑到所需资源的问题，要按照经费预算来购置。活动资源配置包括场地的选取、布置，工作人员的统一着装、指示引导牌，桌椅，现场灯光、摄像、媒体支持，现场秩序的维护等方面。

（11）活动经费预算。

在撰写活动策划书时，经费预算是必不可少的一个环节。对于大型的活动，经费主要来自赞助商的赞助。如能争取到赞助，可以大幅减少主办方的经费支出，保证活动以最小的花费取得最大的效果。

（12）活动应急处理。

举办活动过程中，难免会有意外情况发生，特别是针对老年群体的活动，更应该做好活动的应急处理工作，必要时应在活动策划阶段就准备好应急预案。意外情况发生时，工作人员不应慌乱，应安抚现场老年人的情绪，协助现场老年人并安全撤离。在活动举办过程中应配备医护人员，确保能在第一时间对意外情况进行处理。

（13）活动效果评估。

活动结束前，可以多与老年人交谈，了解其感受，聊聊活动的收获、对活动的意见和建议等。同时，对活动的过程、结果进行评价，以便总结经验教训。活动结束后，组织者可以将拍到的活动现场的照片冲印出来，送给参与活动的老年人，给老年人留下温馨的回忆。

现代节庆类活动介绍

案例拓展

"显眼包"养老院火了

学习玩剧本杀、狼人杀，上网冲浪，"打卡"网红店，拥有一支平均年龄75岁的电竞队……近来，在城市的街头巷尾活跃着一群由年轻人"组织"的老年人。而且，他们居然是从养老院出来的。

小陈院长的"哏都养老院"，是养老院中的"显眼包"。平均年龄超过75岁的老人在短视频中输出的"人间清醒"让人捧腹叫绝。"哏都养老院"是天津静雅养老院的网名，90后的陈卓目前是这家养老院的院长。据报道，陈卓是今年3月份才来养老院的，在和老人日渐熟悉的过程中，陈卓萌生了为老人们拍摄短视频的想法。他起初是想丰富老人们的养老生活，同时为家属留下纪念。令陈卓感动的是，在接触短视频之后，老人们找到了曾经健康、活力满满的自己。日常生活更有趣味，生活态度也更加积极。"饿了就吃、累了就歇"，一本正经地回话，乐观的态度也治愈着屏幕那一端的年轻人。护理专业出身的陈卓，对院内老人的健康状况了然于心。他会仔细记录并按时提醒因健忘而容易错过吃药时间的老人，也会想尽办法"连哄带骗"有认知障碍、不愿吃药的老人，还会帮着给手脚不便的老人按摩。

年轻人开办的新型养老院，不再只关注老人的衣食住行所需，"老有所乐、老有所学、老有所为"，在90后院长眼里同样至关重要。

在河南洛阳，陈丽萍常组织养老院老人集体跳舞、做手指操、租汉服外出拍照、跟着火爆全网的"挖呀挖呀挖"学做操，场面堪比幼儿园。玩嗨了的老人们亲切地称她为"疯狂院长"。

在河北唐山有一个自称"奇葩院长"的刘华，经营着一家别号"百岁幼儿园"的养老院。除了组织唱歌、跳舞、百岁模特队等，还尝试改编一些电影和电视剧的经典片段，由老人们演绎自己喜爱的角色。目前，老人们参演了包括《夜上海》《霸王别姬》等近20部改编的影视作品。

四川雅安也有一家类似的养老院，主打"养老无龄化、状态自定义"的经营理念。而开办这一机构的正是几名90后和00后。这些年轻人会带着老人们做各种新鲜的尝试，比如拍时尚大片、办艺术展览、唱卡拉OK、露营、变装……

快乐地演绎真实的人生剧本，在这件事上，"90后"和90后，没啥区别！

通过阅读以上案例，你得到了什么启示？假如你是一位"显眼包奇葩院长"，请为养老院设计一次元旦庆祝活动。

课堂练习

结合我国现代节庆活动的相关知识，策划并组织一场老年人现代节庆活动。

子任务二　策划老年人现代节庆类活动

工作任务

根据所学节庆活动知识，分析老年人现代节庆类活动的主要内容与操作流程，策划一场老年人现代节庆活动，生成活动策划书。

知识准备

老年人现代节庆类活动策划的执行管理包括以下几个方面。

1. 落实活动通知

口头、电话或书面通知。

2. 组织活动要有充分详尽的准备

（1）根据人数、天数、距离等要求确定出行方式。
（2）根据老年人人数、身体状况确定工作及医务人员数量。
（3）明确活动场所的需求。
（4）落实老年人的安全保障。

3. 活动注意事项

（1）老年人需要提前向居委会报名。
（2）如果活动较为激烈，则不适宜患有高血压、心脏病等疾病的老年人参加。
（3）针对行走不便的老年人，组织人员应及时给予帮助。
（4）要确保活动的公平、公正、公开。
（5）活动期间要注意活动现场的秩序维护，确保老人们的人身安全。
（6）提前制订应急方案，活动现场应配备医护人员。

4. 活动评估和效果总结

（1）活动配备摄影师全程录像，并在活动结束后刻录光盘，送给参加活动的老年人留作纪念。

（2）活动期间注意与老年人的沟通交流，获得反馈意见，及时改进活动。

（3）活动结束后对整个活动流程以及活动现场状况进行分析，总结失误、积累经验，并形成书面的总结报告。

案例拓展

平安里社区"'母亲节'系列活动"策划书

一、活动目标

通过在"母亲节"期间组织一系列的活动，旨在进一步弘扬中华民族的传统美德，为子女们表达对母亲的深爱之情、回报母爱、慰藉母亲慈祥善良的心搭建一座服务"桥梁"。

二、活动主题

"母亲节"系列活动。

三、参与对象

平安里全体老年人及其子女。

四、老年人现状分析

平安里社区作为年代较久远的老型社区，其居民老龄化程度较高，很多从工作岗位上退休的老年人，在心理上和生理上都不可避免地出现了久居室内、情绪低下、生活态度不积极、身心亚健康的状态，更有些老年人由于子女长期在外工作，思念成疾。

五、活动时间

20××年××月××日（星期日）。

六、活动地点

平安里社区户外体育活动中心。

七、活动形式

活动采取运动比赛、亲子互动的形式，还包括为父母洗脚、理发等。

八、活动内容

第一篇：父亲的散文诗——准备好要朗诵的散文和诗歌，朗诵给老年人听，如老年人愿意自己读，可以邀请他们上台来进行朗诵。朗诵的同时播放背景音乐《父亲的散文诗》。

第二篇：母亲的歌曲库——歌曲接龙，唱与"母亲"有关的歌曲。

第三篇：时间都去哪儿了——给老年人和家属提供便笺纸和笔，老年人可以抒写自己内心想对子女说的话，或者通过画画的方式来表达自己的情感。工作者将彩纸折成爱心形状并带领老年人投进收集箱。

最后给每位老年人发一块低糖点心，让他们好好享受这一天。

九、人员安排

1. 总指挥：全面负责活动前中后的工作统筹。

2. 策划组：设计活动内容，制作策划书。

3. 联络组：联系附近商铺作为赞助商，联系老年人子女，做到及时、有效沟通。

4. 准备组：负责购买活动所需要的物品，准备活动物资。

5. 现场组：负责活动当天的现场布置、器材操作，活动室管理员优先安排。

6. 记录组：负责摄影、摄像、编写并发布活动新闻，完成活动记录。

7. 陪护组：一名看护人员和两名志愿者为一组，负责 3~5 位长者。

8. 保障组：负责活动时及时补充茶水、食品、水果。

9. 机动组：负责宣传及处理突发状况。

十、经费预算

序号	内容	数量	金额/元
1	传单	100 份	150
2	海报	3 张	90
3	气球	2 袋	40
4	礼品	30 份	300
5	茶点	若干	200
6	水果	若干	100
合计			880

课堂练习

根据所学知识，设计一个老年人现代节庆类活动，生成活动策划书，并以小组为单位组织评价。

子任务三　组织老年人现代节庆类活动

工作任务

查找相关活动案例，根据活动策划的基本思路与流程，策划并组织一场老年人现代节庆体验活动。要求学生在实际场景操作过程中，完成活动体验的全过程，并评估老年人现代节庆活动开展的效果。

知识准备

常见的老年人现代节庆类活动策划思路如下。

1. 情人节

情人节更改为五一劳动节：老年人可能不再从事重体力劳动，但他们可以通过参与简单的手工制作或其他形式的劳动，向年轻一代传递劳动的价值和意义。劳动节期间，老年人可以有更多的机会参与休闲娱乐活动，如旅游、园艺等，享受晚年生活的乐趣。

2. 儿童节

老年人在儿童节参与各种活动，如游戏、表演等，可以唤起童年的美好回忆，减轻心理压力，提升幸福感，同时，通过参与儿童节活动，老年人有机会与其他老年人以及年轻一代进行交流，增进社会联系，减少孤独感，促进积极的生活态度，是社会关爱老年人的一种表现。

案例拓展

"欢度五一，踏青采摘"老年人活动

一、活动目标

丰富老年人的娱乐生活，感受自然、接触自然，感受劳动的快乐和丰收的喜悦，培养老年人与养老服务工作者之间的默契与信任。

二、活动主题

欢度五一，踏青采摘。

三、活动时间

××××年5月1日上午9：00。

劳动最光荣

四、活动对象

60周岁及以上的身体状态较好的老年人。

五、活动前期准备

1. 召开参与采摘活动的工作人员会议，明确各自职责，强调活动安全。

2. 制订合理的活动行程和路线。

3. 准备活动现场所需的器具与贺卡。

六、活动流程

环节一：自然课堂的奇幻之旅。

以草莓为核心主题，围绕农场情况介绍农时农趣、有机种植，通过老年人对农耕知识的回顾，增加他们对自然课堂内容的好奇心以及相关知识的趣味性。

环节二：草莓采摘的农趣体验。

1. 采摘园工作人员带领老年人到达有机草莓采摘区域，告诉大家能够采摘的品种，并为大家展示采摘技巧。

2. 为老年人准备好采摘篮，采摘过程中耐心提醒老年人要保护幼苗，不要踩踏或破坏植物。

环节三：浓情蜜意草莓酱制作。

材料准备：草莓、白糖、一次性手套、玻璃碗。

1. 挑选优质的草莓，去蒂，装入碗中待用。

2. 往碗中撒入白糖，白糖的比例可以根据个人口味而定。

3. 将糖与草莓搅拌后放置20分钟，看到有草莓汁溢出后开始进行下一步操作。

4. 把草莓块放入锅中，小火煮，边煮边用勺子搅拌，防止粘锅，注意在搅拌的过程中不需要加水

5. 待草莓煮至黏稠时即可关火。

6. 将盛有草莓酱的锅静置，直至常温。

7. 把草莓酱倒进提前准备好的玻璃瓶中，好吃的草莓酱便制作完成。

环节四：享受劳动的胜利果实。

1. 老年人将采摘的草莓与制作好的草莓酱（如图5-1所示）分享给在场的人员，共同品尝草莓酱的甜蜜滋味。

2. 工作人员带领老年人手写纪念卡片，将劳动的美好回忆记录下来。

3. 自己相互赠送制作的草莓酱和纪念贺卡，增进老年人之间的沟通与交流。

图5-1　草莓和草莓酱

七、注意要点

1. 活动前。

（1）检查衣物是否合适，提醒老年人备足衣物用品，以备不时之需。

（2）佩戴统一标识，增强辨识度。

（3）如无家属陪同，工作人员需讲清活动要求，关注老年人行踪，保证老年人安全。

（4）备好急救用药、日常护老用品。

（5）工作人员讲解活动地点、时间及要求，为老年人普及活动地点的相关知识，增加老年人参加活动的兴趣。

（6）工作人员为老年人准备游戏与互动环节，活跃气氛。

2. 活动中。

（1）动静结合。活动过程中，注意选择距离较短、适合休息的场所，避免老年人活动过度，得不偿失。

（2）顾全大局。活动人数控制在10人以内，时刻关注老年人的情绪变化，避免造成心理落差。

（3）关注健康。老年人应根据天气情况选择合适的着装，忌雨中漫步、迎风而立，以免受凉致病。

（4）防止意外。外出时，工作人员应尽量避免让老年人走陡峭的小路，更不允许老年人独自攀登山林石壁，以免发生意外。

（5）在采摘的过程中，老年人应该注意安全，防止蚊虫叮咬、树枝划伤等意外事件的发生。

3. 活动后。

（1）集合，清点人数。

（2）组织老年人进行交谈，畅聊外出游玩的感受与收获。

（3）把老年人安全送回出发地。

课堂练习

请根据所学知识，策划组织一次老年人现代节庆活动，总结经验，将其记录在工作评价与反馈中，并完成新闻报道的撰写。

现代节庆活动——
父亲节活动策划

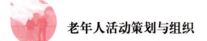

工作步骤

第一步：搜集现代节庆类活动的相关资料。通过网络搜集现代节庆类活动的相关资料，充分掌握老年人现代节庆类活动的操作流程。

⇩

第二步：分析老年人现代节庆类活动的基本思路。通过主题表达、内容形式、学习计划和实施策略等方面，分析掌握老年人现代节庆类活动策划的设计思路。

⇩

第三步：熟悉活动策划的操作流程。明确活动需求、主题和内容，按照活动策划的基本思路进行活动的安排与组织。

⇩

第四步：分组完成活动策划书。通过小组讨论、设计，生成活动策划书，教师参与指导。

⇩

第五步：各小组展示、互评。每组组长进行活动策划展演。

工作评价与反馈

任务	存在的问题	改进措施

收获与感悟：

指导教师评语：

教师签名：

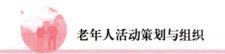

任务三　策划组织老年人生日庆典类活动

情景导入

但愿人长久，千里共同途

2021 年 9 月 22 日，世界著名物理学家杨振宁迎来了百岁生日，清华大学、香港中文大学、中国物理学会三家单位联合为杨振宁举办了百岁诞辰庆典。生日当天下午，由清华大学、中国物理学会、香港中文大学联合主办的"杨振宁先生学术思想研讨会——贺杨先生百岁华诞"在清华大学举行，现场有近百名师生及嘉宾出席，一同回顾杨老的人生经历和家国情怀，向他致敬并送上祝福。会上，杨振宁先生以"但愿人长久，千里共同途"为题发表了讲话。之后在众人的簇拥以及妻子翁帆的搀扶下，杨振宁前往生日会现场。

问题思考：

你还知道哪些高龄科学家？他们用什么样的养生方法保持身心健康？

任务要求

查阅相关资料，了解生日庆典活动的分类、老年人生日庆典的举办形式、创意思维表达等，掌握策划组织生日庆典类活动的相关知识，分析生日庆典类活动的操作步骤和注意事项，学会编写生日庆典活动策划书，能够策划组织一场生日庆典活动。在策划组织老年人生日庆典类活动的过程中，要针对老年群体的需求，制订符合老年人身心特点的计划方案。同时，与老年人沟通时要温柔，有耐心、有爱心。

子任务一　认识老年人生日庆典类活动

工作任务

学习相关知识介绍，了解生日庆典活动的分类、为老年人策划和组织生日庆典类活动的意义、活动组织策划要点、老年人生日庆典的举办形式。

知识准备

生日，既指一个人出生的日子，也指一个人的出生纪念日。按照传统，中国人以农历计算生日，小孩子一周岁的生日称为"周岁"；老年人的生日称为寿日，50 岁以上逢十便可称为大寿。按中国的传统风俗，生日吃长寿面和鸡蛋。现代社会，不少人开始以阳历计算生日，庆祝方式也改为吃蛋糕和吹蜡烛。

1. 生日庆典活动分类

（1）百日宴请。百日宴请是指为出生满100天的小孩子举办的宴会。百日宴请可以说是人生的第一次生日宴会。宴会厅内装饰应突出可爱之感，可以悬挂一些小气球、风车、小孩子的照片、卡通贴画等，营造出温馨的气氛。要、准备好塑料勺、塑料碗、塑料杯子等儿童餐具；提前准备好宝宝椅和婴儿床；准备一些儿童玩具和小泥人，可以发给现场参加百日宴的小朋友；背景音乐准备些欢快的儿歌；厅外门口搭建签到台，准备喜钱箱，并准备一些红包以备客人用，菜品主要安排一些甜食，盘头装饰以小泥人或是雕刻为主；准备好蛋糕车、蛋糕刀、蜡烛等。

（2）生日聚会。年轻人生日宴会厅内以气球和纱类装饰为主，营造浪漫的青春的气氛。背景音乐可准备些欢快的流行歌曲；准备好蛋糕车、蛋糕刀、蜡烛等；厅外门口搭建签到台，准备喜钱箱；可以准备一些红包以备客人用；菜品应丰富多样，菜量要大。

（3）老年人寿宴。一般来说，人在50岁以后举办的生日宴会称为寿宴。老年人寿宴就是针对老年群体举办的生日宴会。老年人寿宴厅内的装饰要悬挂寿字，再加一些气球作为点缀；厅内背景音乐应准备一些优雅高贵的音乐；考虑到老年人的健康问题，菜品安排应以易消化的软食类食物为主，菜品要有寿桃或是寿字装饰；厅外门口搭建签到台，准备喜钱箱，并准备一些红包以备客人使用。

2. 为老年人策划和组织生日庆典类活动的意义

为老年人举办生日庆典，用传统的话说就是"过寿"或者"祝寿"，这是我国一种传统的敬老感恩形式。老年人辛辛苦苦，将毕生的青春和热血献给了家庭和事业，作为老年人的子女或年轻一辈，为老年人策划和组织生日宴会，不仅是为了表达对老年人的尊敬和爱戴，还可以丰富老年人的闲暇生活，让他们感受到子女的孝顺、家庭的温暖、社会的关爱，有利于促进老年人的身心健康，让他们以积极乐观的心态安度晚年。此外，在社区和养老机构中最常见的活动就是为老年人庆生的主题活动，一般以集体形式开展，以每个月或每个季度为一个周期，为每个月或每个季度内过生日的老人们举办集体庆生活动，寿星们欢聚一堂，聊生日、玩生日、过生日，心情十分愉悦。为老年人过集体生日，温暖他们心窝的不是蛋糕，也不是生日礼物，而是家庭、社会对他们的尊重与关爱。与在家里过生日相比，集体生日更加热闹，活动还会增进老年人和子女、老年人和邻居、老年人和养老机构工作人员、老年人和社区之间的感情。他们感受到了关心，也感受到了大家庭的温暖，让老年人对现在的生活充满信心，对以后的生活充满希望，也有利于在全社会形成"敬老爱老"的风尚，宣扬孝文化，促进社会的和谐发展。

3. 老年人生日类庆典活动的策划组织要点

（1）明确主题。确定活动主题对于老年人生日庆典活动的策划组织至关重要。针对老年群体的特殊性，活动的主题不外乎以下四点。

①促进老年人身心健康。

②调动老年人的积极情绪，帮助其认识自我价值。

③建立老年群体的社交网络。

④丰富老年人的文化生活。

（2）突出特色。每个年龄段都有其独有的魅力和特色，在为老年人举办生日庆典时，应考虑老年人的年龄、性别、工作、家庭、生活习惯等各个方面，为老年人"量身定制"庆典活动。

（3）注重互动。在策划和组织活动过程中，应充分考虑老年群体的意见和需求，根据老年群体的特殊性，安排适当的活动形式。可以从宣传、主题、方案、色彩、现场布置等方面调动宴会现场人员的热情，活动期间应注意参与者之间的互动，以保证活动的成功举办。

（4）真情表达。老年人的生日庆典活动应以"真"为主，真人、真事、真感情，不要弄虚作假，整个活动过程的气氛应是温馨的，围绕"感情"来开展，充分展示年轻人对老年人的尊敬和感恩。

（5）简明扼要。由于老年群体的特殊性，老年人生日庆典活动的内容不可过多，应该简单易行，切忌烦琐，以防老年人体力不支。活动时长最好控制在 1 小时以内，如果超出 1 小时，应给老年人安排休息时间。

（6）创新形式。福特公司的创始人亨利·福特曾说过："要么创新，要么死亡。"创新意味着改变，意味着推陈出新。这就需要我们在日常生活中、在活动策划中多学多看多总结，不断培养创新意识和科学思维，敢于标新立异，善于大胆联想，在旧思路中寻求新发展，不断推出新的活动形式。老年人生日庆典的内容通常包括拜寿、唱生日歌、吹蜡烛、说祝福语、送礼物等环节。除此之外，策划人员还应该发挥创新思维，发掘新的庆祝模式。例如，利用多媒体播放专门制作的视频；利用现场灯光制造温馨的氛围；邀请老年人喜欢的明星艺术家进行现场文艺表演；搭建生日祝福签名墙等。

案例拓展

"绚丽多彩的人生之旅"生日庆典

一、活动目标

1. 为老年人组织一个难忘的生日庆典活动，表达对他们的关爱和尊重。

2. 创建一个放松和愉快的社交环境，以增进老年人之间的交流和友谊。

3. 提供一些有趣和有意义的活动，激发老年人的兴趣和活力。

二、活动主题

绚丽多彩的人生之旅。

三、场地选择

选择一个宽敞舒适的场地，室内或室外皆可。确保场地对老年人友好，易于进出和活动的举办。

四、活动流程

1. 开场：致欢迎辞，并对寿星们表达诚挚的祝福。

2. 互动游戏：组织一些简单有趣的游戏，如猜谜语、唱歌比赛等，让老年人积极参与。

3. 表演节目：邀请专业艺术家进行音乐、舞蹈、小品等节目的表演，给老年人带来快乐和欢笑。

4. 社交时间：安排一些社交时间，让老年人之间相互交流，分享彼此的生活经验和快乐。

5. 生日蛋糕切割仪式：为每位寿星准备一份特别的生日蛋糕，并邀请他们亲自切割，庆祝他们的生日。

6. 赠送礼物：为每位寿星准备一份精心挑选的礼物，表达对他们的祝福。

五、安全和卫生

1. 确保活动场地的安全，包括地面平整、设施完善、安装防滑护栏等。

2. 前期做好卫生消毒工作，提供洗手液和纸巾等卫生用品，确保参与者的健康与安全。

六、志愿者团队

组建一个充满活力的志愿者团队，帮助老年人进出场地、提供照顾支持、参与活动的策划和执行等。

七、活动宣传

利用社交媒体、小区公告栏、社区居民委员会等渠道进行活动宣传，吸引更多的老年人参与庆典活动。

八、老年人关怀

活动结束后，可以为参与的老年人提供优惠券、健康指导等资源，关心他们的身体健康和生活需求。

课堂练习

请大家认真阅读下面的活动内容，并尝试设计策划活动流程。

庆寿典故

1. 蟠桃盛会

明人吴承恩在《西游记》第五回中写孙悟空偷桃并大闹蟠桃会，用小说的笔法详细描绘了蟠桃大会的盛况。如今，又出现了表现这一题材的民俗年画，如《瑶池集庆》《群仙拱寿》等，西王母作为寿星的名声也随着蟠桃故事而广为传播。旧时人们举行祝寿活动时，都要在寿堂墙上悬挂《蟠桃盛会》《瑶池集庆》之类的祝寿吉祥图（如图5-2所示），借以祈福求寿。

2. 八仙庆寿

八仙是中国民间广为流传的神仙群体，其形成经过了漫长的演变过程。传说中八仙定期赴西王母蟠桃大会祝寿（如图5-3所示），故广被民间取用为祝寿的素材。在旧时的民间祝寿活动中，八仙是不可缺少的形象。民间传说中有许多关于他们的故事，但以"八仙庆寿"与"八仙过海"的故事流传最广。自古传说桃树长寿，西王母蟠桃园里的桃树三千年才结果。东方朔曾三次入园偷桃，传言其年寿之长无人能及。东方朔本来只是一个历史人物，与长寿并不沾边，但是，因为他偷吃了西王母的仙桃，而此仙桃三千年始开花，三千年始结果，东方朔既已偷吃了三次仙桃，那么他的寿命起码也在一万八千岁以上，这样的寿命当然可以称得上是老寿星了，所以东方朔成了中国人心目中的长寿之祖。

图 5-2　蟠桃会

图 5-3　八仙庆寿

子任务二　策划老年人生日庆典类活动

工作任务

根据所学生日庆典的相关知识，分析老年人生日庆典类活动的主要内容与操作流程，策划一场老年人生日庆典活动，生成活动策划书。

知识准备

老年人生日庆典活动策划要注意以下几个方面。

1. 集体庆生活动的时间最好固定

集体庆生活动可以一个月为周期，或者以一个季度为周期，将本周期内老年人的生日整理出来，做成生日备忘录。一旦开始规划集体庆生活动并实施，接下来每个月或每个季度都将如期进行，有规律地为当月或当季度过生日的老年人庆生。集体庆生活动原则上要有可持续性，切不可中断或遗忘，以免对部分老年人造成被忽略的心理伤害。

2. 活动前询问老年人意见

对于庆生活动中的相关安排，或者需要邀请哪些人共同参加活动等，我们应该询问一下寿星们的意见，尊重他们的想法。当然，也可以结合一些工作人员的创意，为寿星们制造生日惊喜。

3. 选择老年人喜欢的礼物

在生日庆典活动中给寿星送上可心的礼物是必不可少的，礼物既要选择经济实惠的，又要选择有纪念价值的。既可以给每位寿星送同样的礼物，也可以根据每一位寿星平时在生活中的一些喜好来进行个性化选择；亦可以在庆生活动中，通过游戏安排，让寿星们通过主动参与活动获得独特的礼品。

4. 生日蛋糕不宜多吃

现在的贺寿活动，生日蛋糕都是不可缺少的。蛋糕富含氢化油脂，对老年人来说，尤其是有心脑血管疾病和肠胃疾病的老年人，如果其日常饮食没有糕点摄入的习惯，一旦大量进食蛋糕，很可能会诱发严重并发症。因此，为了老年人的健康安全着想，在庆生活动时，尽量不要让老年人大量食用生日蛋糕，少量摄取表示心意即可。

案例拓展

"百岁寿宴，福气满堂"陈爷爷生日庆典活动策划

一、活动主题

百岁寿宴，福气满堂。

二、活动参与对象

陈爷爷、陈爷爷的亲朋好友、陈爷爷子女、社区居委会领导以及工作人员。

三、活动时间

20××年3月23日17：00。

四、活动地点

××酒店三楼宴会厅。

年龄的雅称

五、活动目的和意义

"老吾老以及人之老"，尊老敬老是中华民族传统美德。陈爷爷为社区为社会做出了很大的贡献，为其举办百岁寿宴，不仅仅是表达对陈爷爷的感谢、感恩和祝福，更可以借此机会宣传社区孝文化，倡导尊老敬老的美德。

六、活动内容

开场诗歌朗诵、拜寿、祝寿、晚餐。

七、活动流程

17：00　活动开场　主持人宣布活动开始。

17：10，社区领导上台致辞。

17：20，生日宴会开始，陈爷爷子女拜寿。

17：30，陈爷爷的亲朋好友祝寿，社区领导和工作人员献花送祝福。

17：50，陈爷爷发言。

18：00，工作人员将蛋糕车推出，唱生日歌、许愿、吹蜡烛、切蛋糕、拍摄全家福。

18：10，晚餐开始。

19：30，晚餐结束，工作人员和陈爷爷子女送客人离席。

八、人员分配

1. 准备小组：通知陈爷爷的亲朋好友，购买晚宴所需材料，联系宴会厅，布置宴会现场等。

2. 执行小组：做好活动现场秩序的维护：来客登记，安排座次，维护现场灯光音响等设备，确保宴会的顺利执行。

九、经费预算

序号	内容	数量	单位	金额/元
1	晚餐	15	桌	4 500
2	摄影师	1	位/天	500
3	糖果酒水	15	份	450
4	伴手礼	100	份	1 000
5	拉花	8	条	40
6	气球	2	袋	40
	合计		—	6 530

十、注意事项

1. 所有参加陈爷爷生日庆典的宾客均由组织单位下发请柬，未收到请柬但是要来参加活动的宾客应提前告知，以便安排晚宴。

2. 对行走不便以及视觉、听觉有障碍的老年人，组织人员应给予更多的关注和帮助。

3. 宴会举办期间，做好活动现场的秩序维护，确保宾客的人身安全。提前制订应急方案，活动现场应配备医护人员。

十一、活动总结和效果评估

1. 活动配备摄影师全程录像，并在活动结束后刻录光盘，给老年人留下温馨的回忆。

2. 活动期间注意与老年人的沟通交流，了解老年人的身体状况和承受能力。还要注意与宾客沟通，获得反馈意见，及时改进活动。

3. 居委会在活动结束后对整个活动流程以及活动现场状况进行分析，总结失误，积累经验，并形成书面的总结报告。

课堂练习

请大家认真阅读下面的活动内容，分析开展本次活动的意义，并尝试设计活动流程。

高龄老人子孙满堂，一般都是儿孙们用传统的送寿礼、喝寿酒、吃寿饭、品寿桃等方式来为高寿老人祝寿。在丹阳延陵镇大吕村为民养老院的潘阿毛老太太的寿宴上，她的儿孙们却打破了以往传统的祝寿方式——请城里的艺术团来到养老院，请养老院的老人们看大戏。

丹阳云阳艺术团的演员们准备开锣唱戏。大吕村的戏迷——一帮平时在一起跳舞唱歌健身的村民闻讯纷纷自发从家里拿来了演出服装，经过临时调整，一场由城里艺术家和城外草根演员搭配的大戏闪亮登台。老人们都说，业余演员唱出了专业的水平，跳出了专业的质量，尤其是他们用村里的方言表演的"小品"绘声绘色、妙趣横生，逗得台下数十名老人开怀大笑。小品的内容也十分有教育意义，都是老人们通俗易懂的身边事。养老院附近的许多村民听闻锣鼓声也纷纷前来欣赏。

台上台下欢声笑语一片，老寿星潘阿毛开心得像一个老小孩。养老院内89岁的韦奶奶说："用这样的方式为老人祝寿既省钱又喜庆，太好了，明年我90大寿一定也要这样过。"

1. 请根据所学知识，为韦奶奶策划组织一次别开生面的创意生日庆典活动，编写一份活动策划书。

2. 撰写邀请函和通知，方便韦奶奶的戏迷朋友们知悉。

3. 总结经验，将其记录在工作评价与反馈中，并完成新闻报道的撰写。

韦奶奶90大寿戏曲庆典活动策划书

韦奶奶90大寿戏曲庆典活动邀请函

韦奶奶90大寿戏曲庆典活动通知

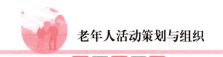

子任务三　组织老年人生日庆典类活动

工作任务

根据所学知识，分析生日庆典类活动的主要内容与操作流程，策划一场老年人生日庆典活动，生成活动策划书。

知识准备

老年人生日庆典类活动流程要注意以下几个方面。

1. 前期充分调查

在活动策划开始前，应对老年人的现状进行调查分析，包括老年人的身体状况、精神状况、业余生活爱好、休闲娱乐方式、性格特点、子女工作等方面。

2. 有效沟通

与老年人进行有效沟通是开展活动策划的前提条件。在与老年人沟通的过程中，要了解老年人对举办生日宴会的真实想法和期待，尊重老年人的意愿，不得强迫他们接受事先制订好的方案。

3. 确定主题

生日宴会的主题决定着全场活动的基本走势。生日宴会的主题可以有很多种，如"感恩""长寿"等。

4. 场地安排和布置

在宴会开始前做好场地的安排和布置。居委会等社会机构为老年人举办寿宴，酒店应是最好的选择，不仅有可口的餐食、优质的服务，卫生情况也有保障。老年人家人自行举办的寿宴，一般选择在家中，当然，如果经济条件允许，也可选择在酒店举行。此外，对行动不便或者有特殊情况的老年人应格外照顾，活动场地尽可能选择家里或者老年人熟悉的场所。在场地布置方面，应按照寿宴的要求购买相应的物品，做好宴会前的准备工作；提前与客人确认好要喝的酒水和饮料并做好准备；提前调试好音响等设施设备；搭建好祝福墙，准备好红包和喜钱箱；安排好各桌开餐人员及服务人员；准备好蛋糕车、蛋糕刀、蜡烛等；检查桌面及备餐台的餐具、酒水情况等。

5. 活动内容

（1）主持人宣布开始。

（2）寿星子女拜寿。

（3）寿星发言。

（4）文娱活动展示。

（5）许愿、唱生日歌、切蛋糕、吹蜡烛。

（6）宴会开始。

6. 经费预算

无论是什么类型的活动策划，经费的预算都是重要的部分，它决定着活动的规模和内容。经费预算做好了，活动才能以最小的花费取得最大的效果。在制订经费预算时，应本着"节俭、不浪费"的原则。

7. 宴会注意事项

上菜前检查盘子是否干净，核对菜单是否有误，检查菜量和配料是否足够，检查菜有无质量问题等；询问酒水饮料斟倒、上菜的原则和程序（如先冷后热、先荤后素等），分好蛋糕，每人一份；服务员要做好及时添加酒水、更换碟筷和餐巾纸等工作。

8. 宴会收尾工作

如果在酒店举办生日宴会，那么主办方就应该在结束后及时核对酒水及参加宴会人数，检查台面餐具等有无破损、有无遗留物品；将客人送到电梯口或者门口，目送客人离开。如果是自己家庭组织的宴会，应由老年人子女将客人送到门口，对于行动不便的客人应给予格外关注，安排车辆送其离开。

案例拓展

康宁养老院是远近闻名的长寿养老院。院里共有老年人 24 人，其中 90 岁以上老年人有 10 人。尽管养老院设立了阅览区、上网区、棋牌区等休闲娱乐场所，但是那些失去子女、没有子女或者不能经常见到子女的老人，仍旧感到孤独。农历九月是传统的敬老月，养老院的领导和工作人员决定为全体老年人举办一次大型的集体寿宴，一方面可以让老人们感受到亲情的关怀，另一方面在精神上和心理上给予他们更多的安慰和尊重。假设你是康宁养老院的工作人员，请根据资料策划组织这次宴会活动并编写活动策划方案。

1. 确定寿宴主题风格：传统中式，温馨和谐、情意浓浓。
2. 确定寿宴活动内容：拜寿、祝寿、致辞、切蛋糕、合影、用餐等。
3. 详细安排各个项目的参加人员。
4. 制订活动方案。
5. 做好物品采购和经费预算。
6. 寿宴现场布置：寿字、寿桃、对联、迎宾签到台、音响、摄像等。
7. 活动当天人员分配合理，确保各方面工作有序进行。
8. 提前制订应急预案。

课堂练习

请根据所学知识，策划组织一次老年人生日庆典活动，总结经验，将其记录在工作评价与反馈中，并完成新闻报道的撰写。

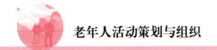

> 工作步骤

第一步：搜集生日庆典类活动的相关资料。通过网络搜集相关资料，充分掌握老年人生日庆典类活动的操作流程。

第二步：分析老年人生日庆典类活动的基本思路。通过主题表达、内容形式、学习计划和实施策略等方面，分析掌握老年人生日庆典活动策划的设计思路。

第三步：熟悉确定活动策划的操作流程。明确活动需求、主题和内容，按照策划的基本思路进行活动的安排与组织。

第四步：分组完成活动策划书。通过小组讨论、设计，生成活动策划书，教师参与指导。

第五步：各小组展示、互评。每组组长进行活动策划展演。

工作评价与反馈

任务	存在的问题	改进措施

收获与感悟：

指导教师评语：

教师签名：

项目小结

本项目从老年人传统节庆类、现代节庆类和生日庆典三类活动的子活动项目出发，对老年人节日庆典类活动的策划与组织知识进行介绍，总结如下。

1. 传统节庆类：系统性地学习老年人传统节庆类活动的定义、特点、类型及意义，根据活动策划知识，掌握传统节庆类活动的基本思路与操作流程，结合活动案例，策划并组织老年人传统节庆类庆典活动，并评估活动开展的效果。

2. 现代节庆类：认识老年人现代节庆类活动，分析现代节庆类活动的目的与要求，根据所学现代节庆活动的类型，确定现代节庆类活动的主题，经过整理，完善设计构思，策划老年人现代节庆类活动，要求学生在实际场景操作过程中，完成活动体验的全过程。

3. 生日庆典类：根据所学知识，分析生日庆典活动的基本思路与操作流程，策划组织老年人生日庆典类活动，评估生日庆典类活动开展的效果。

老年人节日庆典类活动是一项需要完整系统规划并持续开展的老年人活动，在活动的过程中，老年人不仅可以感受节日的气氛，更能收获快乐，使老年人保持乐观、积极、阳光的精神状态，通过节日庆典类活动的策划与组织，使老年人的晚年生活更加丰富多彩。

巩固与提高

一、选择题

1. 下列哪个节庆活动适合老年人参加？（　　　）。

A. 劳动节花艺体验　　　　　　　　B. 清明节外出踏青

C. 儿童节回忆往昔　　　　　　　　D. 春节欢度今宵

2. 下列哪个节庆活动最适合老年人参与并能使其保持身心健康？（　　　）。

A. 盛夏游泳晚会　　B. 滑雪嘉年华　　C. 秋季健步行　　D. 元旦烟火晚会

二、填空题

1. 端午节儿童放风筝，称为"_____"。

2. 端午_____，是中华民族自古以来的传统习俗。

三、活动设计

为家中长辈设计一个春节庆祝活动。

项目五答案

项目六
策划组织老年人旅游休闲类活动

 案例导学

退休老人"春风十里不如你，最美不过夕阳红"踏春活动策划方案

春临大地，万象更新。郊外生长着繁茂的绿色植物，不仅能使空气清新，而且在阳光照射下，还会释放出大量氧气，置身其中，使人精神抖擞。置身于大自然的风景之中，也有助于舒缓身心。泥土和植物的香气，刺激人们的嗅觉，令人产生愉快的感觉。在春暖花开的季节，组织老年人参加踏青活动，不仅能愉悦老年人身心，还能锻炼身体，同时增加老年人的社会认同感。

一、活动主题

春风十里不如你，最美不过夕阳红。

二、活动时间

20○○年○月○日9.00—11.30。

三、活动地点

××公园。

四、活动对象

×××养老院老年人。

五、活动准备

扩音器、麦克风、照相机、摄像机、签名簿、保温壶、车辆等。

六、主办单位

××老年志愿者服务中心。

七、前期准备

1. 活动宣传：将电子海报发到微信群、朋友圈、抖音等平台进行线上宣传；张贴海报等进行线下宣传。

2. 准备活动：按报名人数准备具有标识身份的丝带或帽子、无线扩音器和麦克风、野餐地垫、帐篷、消毒湿巾、保温壶，一次性餐具、应急药箱等；对活动地点进行提前踩点，规划好活动路线和活动场地，并拍照宣传。

3. 报名准备阶段：准备好报名表，宣传海报做好后在志愿者服务群里发布消息并进行报名接龙（安排专人帮助老年人接龙），安排专人为老年人填写报名表；报名结束后统计人数、交通方式，为交通无法自理的老年人安排车辆（车费自付）。

4. 通知参加活动的老年人自备野餐食物、并准备一个小节目。

5. 为报名人员发送电子版安全须知，购买一次性活动保险。

八、活动流程。

1. 8：00 集合出发，需要集体安排车辆的老年人提前到指定地点集合，确认身份信息后统一出发。

2. 9：00，到达目的地，确认身份信息（点名）后，发放身份标识（缠在胳膊上的丝带或帽子，待使用后收回）。

3. 9：30，踏青活动开始，先拍一张集体照、录制一段小视频，然后按照既定路线开始踏青赏景、自由拍照。

4. 11：30，集合清点人数，支帐篷、铺地垫、分组准备开始午餐；午餐时间一个半小时，大家可以互相分享美食、聊天。

5. 13：00，才艺展示，组织参加活动的老年人表演节目。

6. 14：30，才艺展示活动结束，收拾物品、清理垃圾。

7. 活动结束，组织者对活动进行总结，发放精美小礼品。

8. 活动合影留念，回程后解散。

9. 征集美文和照片，整理志愿者拍摄的照片，收集老年人自己拍摄的精彩瞬间，征集活动感受美文，制作成公众号推文或抖音视频，分享宣传。

九、工作人员安排

主持人、记录人、后勤人员、工作人员、摄影人员、医护人员。

十、活动注意事项

1. 户外活动安全第一，要确保老年人的行动安全和人身安全，反复点名确认人数。

注意观察老年人有无身体不适情况。活动期间用保温壶准备热水，以便老年人饮用，防止活动后有肠胃不适现象出现。

2. 注重身心体验，安排适合老年人的踏青方式，以散步为主。每项活动预留时间尽量充足，以便老年人可以跟上节奏，使其有良好的体验。

十一、活动后期

1. 活动总结及成果展示。

2. 活动资料整理及归档。

问题思考：

1. 根据上述案例，思考老年人旅游休闲类活动策划的意义和目标是什么。

2. 试讨论老年人旅游休闲类活动都有哪些注意事项。

3. 在旅游休闲类活动中，如何让老年人重获自我价值认同感？

学习目标

1. 认知目标：了解老年人旅游休闲类活动的意义及注意事项，掌握老年人旅游休闲类活动策划的操作流程和方法。

2. 技能目标：培养学生具备初步的策划与组织老年人旅游休闲类活动的能力。

3. 情感目标：通过策划组织老年人旅游休闲类活动，增强对老年人的尊重意识和同理心。

任务一　策划组织老年人自然风光类旅游活动

▶ 情景导入

老骥伏枥志千里　返璞归真爱自然

"少无适俗韵，性本爱丘山。"相信大多数的老年人都有回归自然、回归天性的愿望。大自然以其无言的智慧、雄伟的胸襟，可以净化一切浮躁的心灵。置身于山水之中，聆听大自然的声音，观赏大自然的美景，一呼一吸之间，皆是天性的释放，体验灵魂的本真。"庐山烟雨浙江潮，未至千般恨不消。到得还来别无事，庐山烟雨浙江潮。"人生又何尝不是这样的过程？在岁月将尽的老年时光，回归自然，回味人生，不禁会蓦然发现，原来人生本就如此美好，原来我们自己的天性，本就是如此纯真。

当你清楚了这一切，人生还有什么遗憾呢？

问题思考：

1. 你所喜爱、向往的自然风光都有哪些？
2. 在策划组织老年人自然风光类旅游活动中，如何能让老年人获得更好的体验？

任务要求

查阅相关资料，寻找适合老年人出游的自然风光景点，收集并整理老年人最想去的自然风景名胜区，归纳老年人自然风光类旅行常见的问题和解决方案，尝试策划一场老年人喜爱的自然风光旅行活动。

子任务一　认识老年人自然风光类旅游活动

工作任务

学习相关知识介绍，掌握老年人自然风光类旅游活动的定义、特点、类型及意义，在本子任务中参考老年人自然风光类旅游活动的特点，对老年人旅游活动的心理要素、身体要素及特点进行梳理，与同组同学、老师进行经验分享。

知识准备

现今老年人对文化、健康、旅游的需求日益突出，对不少老年人来说，来一场说走就走的旅行，已然成为一种新的时尚。对老年人而言，旅游活动是抒发年轻时埋藏于内心的"诗与远方"情怀的途径，观察、了解、发现老年人的旅游需求和特点，细化老年人自然风光类旅游活动的服务与细节，有助于帮助老年人回归大自然，找寻年轻时的梦想，实现自我人生价值。

1. 自然风光类旅游活动的定义

"旅"是旅行、外出，即为了实现某一目的而在空间上从甲地到乙地的行进过程；"游"是外出游览、观光、娱乐以及为达到这些目的所作的旅行。二者合起来即旅游。旅行偏重于行，旅游不但有"行"，且有观光、娱乐的含义。"吃、住、行、游、购、娱"，简单的六个字，构成了旅行的基本要素。

旅游活动是人们出于休闲、商务以及其他目的，短期（历时不超过一年）离开自己的惯常环境，前往他乡的旅行活动以及在该地的停留访问活动。

老年人旅游可以定义为超过60岁的群体离开常住地，前往其他目的地进行的休闲活动。

2. 老年人旅游活动的特点

老年人通过旅游，可以丰富知识，也可以强健身体、愉悦身心，具有重要的社会意义和明显的特征——时间自由、节奏较慢、喜欢拍照、富有情怀。

总之，旅游的目的是为了愉悦身心，老年人喜欢在旅行的过程中与

老年旅游群体特征

人分享自己的才艺、知识、阅历等，也喜欢在旅游的过程中感悟人生、发现美好。老年人在旅游地逗留时间不长、重游率低、消费较少，比较在意旅游景点的特色和旅游活动性价比。

3. 老年人旅游活动的动机

（1）身体方面的动机：如度假修养，参加体育活动、海滩消遣、娱乐休闲以及其他有益于身体健康的活动。

（2）文化方面的动机：如老年人在异国他乡旅游包括了解该地的音乐、建筑、民俗、舞蹈、绘画以及宗教等。

（3）人际交往方面的动机：老年人出于满足自己开展社会交往、保持同某些人群接触之类的需要而产生的一种旅游动机，包括希望深入异国他乡去接触当地民众、探亲访友、探寻新的微社会环境、结识新朋友等。

旅游活动的类型

（4）地位和声望方面的动机：这方面的旅游动机主要涉及追求个人成就和发展。属于这类动机的旅游活动包括洽谈商务、出席会议、考察研究、追求业余爱好以及外出游学等。

4. 老年人旅游活动的意义

（1）增广见闻，陶冶情操。

老年人参加旅游活动，可以陶冶情操、放松心情。旅游胜地多山清水秀、风景优美、鸟语花香，不仅可以一览大好河山的壮丽景色，而且能借以舒展情怀，令自己心旷神怡、胸怀开阔。此外，走出家门出游的老年人，将一切大事小事、烦心事、家务事都抛在身后，顿感无事一身轻。旅游的心情与居家过日子截然不同，精神的放松、心态的放松有益于修身养性，促进身心健康。

（2）重返社会，广交朋友。

老年人参加旅游活动，可以缓解他们因退出工作以后产生的心理落差，满足他们渴望融入社会、接触社会的精神需求。在旅行的过程中，与家人、朋友结伴而行，既可互相照应，又是相互交流感情、增进友谊的良机。旅途中还可以结交新的朋友，使心情更加舒畅，充满社会认同感。

（3）锻炼身体，有益身心。

老年人参加旅游活动，可以锻炼体魄、促进健康。旅行是一项消耗较大的运动，无论是坐车、行走，还是爬山、逛景点，都比一般的健身运动更消耗体能。旅游的过程中，老年人心情舒畅、精神振奋，烦恼、郁闷都烟消云散；休闲之时肌肉也由紧张转为松弛，睡眠好、吃饭香，对身体健康有很好的促进作用，有助于强身健体、健康长寿。

（4）和谐家庭，和谐社会。

老年人积极参与旅游活动是"积极老龄化"的实践方式，可以使老年人保持良好的状态。对个人、家庭成员和社会而言，都具有重要的意义。对个人来说，老年人参与丰富多彩的旅游活动，是老年人享有充实生活（包括健康、安全且积极地参与经济、社会、文化和政治生活）的保证，能够按照自己的需要、愿望和能力继续学习，参与社会经济、文化和公益活动。对家庭和社会来说，旅游活动可以为老年人提供参与身体锻炼的一切可能机会和条件，满足他们对保持身心健康的需求，建立一个不分年龄、人人共享、代际和谐的社会。

案例拓展

关于组织开展"大地着春装，樱花伴春开"老年人近郊赏花活动的通知

各养老社区：

在这个春意盎然、樱花盛开的季节，大地一片生机勃勃的美好景象，也正是组织社区内老年群体出游赏花、踏青，以强健身体、陶冶情操的好时节，为此工会拟举办"大地着春装，樱花伴春开"近郊赏花活动。

一、活动时间及地点

20××年××月××日（星期五）9：00—15：00；江北区樱花林。

二、活动内容

1. 参加人员：老年社区60~70岁身体健康的老年人。因需要统一安排车辆出行，所以报名时间截至××月××日。

2. 活动内容：赏花、拍照、野餐、娱乐表演。

请各单位填写活动报名表（见附件）后，于××月××日16：00前通过办公系统发送至工会邮箱，联系电话：××××-×××××××。

工会委员会

20××年××月××日

课堂练习

请根据老年人旅游活动的特点和意义，对家中长辈的旅游需求进行问卷调查，并分析调研结果。

子任务二　策划老年人自然风光类旅游活动

工作任务

根据所学老年人自然风光类旅游活动的基本思路与要求，分析整理出活动的策划方案和操作流程，并生成活动策划书。

知识准备

1. 策划老年人自然风光类旅游活动的基本思路与要求

（1）明确活动主题的表达。

策划老年人自然风光类旅游活动，活动主题即是活动目的，包括本次活动的目的地、欣赏或游玩的主要内容等。在确定活动主题时，要考虑季节因素和地理因素，根据季节的变化选择不同的目的地，更要根据老年人的旅游需求和能力来综合考虑，要符合老年人的实际情况，确保其能顺利参加。

（2）认真调研，谨慎选择出行目的地。

在活动进入组织实施阶段之前，要对预选目的地进行认真的调研和严格的筛选。选择目的地需要从安全性、舒适性、交通便利性、目的地风光等方面进行考察，切忌盲目选择目的地，造成安全隐患或其他不必要的麻烦。

（3）制订详细的组织、行动计划。

由于活动通常时间较长、参加人员在户外，须对老年人的安全和身体适应性着重考虑，所以要组织老年人自然风光类旅游活动，制订详细的组织、行动计划必不可少。活动前的调研、宣传策划、活动道具、报名流程、活动流程、车辆、医疗保障、保险、服务人员等环节都需要责任到人，计划周全，并按活动计划表严格执行，推进活动进度。

（4）对活动工作人员进行培训。

由于所服务的群体特殊，需要活动的工作人员具备爱心、同理心、耐心和责任心。同时，还需要具备一定的旅游经验和照顾老年人的经验，所以在活动开始前，要对工作人员按照分工不同进行相应的培训，以便活动能顺利实施。

2. 老年人自然风光类旅游活动策划的基本流程

（1）活动前期准备。

活动前期根据季节因素、地理因素、老年人的旅游需求和旅游能力等，对活动主题和目的地进行深入调研，确定主题，选定目的地。准备工作包括研讨并制订活动计划流程，根据流程分工协作，开展准备工作。具体内容包括宣传策划、报名统计、活动物资准备、车辆准备、活动时间及活动流程制订、摄影摄像等人员安排、医疗物资准备、突发情况应对方案、活动后期宣传和服务计划等。准备工作的重点是精细、全面，尽最大可能确保活动安全顺利地进行。

（2）做好活动宣传工作。

老年人自然风光类旅游活动不同于其他室内活动，组织准备时间长，耗费的人力物力较多，所以宣传工作很重要，只有宣传工作到位，才能吸引老年人积极踊跃参加。宣传活动的形式包括线上宣传和线下宣传，需要做好宣传海报、条幅、通知等。线上应发挥社交媒体的宣传作用，在微信群、朋友圈、抖音、快手等老年人可以关注到的领域进行宣传和线上报名；线下则可以通过社区、社群等途径进行宣传，安排专门人员管理宣传和报名工作。

（3）明确活动流程和活动内容。

依据活动前期准备工作的讨论结果，对活动流程，包括出行计划、预定各目的地景点的门票、午餐形式、交通方式以及导游对接、拍照、娱乐活动的选择等方面进行重点推敲和把握。需要主带队人员熟悉活动流程与内容，提前"备课"，确保完成活动主题所预设的目标，并及时对当天的活动进行整理和复盘，力争做到每一天、每一步活动的顺利进行并实时记录、宣传。

3. 老年人进行自然风光类旅游活动的注意事项

（1）注意活动内容的合理化和人性化。

老年人参加自然风光类旅游活动，其目的是亲近自然、陶冶情操、强身健体、交友娱乐。在制订活动内容方面，要充分考虑老年人的感受和承受能力；在交通工具的选择上，要注意舒适度，避免颠簸；在活动内容的选择上，要避免观光难度过大、体力消耗过强、娱乐活动过于刺激，注重美的体验、情感的交流和娱乐视听的感受。

（2）注意活动过程的安全性。

本着"以人为本、情系老人、诚信服务"的原则，注重活动过程的安全保障。安全保障包含交通安全、出行安全、活动安全以及老年人的身体健康安全、心理健康安全，还有财产安全等，要做到活动前购买意外保险、发放安全须知，活动中随时关注老年人的身心健康状况，提醒其理性购物，切忌冲动被骗等。安全工作是重中之重，让老年朋友高高兴兴而来，安全尽兴而归。

（3）注意沟通方式和服务工作。

老年人在大脑、语言、身体机能等方面正在逐渐退化，所以在组织老年人自然风光类旅游活动的过程中，要十分注意与老年人的沟通并为之提供全面的服务。"老吾老以及人之老"，以孝顺自己父母的心情去善待其他老人，不以"色难"之态面对老年人，是中华民族的传统美德，也是老年活动组织者和服务者必备的道德修养。以同理心和爱心对待老年人，耐心地沟通、真诚地服务，才能让老年人在活动中真正获得快乐与价值认同感。

4. 老年人自然风光类旅游活动策划书的编撰

（1）活动目的及意义。

应用简洁明了的语言将活动目的的要点表述清楚；活动意义的表述要具体，需要体现重要性、可行性、时效性的特点。

（2）活动主题。

活动主题要紧紧围绕活动目的和意义来拟定，在行文中，应尽可能具体地写出策划主题的名称，如"相约梦中江南，拾忆青春岁月"，让人一目了然。

（3）活动时间、地点。

活动时间和地点的通知应该具体清晰。

（4）活动对象。

对本次活动适用的参与对象应进行界定说明，如"年龄在60~70岁，具备行动能力的老年人朋友"。

（5）活动准备。

活动准备部分是指活动开始前的所有准备工作，包括物资筹备、人员安排、宣传、报名、活动流程编写、购买户外活动保险的购买、安全须知等一切工作。

（6）活动开展。

即活动流程，作为策划书的正文部分，其表述要简洁明了，使人容易理解，但内容方面要力求详尽，写出每一点能预想到的内容，确保没有遗漏。在此部分中，不应局限于用文字表述，也可适当加入统计图表和图片。策划的各工作项目应按照时间的先后顺序排列。人员的组织安排、活动对象、相应权责及活动的时间地点也应在这部分加以说明，执行的应变程序也应该在这部分加以考虑。

（7）经费预算。

活动的各项费用在根据实际情况进行具体、周密的计算后，用清晰明了的形式列出。

（8）注意事项。

时间、环境等的变化，不可避免地会给方案的执行带来一些不确定因素，因此，活动策划书应提前预见可能发生的突发情况，并注明应变措施。

老年人自然风光类
旅游活动注意事项

案例拓展

"观赏刘家峡自然奇景，叹中华文明智慧传承"
老年人刘家峡水库旅游活动方案

一、活动目的

游历刘家峡水库，观青黄交汇的黄河奇景、赏奇峰林立的神奇山貌，感叹大自然的鬼斧神工和人类于时空之间留下的探索与实践智慧，陶冶情操、净化心灵。

二、活动主题

观赏刘家峡自然奇景，叹中华文明智慧传承。

三、活动时间

6—9月，具体时间待定。

四、活动地点

兰州市区（出发）—刘家峡水库。

五、活动对象

8~12名60岁左右有活动能力的老年人。

六、活动准备

1. 宣传报名：通过展板、海报、微信公众号、社群、抖音等渠道进行活动宣传及报名。

2. 制订活动流程，准备活动物资，联系车辆。

3. 人员安排，做到责任到人、分工协作。

七、活动开展

1. 按规定时间到指定地点集合，清点人数、确认身份后出发，车程1.5小时。

2. 具体活动流程。

环节一：乘船。

在车上分发区分于其他游客的身份标识，如帽子或丝带；抵达码头后，先组织老年活动成员上卫生间，再发放船票，乘船；乘船期间观赏沿途水文和山景，重点观察洮河汇入时两河青黄交汇的水文奇景。乘船时间1~2小时。

环节二：午餐。

乘船抵达炳灵寺码头，先整顿人员，准备享用农家特色午餐，用餐期间为大家介绍接下来的活动流程及注意事项。午餐菜品的选择遵循凸显当地特色和适合老年人食用的原则，午餐时间设置宽松，以便老年人细嚼慢咽和餐后方便、休息等。

环节三：参观炳灵寺，游览大寺沟峡谷。

进入炳灵寺，放眼大寺沟峡谷。峡谷两侧丹霞地貌奇峰林立，让人情不自禁地对大自然的鬼斧神工产生敬意。炳灵寺石窟虽不在四大石窟之列，但是其完全融入山水之间的自然韵味与历史沧桑，也是别有特色、引人入胜，值得细细品味。置身于奇峰怪石之间，在仰望头顶狭长天险的同时，向老年人讲解地貌特征与炳灵寺文化。给老年人充足的时间拍照、观察，其间设置特别活动环节——按照习俗在巨石下支起祈祝健康的小棍子。传说在巨石下放上支撑起来的小棍，可以保佑腰腿不痛。可以让老年人参与这项活动，在增加乐趣的同时，还能激发老年人对自己的信心和对生活的憧憬。整个活动畅游在山水之间，让人忘却烦恼、开阔胸襟。

环节四：拍集体照，发放纪念品。

炳灵寺游览结束后，组织老年人发挥想象力，在最有特色的山水之间找好角度拍摄集体照，并发放精美纪念品。码头集合，清点人数准备回程。

3. 主持人对活动进行总结、致谢。

八、经费预算

序号	内容	数量	金额/元
1	传单	100 份	50
2	海报	3 张	90
3	条幅	1 条，40 厘米×280 厘米	40
4	礼品	12 份	120
5	车费	往返	800
6	船票	往返 15 张	1 500
7	午餐	15 人	750
8	门票	60 岁以上老人免票/工作人员 3 张	150
9	其他	—	100
合计			3 600

九、注意事项

1. 活动前期准备充足。

2. 了解老年人的身体状况。

3. 活动过程中要保证老年人安全，谨防意外事故发生。

4. 工作人员维持活动现场秩序，及时与老年人沟通。

5. 提前做好参与人员数量统计工作，确保每位老年人在活动结束后都能领取一份小礼品，防止老年人因礼品未发放到位而产生不良情绪。

6. 活动前为参加活动的老年人购买活动意外险。

课堂练习

请为社区组织老人开展的"醉美花海，幸福同行"一日游活动并撰写一篇新闻稿。

子任务三　策划组织老年人"呼伦贝尔大草原"旅游活动

工作任务

查找相关活动案例，根据活动基本思路与流程，策划并组织一场老年人"呼伦贝尔大草原"旅游活动。在老年人自然风光类旅游活动组织实践中，挖掘草原文化的深刻内涵，并形成活动档案及宣传文案、视频、公众号推文。

知识准备

首先，复习组织老年人自然风光类旅游活动的思路与流程，进行准备工作；其次，了解草原相关知识：呼伦贝尔草原是世界著名的天然牧场，是世界四大草原之一，被称为世界上最好的草原，是全国旅游二十胜景之一。呼伦贝尔草原位于内蒙古自治区东北部，地处大兴安岭以西的呼伦贝尔高原上，因呼伦湖、贝尔湖而得名。呼伦贝尔草原是众多古代文明、游牧民族的发祥地，东胡、匈奴、鲜卑、室韦、回纥、突厥、契丹、女真、蒙古等民族曾繁衍生息于此，被史学界誉为"中国北方游牧民族的摇篮"，在世界史上占据较高地位。

1. 老年人参加"呼伦贝尔大草原"旅游活动前的准备

（1）联系呼伦贝尔当地旅行社，了解当地实际情况，制订旅游方案和活动流程。

（2）查看路线及交通方式，寻找最舒适、性价比最高的出行方式。

（3）查阅草原风光资料及相关知识，挖掘整理草原文化，制订活动的游戏环节。

（4）确定主题及旅游路线。

（5）确定活动时间。

（6）宣传工作：线上线下宣传。

（7）准备活动物资，包括应急药物和帽子、服装等。

老年人旅游分享活动

（8）确定好人员安排。

2. 老年人参加"呼伦贝尔大草原"旅游活动的实施

（1）出发：按规定时间到达指定地点集合出发。

（2）抵达：抵达后与当地旅行社接应人员联系，安排人员住宿及吃饭。

（3）活动过程。

第一天：观光海拉尔、泡温泉，放松休息。

第二天：前往陈巴尔虎旗金帐汗蒙古部落旅游，活动内容包括下马酒，祭敖包，观摔跤、套马表演、着民族服装拍照、品尝蒙古族风味餐手扒肉、乘勒勒车、骑马游草原、观民族歌舞、参加篝火晚会等。

第三天：呼伦湖旅游区观光，可乘船游湖、垂钓等。午餐"全鱼宴"。下午乘巴士赴满州里市，欣赏满洲里夜景、品尝满洲里特色烤肉。

第四天：游览满洲里城市风景、中俄交易市场，参观国门，观看俄罗斯舞蹈，去套娃广场和婚礼宫游玩，感受俄罗斯文化。

第五天：返回海拉尔，游览海拉尔国家森林公园、世界反法西斯战争海拉尔纪念园，吃烤全羊、赏海拉尔夜色。

第六天：返程。

注意：活动节奏应根据老年人的适应程度相应放慢，让老年人能充分观赏草原风光，并有足够的时间休息和亲近自然。

（4）活动结束，主持人总结并发放礼品。

3. 老年人参加"呼伦贝尔大草原"旅游活动的后期工作

（1）活动后期工作包括上传照片供老年人下载，征集老年人旅游心得美文、美好瞬间拍照等，做好服务和宣传工作。

（2）复盘活动，资料归档。

4. 老年人参加"呼伦贝尔大草原"旅游活动的注意事项

组织老年人长线旅游，保障老年人的人身财产安全、身心健康安全是重中之重，要确保老年人不掉队、不被骗，预防生病，做好应急预案。除此之外，草原游牧民族有其特殊的礼俗，需要为老年人普及相关知识，防止冒犯到当地牧民。

（1）爱畜：汽车在草原行驶时，路遇畜群应早鸣笛，以使畜群早些避开。否则车辆猛然惊畜，牲畜急跑会掉膘。如在草原遇见畜群，汽车与行人要绕道走，不要从畜群中穿过，否则会被认为是对畜主的不尊重。

（2）进包：进入蒙古包要从火炉左侧走，要坐在蒙古包的西侧或北侧，因为东侧是主人的起居处。入座时，不要挡住北面哈那（壁）上挂着的佛像。走进蒙古族人家，无论是蒙古包还是砖瓦房，都不可坐在门槛上或踩在门槛上。

（3）敬茶：到牧民家做客或在旅游景点用茶，主人或服务人员首先会给宾客敬上一碗奶茶。宾客要微欠起身用双手或右手去接，千万不要用左手去接，否则会被认为是不懂礼节。主人或服务人员斟茶时，宾客若不想要茶，可用碗边轻轻碰勺或壶嘴，主人便会明白宾客的用意。

（4）敬酒：斟酒敬客，是蒙古族待客的传统方式。通常主人将美酒斟在银碗、金杯或牛角杯中，唱起动人的蒙古族传统敬酒歌，客人若是推推让让不喝酒，就会被认为是瞧不起主人、不愿以诚相待。宾客应随即接住酒，接酒后用无名指蘸酒向天、地、火炉方向点一下，以示敬奉天、地、火神。不会喝酒也不要勉强，可沾唇示意，表示接受了主人纯洁的情谊。

5. 老年人参加"呼伦贝尔大草原"旅游活动的情况

（1）安排专人形成网格化管理，每位带队老师负责5人，时刻保持与自己负责的老年人沟通，及时观察并发现问题，以便第一时间处理。

（2）主持人协调全场，与旅行社人员随时保持对接，安排好老年队员们的衣食住行和娱乐项目、文化活动。

（3）活动每一天的照片、视频、推文及时发布于活动群和社交平台，以便老年人和家人查阅观赏、留存纪念。

6. 老年人参加"呼伦贝尔大草原"旅游活动的评估

评估总结是活动执行与管理的重要环节，通过活动的评估能够有针对性地掌握活动开展的情况，总结经验、弥补不足，以提高活动组织策划的实效性。

评估时将活动过程划分为活动开展前、活动进行中、活动结束后三个阶段，通过针对不同阶段的评估工作，了解活动直接参与对象（老年人）、活动工作人员、活动指导者等人的参与体验，掌握清晰全面的活动评估内容（如表6-1所示）。

表6-1　老年人参加"呼伦贝尔大草原"旅游活动的评估

活动阶段	活动对象	评估内容
活动开展前	参与活动的老年对象、活动工作人员、专家、活动指导者	活动内容是否符合老年人身心需要； 活动内容是否适合特定群体的老年人； 活动所需的资源是否合理； 活动选择的天气、时间、地点是否得当； 活动通知的内容是否周详； 活动所需的基础设施是否完善
活动进行中		老年人是否准时到场； 活动是否准时进行； 场所是否存在外界干扰； 活动现场氛围是否达到预期效果； 老年人是否能够紧跟活动进度； 活动指导者能否根据老年人实际情况把握活动进度； 工作人员能否保证高效处理突发事件； 工作人员是否全程关注老年人身心状态； 活动所需设备是否正常运行； 活动是否按照预定时间和步骤完成
活动结束后		是否已整合活动材料； 是否对老年人进行满意度回访调查； 是否对活动进行总结与改进

案例拓展

老年人旅游情况调查问卷

尊敬的老年人朋友：

您好！我们是××社区的老年人活动志愿者，目前正在进行一项老年人旅游课题调研工作，热切期待您的积极参与，请您抽出宝贵时间协助我们填写这份调查问卷。您所填写的内容将是本次调研的直接数据来源，也是我们对老年人旅游情况进行研究的重要依据。在此，对您给予的支持与帮助表示诚挚的感谢！我们向您保证：您填答的内容仅供课题研究使用，对于问卷上的所有信息，我们将进行严格保密。

1. 您对旅游感兴趣吗？（单选题，必答）

○ 非常感兴趣

○ 感兴趣

○ 有点兴趣

○ 不感兴趣

2. 您对下列旅游类型的感兴趣程度如何？（矩阵单选题，必答）

	非常感兴趣	感兴趣	有点兴趣	不感兴趣
1. 自然风光近郊型	○	○	○	○
2. 民俗风情传统文化型	○	○	○	○
3. 村寨与古镇型	○	○	○	○
4. 农业生产体验型	○	○	○	○
5. 乡村休闲度假型	○	○	○	○
6. 农业科普教育型	○	○	○	○
7. 体验运动型	○	○	○	○
8. 康乐型	○	○	○	○
9. 乡村商务会所型	○	○	○	○

3. 您经常和谁一起出游？（多选题，必答）

□ 家人   □ 同事

□ 独自   □ 亲戚

□ 旅行团   □ 恋人

□ 驴友   □ 朋友

□ 同学   □ 其他

4. 您通常选择哪种交通方式前往近郊旅游目的地？（多选题，必答）

□ 自驾游

□ 公共交通工具

□ 包车

□ 旅行社组织

□ 步行或自行车

5. 您在近郊旅游点可以接受的总消费金额是多少：（单选题，必答）

○ 200 元以内

○ 201～300 元

○ 301～400 元

○ 401～500 元

○ 500 元以上

6. 您获取旅游咨讯的主要渠道是：（多选题，必答）

□ 亲朋好友口碑宣传

□ 互联网

□ 旅行社

□ 三微平台（微信、微博、微电影）

□ 传统媒介（电视广播、报纸或杂志、旅游宣传手册、传单）

□ 其他

7. 您进行旅游活动的原因是：（最重要的三个原因，多选题，必答）

□ 亲近自然，欣赏自然景观

□ 体验他乡生活，感受当地民俗文化

□ 商务活动、会议公务、考察交流

□ 去周边景点参观后顺道游览

□ 增长知识，拓宽视野

□ 寻找刺激或者乐趣

□ 远离生活的嘈杂，享受宁静的气氛

□ 赶时髦，最近同龄人比较流行旅游

□ 聊天休息，散步闲逛，打发时间

8. 您的性别：（单选题，必答）

○ 男

○ 女

9. 您的年龄：（单选题，必答）

○ 18 岁以下

○ 45～50 岁

○ 50～55 岁

○ 55~60 岁

○ 60~65 岁

○ 65 岁以上

10. 您所接受的教育程度：（单选题，必答）

○ 初中及以下

○ 高中及中专

○ 大专或本科

○ 研究生及以上

11. 您退休前的职业是：（填空题，必答）

_____

12. 您的婚姻状况是：（单选题，必答）

○ 单身

○ 已婚

13. 您的家庭收入：（单选题，必答）

○ 2 000 元以下

○ 2 001~3 000 元

○ 3 001~5 000 元

○ 5 001~10 000 元

○ 10 000 元以上

课堂练习

根据调研结果，尝试策划一场老年人自然风光类旅游活动。

工作步骤

第一步：调研老年人对自然风光旅游的需求，对旅游目的地、主题进行深入调研和讨论，明确活动主题，确定活动时间及地点。

第二步：分析策划组织老年人自然风光类旅游活动的基本思路，研讨并制订活动策划及流程，形成活动策划的初步模型。

第三步：熟悉确定活动策划的操作流程。按照活动策划的基本思路进行活动的安排与组织。

第四步：分组完成活动策划书。通过小组讨论、设计，生成活动策划书，教师参与指导。

第五步：各小组展示、互评，每组组长进行活动策划展演，完成活动评估。

工作评价与反馈

任务	存在的问题	改进措施

收获与感悟：

指导教师评语：

教师签名：

任务二　策划组织老年人人文景观类旅游活动

情景导入

琼台美酒醉东风，皇城古道紫禁城

气势巍峨的紫禁城，屹立于中华人民共和国首都北京，是明清两代的皇宫，更是中国人对于"皇朝"最后的认知所在，王朝在此被颠覆，文明也在此被保留，成为几乎是所有中国人最向往的人文旅游胜地之一。北京故宫与法国凡尔赛宫、英国白金汉宫、美国白宫、俄罗斯克里姆林宫并列为世界五大宫，故宫位居榜首，不仅是中国人的骄傲，更是中国对世界文明的馈赠与贡献。如果说"不到长城非好汉"是中国人对中华文化的执着，那么去故宫就是国人对统治了华夏大地两千多年的封建王朝最后的祭奠与追溯。金碧辉煌紫禁城，红墙宫里万重门。依偎于紫禁城厚重的城墙，还能听到那波澜壮阔的历史回响；轻触那徐徐敞开的宫门，鲜活的历史还尚存余温。与故宫的接触，是一场时空的穿越，是中华民族千年文明以皇家的威严姿态呈现于世界的辉煌，更是华夏文明生生不息的生命与永恒灵魂的延续。

问题思考：

1. 查阅资料，整理出国内最适合老年人旅游的人文景观有哪些。

2. 在组织策划老年人人文景观类旅游的活动中，可以通过哪些方式让老年人获得更好的体验和更多的满足？

任务要求

查阅相关资料，寻找适合老年人出游的目的地；通过问卷、随机访问等形式收集老年人最心驰神往的人文景观，归纳老年人人文景观类旅游的真实需求和解决方案，尝试草拟策划一场老年人喜爱的人文景观旅游活动。

子任务一　认识老年人人文景观类旅游活动

工作任务

学习相关知识介绍，认识老年人人文景观类旅游活动的定义、特点、类型及意义。在本子任务中参考老年人自然风光类旅游活动的特点，对老年人人文景观类旅游的特点、需求与解决方案进行梳理，与同组同学、老师进行经验分享。

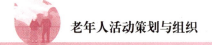
知识准备

相较于自然风光类旅游活动，人文景观类旅游活动对老年人而言，有更加明确的目的性和人文情怀。老年人人文景观类旅游活动的目的受时代环境的影响而具有同一性，又由于老年人文化认知与生活履历的不同而具有特殊性。同时，受老年人身体和心理因素的影响，活动又具有一定的局限性。在组织老年人人文景观类旅游活动时，应做好充分的社会背景调查，整理出最适合老年人的人文景观目的地，并在此基础上细化，根据不同老年人的需求组织目的性强、服务全面的旅游活动，让老年人享受安全、舒适并能充分共情的人文景观类旅游活动。

1. 老年人人文景观类旅游的需求要素

（1）弥补遗憾的需求要素。

就目前而言，我国已步入老龄但仍具备旅游能力的老年人大多为50后、60后，这些老年人的童年生活比较艰苦，中青年时期为社会、家庭做出了巨大贡献与牺牲。他们中的大多数年轻时不具备旅游的机会与能力。退休后，终于有了时间与经济条件，所以大概率会选择旅游来弥补自己年轻时的遗憾，在对祖国大好山河心弛神往的同时，他们更加具备人文情怀，对自己认知中的某些人文景观也有着强烈的期待，想要借此弥补心中的遗憾。

（2）满足认知的需求要素。

受"读万卷书，行万里路"这一文化认知的影响，老年人对自己所了解的人文景观具备一探究竟的强烈好奇心以及需求被满足以后的自豪感。探访伟人故里、追寻历史遗迹，是很多老年人津津乐道的旅游活动。受"一带一路"倡议的影响，踏寻"丝绸之路"的脚步进行文化旅游也成为老年人旅游的新时尚，备受老年人欢迎。

（3）联络感情的需求要素。

共享天伦、探访老友、思乡情切等感情因素，是老年人选择人文类旅游的重要需求因素。儿女以旅行的方式陪伴父母或为父母报名参加旅游活动，是丰富老年人晚年生活、表达孝顺的重要方式；探访老友、与老友一起去实现年轻时的旅游梦想，是老年人渴求的养老体验；而追乡溯源，回到记忆中的家乡，重温家乡生活，则满足了老年人对自身认同感的需求。游历家乡的人文景观，从家乡文化中收获的文化自豪感是对老年人心理需求的巨大满足。

2. 老年人人文景观类旅游的热门分类

受生活年代、文化认知、生活履历等因素影响，老年人人文景观类旅游倾向于选择红色旅游、名胜古迹、民俗旅游、现代文化与科技成果旅游等类型。

（1）红色旅游。

红色旅游主要是以中国共产党领导人民在革命战争时期建立丰功伟绩所形成的纪念地、标志物为载体，以其所承载的革命历史、革命事迹和革命精神为内涵，组织接待旅游者开展缅怀学习、参观游览的主题性旅游活动。红色旅游的特点是各地均有红色旅游特色和人文景观，老年人可以根据自身情况选择距离居住地近的景点或自己心中向往的红色旅游胜地。

（2）名胜古迹。

名胜古迹是历史的载体和见证。中华民族历史悠久、民族文化源远流长，名胜古迹数不胜数，大致可以分为古代伟大工程类，包括万里长城、京杭大运河、都江堰等；宗教古迹类，包括四大石窟、寺庙古刹、名山道观、各类名塔等；中国古代人类遗址，包含河姆渡遗址、中国猿人遗址、半坡村遗址、大汶口文化遗址等；名人陵墓类，包括黄帝陵以及历代皇帝陵墓、少数民族藩王陵墓、名人志士陵墓等；园林类，包括皇家园林、私家园林、北方园林和南方园林等，最著名的有承德避暑山庄、颐和园、拙政园、狮子林、网师园等；中国历史文化名城类，包括十大古都，宫殿建筑（北京故宫、布达拉宫、孔府孔庙等）等。

（3）民俗旅游。

民俗旅游是指以地域民俗事项为主要观赏内容的文化旅游活动，是对当地民俗文化内涵的探寻，颇具观赏性、文化参与性。民俗旅行的过程既是了解异地民俗文化的过程，又是愉悦身心、置身其中体验快乐的过程，目前各地旅游业都把民俗文化渗透到旅游项目中，民俗旅游已经成为一种热门趋势。

（4）现代文化与科技成果旅游。

现代文化与科技成果旅游，其观赏对象区别于以文物、史迹、遗址、古建筑等为代表的历史文化层，而是以现代文化、艺术、技术成果等为代表的现代文化层，是指旅游者为实现特殊的文化感受，即出于文化动机而进行的旅游活动。在这个过程中，旅游者观察、感受、体验异地或异质的现代艺术和现代文化，深入体验高科技时代的现代文明，从而得到全方位的精神和文化享受。其特点是具有创意性、科技性和体验性，如北京798文化创意产业园参观游览、科大讯飞参观游览、各类研学活动等。

3. 老年人人文景观类旅游的创新服务

老年人人文景观类旅游活动受老年人身心特点的影响，具备老年群体活动的特殊性。因此，在组织此类旅游活动时，应注意把握时间、节奏、交通方式选择、景点选择和服务意识。

（1）时间自由，节奏放缓。

由于老年人身体机能水平的下降以及理解问题的速度相对迟缓，在旅行过程中，首先要注意时间与节奏的把控。老年人的时间比较充裕，所以在旅游时间上可以选择淡季出行。又由于老年人作息规律，喜欢早睡早起，所以在旅游活动的进程中，可尽量选择早出发、早休息，不过度安排夜间活动。参观游览的过程中，放缓节奏，让老年人有充足的时间观赏、理解、消化和拍照留念，以免由于赶行程而造成老年人心理压力过大、身体超负荷等不适或突发状况。

（2）景点具有代表性或能满足老年人的情感需求。

根据调查所得的老年人人文景观类旅游需求进行分类，有目的、分主题地招募旅游活

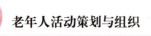

动的参与者，或根据老年人的需求组织制订旅游路线，即以满足老年人的人文旅游需求和情感需求为主线，制订活动计划。

（3）交通方式的选择。

受老年人身心特点的影响，交通方式的选择至关重要。大交通尽量根据老年人的作息规律，选择早航班或夜间软卧车厢出行，既节省时间和经费，又能让老年人可以有足够的休息时间和充足的睡眠；小交通需选择团队专用的车辆，专车专用，为老年人旅游出行提供充足的交通便利。

（4）创新服务意识与服务形式。

在基础服务的基础上，对服务意识和服务形式进行创新，以便更好地为老年人旅游提供服务，提升团队老年活动组织水平和能力。服务创新包含在旅途中对老年人的身体健康进行检测、提醒吃药；为老年朋友提供专业拍照、航拍等记录旅游过程的服务；对旅行中的消费类目进行整理，为老年人提供中肯且实用的购物建议；对旅行中的文化内容进行整理和宣讲，鼓励老年朋友分享自己了解的文化知识等；在流媒体以及纸质媒体上分享老年人的文化景观旅游活动，也鼓励老年人与朋友分享、宣传等。

4. 人文景观类旅游活动的价值

（1）美学价值。

人文景观兼具形制与意象之美，或历史悠久、或气势恢宏、或神秘、或科技、或古典、或现代，且具备参与、体验、实用等多种美学特征，具有特殊的美学价值与美感质量，能够满足人们的社会历史文化审美需要。

（2）文化价值。

人文景观类旅游活动，为人们了解社会历史、学习前人和现代社会的文化智慧提供了场所和机会，使人们可以从中汲取文化教益，丰富精神生活、提高文化素养，在陶冶人们的高尚情操和促进中国特色社会主义精神文明建设方面起到积极作用。

（3）体验价值。

人文景观作为文化的载体，早已走入人们的生活。在人文景观类旅游活动中，对民俗文化、古典文化、现代文化、科技成果等内容的体验，既是参与的过程，又是学习的过程，可谓是"玩到深处是文化"，以娱乐身心的方式了解、传播文化精神，远比书本上的间接经验要更直观、深刻。

案例拓展

关于招募"故宫文化爱好者"，共游北京的活动通知

各养老社区：

即将到来的秋高气爽、"神兽"归笼的美好初秋，是老年朋友踏秋出游、追寻美好梦想的大好时光，现面向各养老社区招募"故宫文化爱好者"，共同畅游北京，了解皇城文

化，共续人生梦想。请志同道合的老年朋友及时与我们联系，莫错过美好夕阳时光。

一、活动时间

9 月 11—21 日。

二、活动对象

8~12 名 55~65 岁有活动能力的老年人。

三、活动内容

畅游故宫、恭亲王府、明皇陵；观看升旗仪式、骑自行车游览北京胡同；品尝老北京经典美食等。

请各位志同道合的老年朋友积极报名，各养老社区于 9 月 3 日 16：00 前通过办公系统发送报名情况或直接电话联系报名，联系电话：××××-×××××，微信：×××。

柳林老年俱乐部

2023 年 8 月 19 日

请根据活动通知，完善本次活动策划方案。

课堂练习

请根据老年人人文景观类旅游的需求要素，整理设计"老年人人文景观旅游需求"调查问卷。

子任务二　策划老年人人文景观类旅游活动

工作任务

根据所学老年人人文景观旅游类活动策划的知识，分析整理出活动的策划方案和流程，并生成活动策划书。

知识准备

1. 策划老年人人文景观类旅游活动的基本思路与要求

（1）确定活动主题。

策划老年人人文景观类旅游活动，要先确定本次活动的目的地、欣赏或游玩的主要文化内容等。在确定活动主题时，要考虑老年人人文景观类旅游的需求要素，对活动目的地和文化类型进行细化，更要根据老年人的旅游需求和能力来综合考虑，要符合老年人的人文及情感需求，有的放矢地招募具有共同需求的老年人参加。

（2）认真调研目的地。

确定活动主题的同时，目的地也要确定，要对目的地进行实时关注。务必对目的地天气预报、时事新闻、政策法规的变动、目的地景点的开放情况，以及交通、住宿、饮食等方面进行详细调研，做到实时关注。

（3）制订详细活动计划。

需要着重考虑活动周期、出行距离、安全性和老年人的身体适应性。组织老年人人文景观类旅游活动时，制订详细的组织、行动计划必不可少，活动前的调研、宣传策划、活动道具准备、报名流程、活动流程、交通方式、医疗保障、保险购买、服务人员安排等环节都需要责任到人，要制订详细计划，按活动计划表严格执行，推进活动进度。

（4）对活动工作人员进行培训。

由于服务群体特殊，需要活动的工作人员具备爱心、同理心、耐心和责任心。同时，还需要具备一定的旅游经验或照顾老年人的经验，所以在活动开始前，要对工作人员按照分工的不同进行相应的培训，以便活动顺利实施。

2. 老年人进行人文景观类旅游活动的注意事项

（1）充分调查活动需求。

首先要充分调查了解老年人对人文景观类旅游活动的真实需求，按照季节和人群特点合理制订活动计划，选择活动主题及目的地，对相应人群进行精准宣传和充分调动。

（2）切实保障活动安全。

安全保障是一切活动的前提。人文景观类旅游活动的安全保障包含交通安全、出行安全、活动安全以及老年人的身体健康安全、心理健康安全，还有财产安全、通信安全等方面。要在活动前为老年人购买意外保险、发放安全须知；活动中要随时关注老年人的身心健康状况，提醒其理性购物，切忌冲动被骗等。安全工作是重中之重，各级工作人员必须进行严格培训，且随时做好应急准备，即使出现突发情况也可以把安全损失降到最低。

（3）优化服务流程。

一方面，参加人文景观旅游活动的老年人大多数认知水平较高，甚至对某一方面的了解比较深入，所以在活动过程中可以及时与其沟通。当导游或带队老师准备的材料不足或与老年人认知有出入的情况时，要及时做好沟通工作，虚心请教、共同讨论，防止极端情况发生；另一方面，老年人的大脑、语言、身体等方面的机能正在逐渐退化，所以在组织老年人人文景观类旅游活动的过程中，要时刻注意与老年人的沟通与服务。以"老吾老以及人之老"的心情去善待老人，保持良好态度，以同理心和爱心对待老年人，耐心地沟通，真诚地服务。

案例拓展

"做时空探测者，寻找消失的军团"

老年人西安兵马俑景区旅游活动方案

一、活动目的

秦始皇陵位于陕西省西安市临潼区以东 3.5 千米处的骊山北麓。秦始皇陵兵马俑坑是秦始皇陵的陪葬坑，位于秦始皇陵东侧 1 500 米处。秦始皇陵及兵马俑坑被联合国教科文组织批准列入《世界遗产名录》，被誉为"世界第八大奇迹"。从公元前 210 年始建到 1974 年兵马俑被考古工作者发现，这只规模庞大的"军团"在地下沉睡了近 2 000 年的光阴。本次活动的目的在于寻找志同道合的伙伴去西安秦始皇陵，探寻这支庞大的地下军团。

二、活动主题

做时空探测者，寻找消失的军团。

三、活动时间

9 月 3 日 8：00—15：00。

四、活动地点

西安市（出发）—秦始皇陵兵马俑博物馆。

五、活动对象

8~12 名 55~65 岁有活动能力的老年人。

六、活动准备

1. 宣传报名：通过展板、海报、微信公众号、社群、抖音等渠道进行活动宣传及报名。

2. 制订活动流程，准备活动物资，联系车辆。

3. 人员安排：责任到人、分工协作。

七、活动开展

1. 按规定时间到指定地点集合，清点人数、确认身份后准备出发，车程 1 小时。

2. 活动流程。

环节一：参观前集合。

抵达目的地后，由一名工作人员去预约上午 10：00 参观的团队门票，带队老师和其余工作人员集合队伍，点名并做简单的自我介绍，介绍活动的讲解员，参加活动的老年人可与讲解员进行互动，等待入场。拍集体照，给老年人 10 分钟时间自由拍照。

环节二：参观秦始皇陵兵马俑。

在讲解员的带领下，按步骤参观秦始皇陵兵马俑，根据讲解员的介绍了解秦始皇陵与兵马俑的知识，仔细观察工作人员对文物的拯救工作（下一环节会有问题）。

环节三：参观墓坑活动结束，补给营养、做活动。

参观结束在墓坑外小广场集合，就地补给营养，休息 1 小时，期间可以自由拍照。自由活动结束后，带队老师带领大家做活动，活动环节设置问题和奖品，答对的老年队员可以获得奖励。问题设置围绕秦始皇陵兵马俑的种类、特点及其原有的形态和目前的状态对比，以及考古工作人员是如何"拯救"兵马俑等内容展开。

环节四：参观秦始皇陵景区其他景观。

参观秦始皇陵博物馆、文创馆以及景区内其他游览项目，集合返程。

3. 主持人对活动进行总结、致谢，发放小礼品。

八、经费预算

序号	内容	规格	金额/元
1	传单	100 份	50
2	海报	3 张	90
3	条幅	1 条，40 厘米×280 厘米	40
4	礼品	12 份	120
5	车费	往返	800
6	门票	共 15 张，10 人为 60 岁以上，享受半价	1 500
7	其他	—	100
合计			2 700

九、注意事项

1. 活动前期准备充足。

2. 了解老年人的身体状况。

3. 活动过程中保证老年人的安全，谨防意外事故发生。

4. 工作人员维持活动现场秩序，及时与老年人沟通。

5. 提前做好参与人员数量统计工作，确保每位老年人在活动结束后都能领取一份小礼品，防止老年人因礼品未发放到位而产生不良情绪。

6. 活动前为参加活动的老年人购买活动意外险。

课堂练习

根据老年人人文景观旅游活动相关报道，结合实际调研，讨论老年人文化旅游领域常见的智能化设计应用及具体案例。

镇江三项举措切实解决老年人文化旅游领域运用智能技术困难

为贯彻落实国家和省关于切实解决老年人运用智能技术困难问题相关精神，充分聚焦老年人群体，提升文化旅游公共服务治理精准化、精细化水平，镇江市文化广电和旅游局向全市所有 31 家旅游景区和 22 家市直及辖市区文化场馆下发《关于推进解决老年人运用智能技术困难的通知》，三项举措确保各文化场馆、景区落实到位。

一是保留传统服务，确保老年人畅通进入文化场馆和旅游景区。为老年人保留充足的现场预约名额，开辟绿色通道，保留人工窗口和电话专线预约。允许老年人家人、朋友代为预约，老年人可凭当日有效预约码、购票信息等内容的截图进入文化场馆和旅游景区。组织工作人员和志愿者做好引导工作，安排老年人顺利进入场所。

二是突出老年人特点，优化文化场馆和旅游景区老年人服务水平。在各文化场馆和旅游景区入口处设置扶老助残公益岗，一对一帮助老年人使用电子智能设备和预约码、购票信息等查询服务。在场所内提供电子讲解、自助服务设备，在醒目位置使用大字号标注开放时间、绿色通道、操作指南，为老年人提供老花镜或放大镜，适当设置语音引导，方便老年人获取信息。

三是开展培训辅导，帮助老年人学习运用智能技术。镇江市图书馆、扬中市图书馆、古城社区、朱方路社区、德高老年护理院、信源康老年护理院等场所开展"夕阳红老年人培训"系列课程8期，共50余场，教授老年人使用智能手机、微信聊天、小视频制作和基本的手机支付功能，累计服务1 000余人次。加强线上培训辅导，镇江市老年艺术大学开设网络视频课程，为行动不便、不能参加线下学习的老年人提供学习机会。

（资料来源：镇江市文化广电和旅游局新闻中心）

子任务三　策划组织老年人"观赏苏州园林"旅游活动

工作任务

查找相关活动案例，根据活动基本思路与流程，策划并组织一场老年人"观赏苏州园林"旅游活动。在老年人人文景观类旅游活动策划实践中，观赏苏州园林风光，感受江南文化，并形成活动档案及宣传文案、视频、公众号推文。

知识准备

1. 活动前准备

（1）联系苏州当地旅行社，了解当地实际情况，制订旅游方案和活动流程。

（2）查看路线及交通方式，寻找最舒适、性价比最高的出行方式。

（3）查阅江南园林资料及相关知识，挖掘江南园林文化，制订活动计划。

（4）确定主题及旅游路线。

（5）确定活动时间。

（6）宣传及报名工作：线上线下宣传、报名。

（7）准备活动物资，包括应急药物和帽子、服装等。

（8）确定好人员安排。

2. 活动实施

（1）出发：按规定时间到达指定地点集合后出发。

（2）抵达：抵达后与当地旅行社接应人员联系，安排人员住宿及吃饭。

（3）活动过程。

（4）活动结束，主持人总结并发放礼品。

3. 活动后期工作

（1）活动后期服务，包括上传照片供老年人下载，征集老年人旅游心得美文、美好瞬间拍照等，做好服务和宣传工作。

（2）复盘活动，资料归档。

4. 活动注意事项

组织老年人长线旅游，保障老年人的人身财产安全、身心健康及安全是重中之重，要确保老年人不掉队，谨防诈骗，预防生病，做好应急预案。除此之外，可将苏州独具江南特色的美食美景做成攻略供老年人自由活动时参考。

（1）美食：松鼠桂鱼、酒酿饼、响油鳝糊、大闸蟹、糖粥（红豆粥）、碧螺虾仁等苏州特色美食，还有颇具特色的桂花鸡头米、腌笃鲜、藏书镇羊肉和阳春面，也是不可错过的江南美食。

（2）苏州丝绸：走进苏州，大街小巷便到处可见丝绸，种类繁多、琳琅满目，外地人不具备识别鉴赏丝绸的能力，所以建议选择苏州丝绸刺绣的百年老店，以保证购买商品的品质。

（3）碧螺春：爱茶人士到了苏州，品鉴碧螺春、采购新茶作为礼物必不可少。与苏州丝绸刺绣一样，老年人在苏州旅游应注意店铺的选择，选择正规茶厂、茶社，以防上当受骗。

（4）城市景观：苏州作为江南名城，其城市景观自成特色。现代建筑林立，古典园林亦得以保存修缮，体现着苏州历史悠久的文化底蕴与苏州人包容纳新的胸襟智慧与城市文明。苏州城内总有意想不到的美好景致于不经意间让人惊艳，或恬静或活泼，总有它独特的韵味与魅力。保持良好的身心状态，就一定可以邂逅属于自己的江南奇遇。

5. 活动参加情况

（1）安排专人形成网格化管理，每位带队老师负责5人，时刻保持与自己负责的老年人沟通，及时观察和发现问题，以便第一时间处理。

（2）主持人协调全场，与旅行社人员随时保持对接，安排好老年队员们的衣食住行和娱乐项目、文化活动。

（3）活动每一天的照片、视频、推文及时发布在活动群和社交平台，以便老年人及其家人查阅观赏、留存纪念。

6. 老年人参加"观赏苏州园林"旅游活动的评估

评估总结是活动执行与管理的重要环节，通过活动的评估能够有针对性地掌握活动开展的情况，总结经验、弥补不足，以提高活动组织策划的实效性。

评估时将活动过程划分为活动开展前、活动进行中、活动结束后三个阶段，通过针对不同阶段的评估工作，了解活动直接参与对象（老年人）、活动工作人员、活动指导者等人的参与体验，掌握清晰全面的活动评估内容（如表6-2所示）。

表6-2　老年人"观赏苏州园林"旅游活动的评估

活动阶段	活动对象	评估内容
活动开展前	参与活动的老年对象、活动工作人员、专家、活动指导者	活动内容是否符合老年人身心需要； 活动内容是否适合特定群体的老年人； 活动所需的资源是否合理； 活动选择的天气、时间、地点是否得当； 活动通知的内容是否周详； 活动所需的基础设施是否完善
活动进行中		老年人是否准时到场； 活动是否准时进行； 场所是否存在外界干扰； 活动现场氛围是否达到预期效果； 老年人是否能够紧跟活动进度； 活动指导者能否根据老年人实际情况把握活动进度； 工作人员能否保证高效处理突发事件； 工作人员是否全程关注老年人身心状态； 活动所需设备是否正常运行； 活动是否按照预定时间和步骤完成
活动结束后		是否整合活动材料； 是否对老年人进行满意度回访调查； 是否对活动进行总结与改进

案例拓展

请根据以下行程为社区组织老年人开展的"醉美花海，幸福同行"七日游活动撰写活动策划方案。

第一天：抵达目的地，下榻平江区东北街附近宾馆，品尝当地特色美食，放松休息。

第二天：参观苏州博物馆、拙政园。

第三天：游览狮子林。

第四天：观赏留园。

第五天：游苏州金鸡湖。

第六天：苏州城内自由活动。

第七天：返程。

课堂练习

小组讨论、设计1~2个老年人在旅行路途中的互动游戏并组织互动，小组成员进行互评。

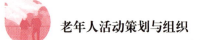

老年人活动策划与组织

工作步骤

第一步：调研老年人对人文景观旅游的需求，对旅游目的地、主题进行深入调研和讨论，明确活动主题，确定活动时间及地点。

⬇

第二步：分析策划组织老年人人文景观类旅游活动的基本思路，研讨并制订活动策划和流程，形成活动策划的初步模型。

⬇

第三步：熟悉确定活动策划的操作流程。按照活动策划的基本思路进行活动的安排与组织。

⬇

第四步：分组完成活动策划书。通过小组讨论、设计，生成活动策划书，教师参与指导。

⬇

第五步：各小组展示、互评，每组组长进行活动策划展演，完成活动评估。

工作评价与反馈

任务	存在的问题	改进措施

收获与感悟：

指导教师评语：

教师签名：

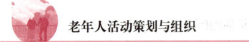

任务三　策划组织老年人疗养类旅游活动

❯ 情景导入

健康与旅行并肩而行，相约山东威海旅居基地

山东威海旅居基地位于山东半岛最东端的璀璨明珠——威海市，临靠威海葡萄滩海水浴场，毗邻湖景公园，环境幽雅，空气质量等级为一级。其地理位置优越，北依卧龙山，三甲医院近在咫尺，距中心商圈3千米，距环翠楼公园3.7千米，到海滨浴场4.2千米，距高铁站8千米，公交、打车均十分便捷。宜人的气候和完备的基础设施是老年朋友疗养旅居的上佳选择，老年朋友们可一起出海捕鱼、沙滩漫步、爬卧龙山看日出晚霞，以疗养的形式完成一段旅程。对酒当歌，人生几何，一切都刚刚好。

问题思考：

1. 查阅资料，整理出疗养类旅游的历史和国内发展现状。

2. 在策划组织老年人疗养类旅游活动的过程中，可以通过哪些方式让老年人获得更好的体验和更多的满足？

❯ 任务要求

查阅相关资料，寻找我国目前发展较好的疗养旅游胜地，通过问卷、随机访问等形式了解老年人对疗养旅游的看法，归纳老年人疗养类旅游的真实需求和解决方案，尝试草拟策划一场老年人喜爱的疗养旅游活动。

子任务一　认识老年人疗养类旅游活动

工作任务

学习相关知识介绍，认识老年人疗养类旅游活动的定义、特点、类型及意义，在本子任务中参考老年人人文景观类旅游活动的需求和特点，对老年人疗养类旅游的需求、特点与解决方案进行梳理，与同组同学、老师进行经验分享。

知识准备

相较于自然风光类旅游和人文景观类旅游，疗养类旅游活动对老年人而言，有更加明确的目的性和更加舒适的旅游体验。疗养类旅游活动对老年人的晚年生活的质量和身心健康有着积极的提升作用。疗养院一般处于海滨、矿泉、湖泊风景区，可根据自然条件开发水疗、泥疗、森林浴、日光浴等项目，还运用了多种疗养措施，如理疗、体疗、营养疗养和心理疗养等，以提高疗养效果。疗养类活动强调优美宜人的自然环境、良好的社会环境以及医护人员热情的服务态度、合理的作息制度和有益的文娱活动，使疗养人员处于良好的身心健康状态。

1. 什么是疗养类旅游

疗养旅游，又称休养旅游，就是集休闲、疗养和观光于一体的健康之旅，在欧美以及日韩各国已流行多年。2000 年以来，休闲疗养旅游在我国日益风行，成为众多旅游爱好者，特别是企业家、公务员、白领阶层以及老年群体的时尚休闲活动。

2. 老年人疗养类旅游的特点

（1）特殊的自然资源条件。

疗养类旅游主要是凭借疗养地所拥有的特殊自然资源条件、较为专业的医疗保健技艺、优越的设施，将休息度假、健身治病与旅游结合起来的专项旅游活动。具体包括为治疗和保健而进行的气功、针灸、按摩、矿泉浴、日光浴、森林浴、中草药药疗等多种形式的疗养旅游，还有高山气候疗养，海滨、湖滨度假等。

（2）通常有明确的目的性。

疗养类旅游一般具有明确的目的性，以治疗保健为主、娱乐观光为辅，是旅游活动和医疗行为的有机结合。类型分为健康疗养，慢性病疗养，老年病疗养，骨伤、职业病疗养等，大多疗养旅游区有各自的特点和疗养方向。

（3）疗养类旅游的时间较长。

疗养类旅游活动的时间较长，通常为一星期至一个月。大多数活动依托疗养院开展。疗养科目规范，并配备了专门的体能教练，活动内容包括出操、爬山、理疗、听讲座以及各种文体娱乐等，在体检、治疗和康复活动方面，疗养院配备营养师和医护人员，服务更专业。

3. 国内疗养类旅游胜地介绍

受年轻时工作性质和生活习惯的影响，其身体的亚健康状态以及慢性疾病问题在老年人中间比较普遍。选择疗养类旅游，除了考虑当地的风景名胜，还应根据自身需要解决的健康问题进行综合考虑，以下是国内疗养旅游胜地的介绍，以供参考。

（1）北戴河。

北戴河是我国最著名的疗养度假胜地之一，拥有海洋、森林、湿地三个主要的生态系统，有联峰山、鸽子窝、中海滩三大风景群组等 40 余处景观，是闻名中外的旅游度假胜地。城市绿化程度高达 57%，空气中的负氧离子浓度高达每立方厘米 15 000 个，是一般城市的 20 倍。这里还是英雄模范人物以及外国专家的休息疗养之地，有各级各类驻区休养疗养院、培训中心 150 多家，是中国规模最大的休养疗养基地和会议培训中心。自 20

世纪 50 年代起，许多著名人士都在此居住过。

（2）三亚。

三亚是海南省风景名胜最多而又最密集的地方，在约两百千米的海岸线上，分布着亚龙湾、大东海、鹿回头公园、天涯海角、海山奇观、南山文化旅游区等闻名中外的旅游景点。这里是中国空气质量最好的城市、全国最长寿地区，有"东方夏威夷"之称，多年入选中国宜居城市，山清、水秀、洞奇、物美、民淳。正因为三亚拥有得天独厚的气候地理条件，所以成了老年人旅居养老的首选目的地之一。

（3）五大连池。

五大连池位于黑龙江省西北部，以五大连池风景区闻名全国，这里有奇特的火山风光、丰富完整的火山地貌和有显著疗效的矿泉圣水，是一个集游览观光、疗养休息、科学考察多种功能于一体的综合性天然风景名胜区，其矿泉水含有对身体有益的多种微量元素，成为人们畅饮和洗浴的最佳选择。火山的全磁环境、神奇的天然医用冷矿泉水造就了其独特的"康疗养生游"，药泉山下已兴建了几十所疗养院，每年可接待数千名人游客此疗养，对身体较弱的老年人而言十分适宜。

（4）宜春。

宜春因城侧有泉，莹媚如春，饮之宜人，故名宜春，是中国最适合疗养身心的好地方之一。宜春先后获得过中国宜居城市、中国优秀旅游城市、全国绿化模范城市、国家森林城市等称号，境内的明月山素有"天然动物园""植物王国"之称。原始风貌保护良好，植被茂盛，空气中负氧离子浓度高达每立方厘米 7 万多个，是国家标准的 35 倍，堪称"天然氧吧"，是宜春旅游观光、度假疗养胜地的招牌。初唐四杰王勃的《滕王阁序》中的名句——"物华天宝，人杰地灵"，其人、其事、其物均典出宜春。

（5）威海。

威海是中国最干净的城市之一，作为中国首个国家卫生城市，威海还曾先后获得联合国人居奖、国家生态园林城市、中国最具幸福感城市等许多荣誉称号，花满街、树成荫，宁静、整洁的市容环境，连续多年入选中国最宜居的城市。威海具有海洋性气候特征，年平均温度 12.7℃，每年有近一半的时间空气质量达到国家一级标准，且一年四季不干燥、不潮湿，海陆空交通发达，医疗水平也高，全市有各类卫生机构 100 余个，是公认的旅游、避暑、疗养的好地方。

（6）费县。

费县是著名的世界长寿之乡，如果想要体验疗养旅游的话，非常推荐这里。1999 年中科院在临沂蒙山的监测显示，空气中负氧离子浓度为每立方厘米 220 万个，居全国第一，被誉为超洁净地区。费县境内的塔山是山东省十大最美的地方之一，有"岱宗之亚""神山"之称，氧气最高浓度达到 20.98%，是名副其实的"天然氧吧"，具有极高的疗养价值，是养生长寿圣地。

（7）遂昌县。

遂昌县是著名的国内疗养胜地，这里生态环境优越，全县森林覆盖率82.3%，拥有原始森林——九龙山国家级自然保护区和以县级市命名的森林公园——遂昌国家森林公园，以及南尖岩、神龙谷、千佛山等多个国家4A级旅游景区。2019年7月，遂昌县荣获2019年"中国天然氧吧"创建地区称号，疗休养产品的多元化和优质化得到了市场的广泛好评，来遂昌疗休养的人数逐年大幅增长，遂昌正逐渐成为全省乃至全国人民疗养的心仪目的地。

（8）东兴。

东兴是中国著名的长寿城市，不知道疗养度假去哪里好的话，到这里感受下当地的风土人情也许会有收获。这里有世界三大红树林示范保护区之一的北仑河口红树林保护区，有京岛风景名胜区、屏峰雨林公园等国家4A级旅游景区，百岁老人占总人口的10.34%，有难得的未受污染的净土海域，在2008年被授予"中国最佳生态旅游城市"荣誉称号，2010年被中国老年学学会授予"中国长寿之乡"称号，2012年被《老年日报》等涉老网站评为中国十大养老胜地。

（9）丹东。

丹东被誉为中国最大最美的边境城市，这里的地热资源丰富，是北方著名的温泉疗养胜地，获评为"中国温泉之城"，是国家评选的中国十大养老胜地之一。丹东依山、临江、面海，属温带季风大陆性气候，南部属于半大陆半海洋性气候，是中国东北地区最温暖最湿润的地方之一，素有北国江南之美誉，境内江、河、湖、海、山、泉、林、岛等自然景观并发形成的国家级、省级以上旅游风景区、自然保护区和森林公园有24处。想要在东北来次疗养旅游的话，首推这里。

（10）舟山。

中国疗养旅游的好去处之中一定会有舟山的位置，其境内共拥有佛教文化景观、山海自然景观和海岛渔俗景观1 000余处，主要分布在23个岛屿上。来到舟山，可尽情饱览海岛风情画卷，深刻领悟海洋文化，充分体验海滨休闲度假，亲身探索神秘武侠传说。这里夏无酷暑、冬无严寒，是著名的避暑、疗养胜地，生活在这里的人很悠闲，甚至有点散漫，但文化气氛却很浓厚，无论男女老少都很懂得生活。

（11）都江堰。

在都江堰，山、水、林、堰、桥浑然一体，体现城中有水、水在城中、"灌城水色半城山"的布局特色，为此有着"拜水都江堰、问道青城山"之美誉。都说四川是天府之国，都江堰就是四川的生命之源，这里历年最冷月平均气温4.6℃，最热月平均气温24.42℃，饮用水源于植被茂盛的林地，水源蕴藏多种对人体有益的矿物质，人均寿命77.1岁，比全国人均寿命高出5.7岁，素有"天然氧吧"和"长寿之乡"等美誉，是国内休养度假的好去处。

（12）北海。

北海是中国最美的海滨城市之一，面临的北部湾有丰富的海洋资源，为中国四大渔场之一，热带景观丰富、空气清新、气候宜人是北海的特色。北海拥有 4A 级景区 9 家，包括银滩、涠洲岛、金海湾红树林、海底世界等著名景区。这里森林覆盖率极高，干净海域和广袤森林不断供给被世人称为长寿素的负氧离子，具有镇静、镇痛、降低血压、消除疲劳的作用，可以说是中国最受欢迎的疗养胜地之一。

案例拓展

关于招募"峨眉山灵秀温泉"疗养旅游活动参与者的通知

各养老社区：

在秋去冬来的初冬时节，组织老年人参加峨眉山灵秀温泉疗养活动，对老年朋友的身体和心理健康大有裨益。灵秀温泉水源日开采量为 2 800 多立方米，出水口温度为 49℃。温泉有大中小汤池 60 多个，矶珠般镶嵌在青山绿水之间；仰上是峨眉山金顶携千崎百峦为翠屏，周遭有莽莽林海天然氧吧，如此"天人合一"的神幻仙境，宛如天上瑶池。灵秀温泉集温泉泉疗、康体健身、娱乐、休闲、购物、度假、餐饮为一体。

一、活动时间及地点

11 月 2 日—12 月 2 日。

二、活动内容

1. 招募人员：老年社区 50~65 岁的老年朋友，男女不限。

2. 活动内容：疗养休闲旅游，调节身体亚健康状态，愉悦身心。

请各位志同道合的老年朋友积极报名，各养老社区于 10 月 15 日 16：00 前通过办公系统发送报名情况或直接电话联系报名，联系电话：××××-×××××××，微信：××××××。

柳林老年俱乐部

2023 年 10 月 8 日

课堂练习

请根据老年人疗养类旅游选择目的地的特点，设计一份老年人疗养旅游类活动目的地选择攻略。

子任务二　策划老年人疗养类旅游活动

工作任务

根据所学老年人疗养类旅游活动的基本思路与要求，分析整理出活动策划方案和流程，并生成活动策划书。

知识准备

1. 策划老年人疗养类旅游活动的基本思路与要求

（1）确定疗养主题。

策划老年人疗养类旅游活动，活动主题要充分体现活动目的，说明本次活动的目的地、主要疗养项目等内容。在制订活动主题时，要综合考虑季节因素、老年人的身体健康需求因素，对活动目的地和疗养项目类型进行细化。要符合老年人的身心健康状况和疗养体验的需求，有针对性地招募具有共同需求的老年人参加。在确定活动主题的过程中，要对预选目的地进行充分的了解和比较，确定最终目的地。务必对目的地天气预报、时事新闻、政策法规的变动、景点的开放情况，以及交通方式选择、住宿及医疗条件、基础设施、饮食等方面进行详细调研并实时关注。

（2）制订详细的组织、行动计划。

由于此类活动周期比较长、出行距离远，安全性和老年人身体适应性方面需要着重考虑。组织老年人疗养类旅游活动，制订详细的组织、行动计划必不可少，活动前的调研、宣传策划、活动道具、报名流程、活动流程、交通方式选择、医疗保障、保险购买、工作人员安排等环节都需要责任到人，制订详细计划，按活动计划表严格执行，推进活动进度。

（3）对活动工作人员进行培训。

疗养类旅游活动对组织活动的工作人员人数要求不高，只需带队老师和随行辅助人员，工作人员需具备爱心、同理心、耐心和责任心，能够在组织老年人参加活动的过程中给予热情、耐心的服务。在活动开始前，要对工作人员按照分工不同进行相应的培训，有利于活动顺利实施。

2. 老年人进行疗养类旅游活动的注意事项

（1）注意活动主题和目的地选择的合理性。

首先要充分调查了解老年人对疗养类旅游活动在身体健康和疗养功效方面的需求，按照季节和人群合理制订活动计划，选择活动主题及目的地，对相应人群进行精准宣传和充分调动。

（2）注意活动过程的安全性。

安全保障是一切活动的前提。疗养类旅游活动的安全保障包含交通安全、出行安全、活动安全以及老年人的身体健康安全、心理健康安全，还有财产安全、通信安全等方面，要在活动前为老年人购买意外保险、发放安全须知，活动中随时关注老年人的身心健康状况，与当地疗养中心保持密切联系。安全工作是重中之重，各级工作人员必须进行严格培训，且随时做好应急准备，即使出现突发情况也可以把安全损失降到最低。

（3）注意沟通方式和服务工作。

参加疗养类旅游活动的老年人大多数是企业事业单位退休职工，有较高的社会认知水平，对疗养活动有明确的功效需求，所以在活动过程中要注意观察，保持沟通，及时掌握疗养中心的服务设施功能并提供服务，避免发生沟通危机。在疗养中心的自由活动期间，人员会比较分散，要注意对老年人疗养旅游队伍的管理，避免有老年人在活动过程中走失掉队，做好全方位的监护工作，避免意外情况发生。

案例拓展

老年人"山居温泉疗养体验"活动方案

一、活动目的

颈椎病、肩周炎、风湿、类风湿、痛风、腰椎疼痛等疾病严重影响着老年人的生活质量，长期折磨着老年人的精神与心理。应对这一类疾病，通常的治疗方法包括用止痛剂、镇静剂、维生素等药物来缓解症状，也可以采用理疗、按摩推拿等方式进行缓解。泡温泉对以上病症有着良好的疗愈功效。泡温泉可以起到热敷和水疗的作用，能够松弛肌肉、消除疲劳、扩张血管、促进血液循环、加速人体新陈代谢。此外，温泉中的矿物质和微量元素对镇痛、改善体质、恢复体能具有良好的功效，所以，泡温泉是老年人休闲养生的法宝。组织"山居温泉疗养体验"活动，目的是带领老年朋友体验温泉疗养功效，了解养生知识。

二、活动主题

山居温泉疗养体验。

三、活动时间

5月16日8：00—17：00。

四、活动地点

市区集合出发，前往山居温泉山庄。

五、活动对象

8~16名55~65岁无特殊疾病，适合泡温泉，有活动能力的老年人。

六、活动准备

（1）宣传报名：通过展板、海报、微信公众号、社群、抖音等渠道进行活动宣传及报名。

（2）制订活动流程，准备活动物资，联系车辆。

（3）人员安排：责任到人、分工协作。

七、活动开展

1. 按规定时间到指定地点集合，清点人数、确认身份后出发，车程约1小时。

2. 活动流程。

环节一：参观温泉山庄，了解养生文化。

在互动过程中了解老年人的疗养需求，向老年人介绍关于风湿骨病的养生文化，针对老年人的疗养需求制订汤泉体验计划。

环节二：午餐。

环节三：泡温泉。

根据老年人的疗养需求和症状，分派不同的药浴汤池，在怡然自得的环境中享受温泉汤浴。

环节四：按摩推拿服务。

针对老年人的不同症状进行按摩推拿活动，并传授日常护理和保健知识。

3. 主持人对活动进行总结、致谢，发放小礼品。

八、经费预算

序号	内容	规格	金额/元
1	传单	100 份	50
2	海报	3 张	90
3	条幅	1 条，40 厘米×280 厘米	40
4	礼品	15 份	150
5	车费	往返	800
6	门票	100 元/人	1 500
7	其他	—	100
合计			2 730

九、注意事项

1. 活动前期准备充足。

2. 了解老年人的身体状况。

3. 活动过程中保证老年人的安全，谨防意外事故发生。

4. 工作人员维持活动现场秩序，及时与老年人沟通。

5. 提前做好参与人员数量统计工作，确保每位老年人在活动结束后都能领取一份小礼品，防止老年人因礼品未发放到位而产生不良情绪。

6. 活动前为参加活动的老年人购买活动意外险。

课堂练习

请查阅资料，撰写一篇老年人疗养旅游活动相关报道。

子任务三　策划组织老年人"山东威海旅游基地疗养度假"活动

工作任务

查找相关活动案例，根据活动基本思路与流程，策划并组织一场老年人"山东威海旅游基地疗养度假"旅游活动，让老年人在疗养旅游活动中体验阳光沙滩、出海游玩、养生等项目，并形成活动档案以及宣传文案、视频、公众号推文。

知识准备

1. 活动前期准备

（1）联系疗养度假基地对接人员，了解实际情况，制订旅游策略和活动流程。

（2）查看路线及交通方式，寻找最舒适、性价比最高的出行方式。

（3）与基地负责人员一起制订活动计划。

（4）确定主题及具体疗养项目。

（5）确定活动时间。

（6）宣传工作：线上线下宣传。

（7）准备活动物资，包括应急药物和帽子、服装等。

（8）确定好人员安排。

2. 活动实施

（1）出发：按规定时间到达指定地点集合后出发。

（2）抵达：抵达后与疗养基地接应人员联系，安排人员住宿及吃饭。

（3）活动。

（4）活动结束，主持人总结并发放礼品。

3. 活动后期工作

（1）活动后期服务，包括上传照片供老年人下载、征集老年人旅游心得美文、美好瞬间拍照等，做好服务和宣传工作。

（2）复盘活动，资料归档。

4. 注意事项

组织老年人长线旅游，保障老年人的人身财产安全、身心健康及安全是重中之重，要确保老年人不掉队，谨防诈骗，预防生病，做好应急预案。除此之外，要详细了解老年人的身体状况和过敏原，谨防因为吃海鲜而引起突发状况。

5. 老年人参加活动情况

（1）安排专人形成网格化管理，带队老师与疗养基地工作人员配合，时刻保持与自己负责的老年人沟通，及时观察和发现问题，以便第一时间处理。

（2）主持人协调全场，与旅行社人员随时保持对接，安排好老年队员们的衣食住行和娱乐项目、文化活动。

（3）活动每一天的照片、视频、推文及时发布在活动群和社交平台，以便老年人和家人查阅观赏、留存纪念。

6. 老年人参加"山东威海旅游基地疗养度假"旅游活动的评估

评估总结是活动执行与管理的重要环节，通过活动的评估能够有针对性地掌握活动开展的情况，总结经验、弥补不足，以提高活动组织策划的实效性。

评估时将活动过程划分为活动开展前、活动进行中、活动结束后三个阶段，通过针对不同阶段的评估工作，了解活动直接参与对象（老年人）、活动工作人员、活动指导者等人的参与体验，掌握清晰全面的活动评估内容（如表6-3所示）。

表6-3　老年人"山东威海旅游基地疗养度假"旅游活动的评估

活动阶段	活动对象	评估内容
活动开展前	参与活动的老年对象、活动工作人员、专家、活动指导者	活动内容是否适合老年人身心需要； 活动内容是否适合特定群体的老年人； 活动所需的资源是否合理； 活动选择的天气、时间、地点是否得当； 活动通知的内容是否周详； 活动所需的基础设施是否完善
活动进行中		老年人是否准时到场； 活动是否准时进行； 场所是否存在外界干扰； 活动现场氛围是否达到预期效果； 老年人是否能够紧跟活动进度； 活动指导者能否根据老年人实际情况把握活动进度； 工作人员能否保证高效处理突发事件； 工作人员是否全程关注老年人身心状态； 活动所需设备是否正常运行； 活动是否按照预定时间和步骤完成
活动结束后		是否整合活动材料； 是否对老年人进行满意度回访调查； 是否对活动进行总结与改进

案例拓展

老年人山东威海疗养基地度假之行

疗养基地位于山东半岛最东端的璀璨明珠——威海市，临靠威海葡萄滩海水浴场，毗邻湖景公园，环境幽雅，空气质量等级为一级。基地地理位置优越，北依卧龙山，三甲医院近在咫尺，距中心商圈3千米，距环翠楼公园3.7千米，到海滨浴场4.2千米，距高铁站8千米，公交、打车均十分便捷。

第一天：抵达目的地，办理入住，举办欢迎仪式，带领老年人熟悉环境。

第二天：威海市区观光旅游。威海以干净整洁闻名于世，道路总是像被水清洗过一样洁净。海边有着最美的沿海公路，欣赏沿途风光也是一大享受。海岸线上还点缀着许多精

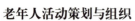

致的小公园，当地人们在这里整理渔获、野餐、钓鱼或者赶海。停车下来休憩远眺、拍拍照片，对老年人来讲都是舒缓、快乐的享受。阳光穿过厚厚的云层洒在海面上，顿时一片光芒乍现，有如天启，人与自然不知不觉间变得和谐。海源公园、一战华工纪念馆等建筑很特别，馆藏的历史也很值得参观。威海的美食更不用说，随便在一家小吃店都能吃到地道海鲜，而且消费合理，是不错的体验。

第三天：基地文娱康乐活动、自由活动。

第四天：海上采风一日游。

第五天：基地文娱康乐活动、自由活动。

第六天：基地文娱康乐活动、自由活动。

第七天：游威海国际海水浴场。国际海水浴场，浪花飞舞，海鸥掠过，阳光、大海、沙滩、岛屿相互交融，海面、海滩、海中央，是 360 度全方位的美丽和谐之景。踩在细软的沙滩上，徐徐海风带来凉爽，朵朵白云漫步蓝天。远眺海中央，金沙奇礁、海抱山连、景色秀美。威海虽然不是天涯海角，但是长长的海岸线为它镶嵌上了蓝宝石边。对着蓝蓝的海，内心不禁萌生了强烈的自豪感，原来不只是马尔代夫、夏威夷、普吉岛，震撼心灵的蓝天碧水我们中国一样有。

第八天：基地文娱康乐活动、自由活动。老年人可根据体力情况自愿选择爬山、沙滩活动等。

第九天：威海华夏城观光。威海华夏城是国家级文化产业示范基地、首批山东省文化产业示范园区。这里风光秀美，内含文化谷、胶东特色民俗文化园等 10 多处景点。世界独一无二的"三面观音"金像前，水面雾气弥漫，在气势恢宏的佛教音乐声中莲花瓣慢慢盛开，三面观音从花瓣中缓缓升起，喷泉随音乐节奏变幻出各种水型，莲花开放、观音冉冉升起，那一刻身处现场的我们感觉心灵被涤荡。夜晚的《华夏传奇》以气势恢宏的形式演绎盘古开天降地以来经典的神话传奇故事，动人心魄、美轮美奂。

第十天：基地文娱康乐活动、自由活动。

第十一天：基地文娱康乐活动、自由活动。

第十二天：基地文娱康乐活动、自由活动。老年人可以自由选择去威海市区采购纪念品和特产、逛商场等，提醒老年人谨防诈骗。

第十三天：采摘活动，采摘山东大樱桃。

第十四天：修整、打包行李，准备回程。

第十五天：回程。

课堂练习

请查阅资料，撰写一篇老年人威海疗养基地旅游活动的相关报道。

工作步骤

第一步：调研老年人的疗养需求，对疗养目的地、主题进行深入调研和讨论，明确活动主题，确定活动时间及地点。

⬇

第二步：分析策划组织老年人疗养类旅游活动的基本思路，研讨并制订活动策划和流程，形成活动策划的初步模型。

⬇

第三步：熟悉活动策划的操作流程。按照活动策划的基本思路进行活动的安排与组织。

⬇

第四步：分组完成活动策划书。通过小组讨论、设计，生成活动策划书，教师参与指导。

⬇

第五步：各小组展示、互评，每组组长进行活动策划展演，完成活动评估。

工作评价与反馈

任务	存在的问题	改进措施

收获与感悟：

指导教师评语：

教师签名：

项目小结

本项目从老年人自然风光类、人文景观类和疗养活动三类子活动项目出发，介绍了老年人旅游休闲类活动策划的相关知识，总结如下。

1. 自然风光：系统性地学习老年人自然风光类旅游活动的定义、特点、类型及意义，分析整理出活动策划方案和流程，并生成活动策划书；策划并组织老年人自然风光体验活动，评估自然风光类活动开展的效果。

2. 人文景观：认识老年人人文景观类旅游活动的基本思路与要求，分析整理出活动策划方案和流程，并生成活动策划书。确立人文景观类活动主题，经过整理完善设计构思，策划老年人人文景观类活动，要求学生在实际场景操作过程中，完成活动体验。

3. 疗养类：根据所学养生保健知识，分析疗养休闲类活动的基本思路与操作流程，策划组织老年人疗养活动，并评估疗养活动开展的效果。

旅游休闲类活动对老年人来说具有极其重要的意义，为他们提供了一个可以放松心情、互相交流和分享快乐的机会，激发他们参加活动的兴趣和热情，促进他们的身心健康，使他们的晚年生活更加丰富多彩。同时，这种活动也能够加强家庭纽带，增进家庭成员之间的感情。因此，持续开展老年人旅游休闲类活动对于提高老年人的生活质量和幸福感，具有积极而深远的影响。

巩固与提高

一、选择题（单选题）

1. 老年人参加组队郊游时，最喜欢选择下列哪个目的地？（　　　　）。

A. 公园　　　　　B. 沙漠　　　　　C. 海滩　　　　　D. 山区

2. 老年人参加文化之旅时，最愿意选择下列哪个地区？（　　　　）。

A. 九寨沟　　　　B. 故宫　　　　　C. 黄山　　　　　D. 四川大熊猫基地

二、综合题

运用思维导图，为家中长辈设计一次暑假旅游活动。

1. 请先采访家中长辈的旅游休闲需求。

2. 确定家中长辈暑假旅游活动方式（如出国等）。

3. 通过"思维导图"，将活动细节画在纸上。

4. 将你的作品给长辈观看，并拍照上传。

项目六答案

参 考 文 献

[1]张沙骆.老年人活动策划与组织[M].北京：北京师范大学出版社，2021.

[2]袁慧玲.老年人活动策划与组织[M].北京：中国海洋出版社，2017.

[3]唐东霞.老年活动策划与组织[M].南京：南京大学出版社，2019.

[4]林婉玉.老年人活动策划组织[M].北京：人民卫生出版社，2022.

[5]马洪元.旅游学基础[M].南京：东南大学出版社，2007.